Davongekommen

MELANIE WIGGINS

Davongekommen

Schicksale deutscher U-Boot-Fahrer im Zweiten Weltkrieg

Weltbild

Genehmigte Lizenzausgabe für Verlagsgruppe Weltbild GmbH,
Steinerne Furt, 86167 Augsburg

Übersetzung: Peter Krüger
Titel der Originalausgabe: U-Boat Adventures, Naval Institute Press

Umschlaggestaltung: Uhlig, Augsburg / www.coverdesign.net
Umschlagmotive: oben und unten links, CORBIS; unten rechts:
mit freundlicher Genehmigung von Melanie Wiggins
Gesamtherstellung: Offizin Andersen Nexö Leipzig GmbH, Zwenkau
Printed in the EU
ISBN 978-3-8289-0907-6

2012 2011 2010 2009
Die letzte Jahreszahl gibt die aktuelle Lizenzausgabe an.

Inhaltsverzeichnis

Vorwort 7
Einleitung 9
1 Jürgen Wattenberg, U-162 13
2 Georg Högel, U-30, U-110 24
3 Otto Kretschmer, U-35, U-23, U-99 36
4 Josef Erben, U-128 47
5 Hans Burck, U-67 57
6 Ernst Göthling, U-26 66
7 Hermann Frubrich, U-845 73
8 Hermann Wien, U-180 93
9 Otto Dietz, U-180, U-505 103
10 Tom Poser, U-222 112
11 Wolfgang von Bartenwerffer, U-536 124
12 U-682 und U-735 133
13 Oskar Kusch, U-154 144
14 Siegfried Koitschka, U-616 150
15 Hans Georg Hess, U-995 156
16 Walter Tegtmeier, U-597, U-718, U-997 165
17 Josef Matthes, U-963 175
18 Helmut Wehlte, U-903, und Günther Thiemrodt, U-1205 179
19 Peter Petersen, U-518 184
20 Wolfgang Heibges, U-999 195
21 Peter Marl, U-103, U-196, U-195 201
Anhang 225
Fußnoten 225
Literaturnachweis 229
Index 231

Zur Erinnerung an die deutschen, britischen und amerikanischen U-Boot-Fahrer, die im Zweiten Weltkrieg gegen den Feind und die See kämpften.

*... auf See findet man schwerlich
einen Mann mit grauem Haar.*

Phalaecus

Vorwort

Historiker haben in ihren Darstellungen über viele Jahre die bekanntesten U-Bootkommandanten und ihre Leistungen in beiden Weltkriegen ins Bewusstsein der Öffentlichkeit gerückt, ohne dabei über die abenteuerlichen Erlebnisse der zahllosen Besatzungsangehörigen zu berichten. Dieses Buch bietet einen sehr anschaulichen Einblick in den U-Bootkrieg, wie ihn die Funker, Rudergänger, Wachoffiziere, Schiffstechniker und Unteroffiziere sowie auch einige der überlebenden U-Bootkommandanten erfahren haben.

Wiggins gut dokumentiertes Buch über deutsche Unterseeboote *Torpedoes in the Gulf: Galveston and the U-Boats*, 1942–1943 ist 1995 erschienen. Bei ihren Nachforschungen zu diesem Projekt begegnete sie zahlreichen deutschen U-Bootveteranen, die bereit waren, von ihren Erfahrungen zu berichten. Wiggins neuestes Buch beinhaltet die Erlebnisse von einundzwanzig U-Bootfahrern, die sich mit Tagebuchaufzeichnungen, Briefen, Fotos und Interviews für diese Zusammenfassung zur Verfügung stellten. Ihre dramatischen Schilderungen erfassen jede vorstellbare Situation auf einem deutschen U-Boot von 1939 bis zum bitteren Ende des Zweiten Weltkriegs und schließen Erfahrungen in den Kriegsgefangenenlagern nach dem Kriege ein.

Einer der älteren U-Bootkommandanten, Jürgen Wattenberg, erinnert sich an die Anfänge seiner Marinelaufbahn, die Versenkung von U-162 vor der Küste von Trinidad und seine bemerkenswerte Flucht aus einem Kriegsgefangenenlager. Wattenbergs Bericht wird durch die Erlebnisse von Wolfgang von Bartenwerffer auf U-536 ergänzt, der in den St. Lorenz Golf geschickt wurde, um dort Otto Kretschmer und weitere deutsche U-Bootfahrer an Bord zu nehmen, die aus dem Gefangenenlager Bowmanville in Kanada ausbrechen sollten. Kretschmer, das U-Boot-As des Krieges, schwelgt in seinen Erinnerungen an sein Marineleben, die Versenkung seines Bootes und seine Gefangennahme 1941 sowie seine Jahre als Kriegsgefangener.

Einige der ersten Einsätze im Nordatlantik werden geschildert – insbesondere von Georg Högel, der den ersten Einsatz von U-30 mitmachte, als das Boot im September 1939 den britischen Passagierdampfer ATHENIA versenkte und anschließend von Flugzeugen des Flugzeugträgers ARK ROYAL angegriffen wurde. Im Juli 1940 überlebte Ernst Göthing die Versenkung seines Bootes U-26 durch Geleitfahrzeuge eines Konvois, um die nächsten sieben Jahre in einem Kriegsgefangenenlager zu verbringen.

Über die Fahrt von U-67 nach Aruba in die Karibik im Februar 1942 im Rahmen der Operation »Neuland« berichtet Hans Burcks geheimes Tagebuch. Hermann Wien und Otto Dietz, Besatzungsangehörige von U-180, erinnern sich an die Zeit, als sie den indischen Freiheitskämpfer Subhas Chandra Bose und seinen Gehilfen auf das japanische U-Boot I-29 vor die Küste Madagaskars beförderten. Aus dem Mittelmeer berichtet der Kommandant von U-616, Siegfried Koitsckka, von seinen vielen erfolgreichen Einsätzen gegen die alliierte Invasionsflotte vor der Küste von Sizilien. Von ihren Erlebnissen in der Arktis berichten Hans Georg Hess, Kommandant von U-995, und Walter Tegtmeier von U-997, deren Boote 1944 und 1945 gegen für Murmansk bestimmte Konvois operierten.

Mehrere Geschichten berichten vom Kriegsende. Darunter befinden sich ein Luftangriff der britischen Luftwaffe auf den deutschen Marinestützpunkt Horten, Norwegen, im Dezember 1944 wie auch Helmut Wehles Schilderung von der Evakuierung ziviler Flüchtlinge aus Ostpreußen durch U-903 im Jahre 1945. Günther Thiemrodt schildert ebenfalls die Teilnahme von U-1205 an dieser Rettungsoperation. Wolfgang Heibges ruft seine letzten Tage als Kommandant von U-999 während der Operation »Regenbogen« – der Selbstversenkung von U-Booten in der Flensburger Förde am 4. Mai 1945 – in Erinnerung. Peter Marl, der während des gesamten Krieges auf drei U-Booten im Einsatz war, erlebte eine fünfunddreißigtägige Unterwasserfahrt auf U-195 von Bordeaux nach Penang mit, um anschließend das Boot in Djakarta zu übergeben. Josef Matthes fuhr nach Deutschlands bedingungsloser Kapitulation auf U-963 Richtung Portugal anstatt in die Heimat zurückzukehren, und Walter Tegtmeier fuhr mit U-997 nach Schottland, wo die Royal Navy im Rahmen der Operation »Deadlight« die noch übrig gebliebenen deutschen U-Boote versenkte.

Wir danken Melanie Wiggins für diese Sammlung der Erinnerungen einer derart herausragenden Gruppe ehemaliger deutscher U-Bootfahrer mit ihren weitreichenden Erfahrungen auf allen Weltmeeren in den großen Seeschlachten des Zweiten Weltkriegs.

Jürgen Rohwer

Einleitung

Auf einer Ausbildungseinrichtung für U-Bootbesatzungen bei Wilhelmshaven beobachtete ich einen großen geschlossenen Tank, der hin und her rollte, auf, ab, von einer Seite auf die andere. Verwundert, was das bedeutete, bat ich einen U-Bootveteranen in unserer Reisegruppe, mir das zu erklären. »Darin befinden sich junge Männer, sie müssen sich mehrere Stunden in dem Tank aufhalten, um festzustellen, ob sie die typischen Seegangsbewegungen eines U-Boots ertragen können.« Ich war erschüttert, denn ich hielt das für eine Art Folter. Dann aber wurde mir klar, dass diese Roll- und Schlingerbewegungen nur ein Bruchteil der Kriegserfahrung eines U-Bootfahrers darstellten.

Auf einem U-Boot war ein Besatzungsangehöriger genau so wichtig wie jeder andere, ein einziger Fehler von ihm konnte den Tod aller bedeuten. Es war meine Absicht, den Wert und die historische Bedeutung der Erinnerungen dieser Männer in meiner Sammlung von U-Boot-Geschichten zu verdeutlichen, indem ich die Erfahrungen aller Dienstgrade vom Obergefreiten bis zum Kommandanten einbezog. Wolfgang von Bartenwerffer zum Beispiel fuhr als I. Wachoffizier (I WO) auf U-536, als das Boot Otto Kretschmer, nach seiner Flucht aus einem kanadischen Kriegsgefangenenlager an Bord nehmen sollte; der Funker Georg Högel erlebte als Augenzeuge die Versenkung des Passagierdampfers ATHENIA mit; der Maschinenobergefreite Josef Erben berichtete, wie sein Boot U-128 auf einen riesigen Felsen auflief und festsaß; Hans Burck schrieb in seinem geheimen Tagebuch über seine Fahrt auf U-67 und dessen Angriff auf die Öl-Raffinerien von Aruba und der Gefechtsrudergänger Hermann Frubrich schilderte, wie U-845 beinahe die QUEEN MARY versenkt hätte.

Unter den häufig chaotischen Bedingungen, in denen U-Boote Handelsschiffe angriffen, gab es Augenblicke, in denen die Kommandanten gar nicht so leicht überblicken konnten, ob sie wirklich ein bestimmtes Fahrzeug versenkt hatte. Das galt insbesondere für Angriffe auf Konvois. In diesen Fällen versuchten sie, ihre Ergebnisse nach bestem Wissen zu melden. Manches Mal allerdings hat ihnen die Geschichte nachgewiesen, dass sie sich geirrt hatten. Deutsche und amerikanische Marinehistoriker arbeiten seit mehr als fünfzig Jahren daran, Stück für Stück die Tatsachen zusammenzufügen. In den Büchern Dr. Jürgen Rohwers sind die statistischen Ergebnisse nachzulesen. Es war meine Absicht, die persönlichen Berichte der Kommandanten und Besatzungsmitglieder genau ihren Erinnerungen entsprechend wiederzugeben, um dem Leser ein Gefühl dafür zu vermitteln, dass es nicht nur schwierig war, einen Angriff erfolgreich abzuschließen, sondern auch, seine genauen Ergebnisse zu dokumentieren. Auf meiner Suche nach Fotos für einige der Geschichten durchstöberte ich die Zusammenstellung über die U-Boote des Zweiten Weltkriegs im Bundesarchiv in Koblenz. Dort entdeckte ich unter anderem Bilder mit drei strahlenden Besatzungsangehörigen, die einen großen Hai an Deck ihres Bootes zur Schau stellten, mit Seeleuten, die auf riesigen Torpedos im Bugtorpedoraum saßen und aßen, mit der Besatzung von U-123, die ihr Weihnachtsessen genoss, während gleichzeitig ein Mann auf dem Akkordeon spielte. Aufgenommen in den ersten ruhmreichen Jahren der U-Boot-Erfolge deuten Hunderte U-Bootbilder auf faszinierende Ereignisse hin. Viele zeigten das Einlaufen der siegreichen, mit Wimpeln geschmückten Boote in französische Häfen, Orchester spielten, Kommandanten hielten Blumensträuße im Arm, Besatzungen genossen ein kaltes Einlaufbier.

Fotografen und Kriegsberichterstatter fuhren einige der Einsätze mit, um 35 mm Foto- oder Filmaufnahmen für Hitlers Propagandafeldzug zu schießen. Ohne Zweifel bildeten diese Fotos hervorragenden Stoff für die Zeitungen und wurden in großem Umfang veröffentlicht.

Als Mitte 1943 die Erfolge der U-Boote rasch abnahmen und die meisten Boote versenkt wurden, verbot Hitlers Regierung diese Aufnahmen. Man könnte auch sagen, dass die U-Boote zu diesem Zeitpunkt in mehrfacher Weise aus der Erinnerung getilgt wurden. Ich habe mit meiner Sammlung der persönlichen U-Bootgeschichten und -fotos versucht, dem Leser eine Erfahrung zu vermitteln, als würde er ein altes Bilderalbum durchblättern und dabei einen Eindruck von der fremdartigen Welt der U-Boote erhaschen.

Im Krieg fiel ein derart hoher Prozentsatz deutscher U-Bootfahrer, dass die Erinnerungen der wenigen Davongekommenen, wie ich meine, geschichtlich gar nicht hoch genug einzuschätzen sind. Jeder einzelne der Überlebenden, der zu der vorliegenden Sammlung einen Beitrag geleistet hat, verdient meine tief empfundene Dankbarkeit, meinen Respekt und meine Bewunderung. Jede Einzelheit ihrer Erzählungen, Berichte, Tagebücher und Fotos ist von unschätzbarem Wert. Mein Dank gilt den Nachstehenden: Otto Kretschmer, Josef Matthes, Helmut Wehlte, Josef Erben, Ernst Göthling, Dr. Hans Georg Hess, Georg Högel, Dr. Siegfried Koitschka, Peter Petersen, Tom Poser, Walter Tegtmeier, Günther Thiemrodt, Jürgen Wattenberg, Walter Kozur, Johann Kremer, John Whiteley, Hermann Wien, Herbert Hermann, Robert Klaus, Fritz Lamprecht, R.E.N. Porrett, Wolfgang von Bartenwerffer, Hans Burck, Alfred Dietrich, Otto Dietz, Peter Marl, Wolfgang Heibges und Hermann Frubrich.

Ferner gilt mein Dank: der U-Boot-Kameradschaft Görlitz, der Besatzung von U-682, Timothy Mulligan, dem Nationalarchiv der USA, Heinz Kuhlmann, Hubert Hardt, Hans Hornkohl, Professor Matthias Brünig, H.R. Rössing, Dr. Ralf Uhlig, Herbert Wodarz, Gerd Thäter, Chris Reuleaux, Hannes Esken, Erich Evers sowie Horst Bredow vom U-Boot-Archiv in Cuxhaven.

An vielen Orten, die ich in Deutschland aufsuchte, legten die Ehefrauen sich mächtig ins Zeug, um ihre Gastfreundschaft zu zeigen, und verwöhnten mich mit köstlichem Mittagessen, Desserts oder Kaffee. Frau Kretschmer, Frau Kremer, Frau Kozur, Frau Uhlig, Frau von Bartenwerffer, Frau Kuhlmann, Frau Brünig und Frau Tegtmeier verdienen allesamt meine Zuneigung und Anerkennung.

Da der größte Teil der Quellen zu diesem Buch in deutscher Sprache geschrieben oder gesprochen worden ist, war ich auf die Unterstützung von Übersetzern und Dolmetschern angewiesen, die mir gerne und begeistert geholfen haben. Einige Freunde wirkten bei meinen Interviews in Deutschland mit: Kurt Ludewig, Dirk Ohling und Birgit Sfalinna. Darüber hinaus verbrachte Peter Petersen zahllose Stunden damit, Dutzende von Briefen, Berichten und Erzählungen ins Englische zu übersetzen und wo immer erforderlich kurze Erläuterungen anzufügen. Tom Poser unterstützte mich ebenso wie auch Dr. Hans Georg Bone. Wir hatten viel Freude an der gemeinsamen Arbeit und versuchten, alle technischen Begriffe für jedermann verständlich darzustellen. Die deutschen Dienstgrade wurden in die entsprechenden amerikanischen umgewandelt. Dennoch ist anzumerken, dass die deutschen Dienstgrade sowohl die Tätigkeit als auch den Rang des U-Bootsoldaten angeben.

Vielleicht werden diejenigen, die diese U-Bootgeschichten gelesen haben, dazu ermutigt, selbst auf die Suche zu gehen, um so viele der noch unerzählten Geschichten wie möglich aufzuzeichnen.

Das ist meine Hoffnung.

1 Jürgen Wattenberg, U-162

Im Frühjahr 1995 erklärte sich der ehemalige U-Bootkommandant im Alter von vierundneunzig Jahren dazu bereit, von mir in Hamburg interviewt zu werden. Als ich ihm das erste Mal begegnete, war ich beeindruckt von seinem dunkelbraunen Haar und seinem durchdringenden Blick. Während unseres Besuches berichtete er von einigen seiner vielen denkwürdigen Erlebnisse in der deutschen Marine und als Kriegsgefangener in Arizona. Kurz bevor wir uns verabschiedeten, vertraute er mir an, dass er hundert Jahre alt werden wolle, um das Jahr 2000 noch erleben zu dürfen. »Glauben Sie, ich kann das schaffen«, fragte er mich. »Ja, davon ich bin überzeugt«, versicherte ich ihm und küsste ihn impulsiv auf seine Wange. Sieben Monate später erreichte mich die Nachricht, dass Wattenberg am 27. November 1995 kurz vor seinem fünfundneunzigsten Geburtstag verstorben war.

»Es ging immer heiter und unbeschwert in meinem Elternhaus in Lübeck zu«, erinnerte sich Wattenberg. »Mein Vater spielte Flöte und meine Mutter auf dem Klavier. Sie machten häufig Musik bei uns daheim.« Jürgens Vater leitete als Doktor der Psychiatrie und Neurologie eine große medizinische Einrichtung vor den Toren der Stadt. »Unser Haus war sehr schön gelegen inmitten von Getreidefeldern, Bäumen und Wäldern. Darüber war ich sehr glücklich.«

Wattenberg wurde 1900 geboren und trat mit vierzehn Jahren in die Königlich Preußische Kadettenanstalt ein. Im Juni 1914 fuhr einer der Lehroffiziere mit einigen der Kadetten per Bahn nach Kiel, um an der berühmten Kieler Woche teilzunehmen. Als sie am Schauplatz der großen Segelveranstaltungen eintrafen, blickten sie auf das gewaltige Aufgebot deutscher Großkampfschiffe und Kreuzer, die zwischen den Kriegsschiffen der britischen Flotte festgemacht hatten. »Die besuchten uns im Jahre 1914. Wir fuhren an all diesen Schiffen vorbei – einem britischen, einem deutschen und wieder einem britischen. Alle lagen an Tonnen vertäut in der Kieler Förde.«

Jürgen und seine Kameraden gingen an Bord eines Feuerschiffs, um von dort die Regatta gut überblicken zu können. An der Spitze einer riesigen Armada von Segelbooten kam die METEOR in Sicht, die imposante Yacht von Kaiser Wilhelm II. »Als sie das Feuerschiff passierte, auf dem wir standen, brachten wir drei Hurras aus und winkten hinüber. Der Kaiser winkte huld-

Jürgen Wattenberg

voll zurück und lachte.« »Das war ein ganz bedeutender Moment in meinem Leben«, fuhr Wattenberg fort, »und ich beschloss damals, zur Marine zu gehen. Die Sonne schien, die prächtigen Schiffe glänzten, und der Kaiser fuhr an der ganzen Flotte vorbei. Jedes Schiff brachte drei Hurras aus, und wir durften das alles miterleben.«

Der Startschuss für die Regatta fiel, und kurz bevor die METEOR die erste Wendetonne erreichte, wendete die kaiserliche Yacht und lief in die Förde zurück. Sie hatte die Segel niedergeholt und die Flagge auf Halbmast gesetzt. »Wir fürchteten schon, dass der Kaiser Unannehmlichkeiten hatte, und konnten uns überhaupt nicht ausmalen, was da los war.« Die Regatta wurde abgebrochen. Alle Boote liefen vor den Augen Hunderter rätselnder Zuschauer unter Segeln zurück.

Einige Stunden später erfuhren die Kadetten, dass der österreichische Thronfolger Erzherzog Franz Ferdinand in Sarajewo ermordet worden war.

Die Jungen konnten nicht ahnen, dass das der Auslöser des Ersten Weltkriegs war.

»Als die britischen Schiffe Kiel verließen, übermittelte der britische Admiral dem deutschen Befehlshaber den Spruch ›Freunde für immer‹. Das geschah drei Monate vor Kriegsausbruch. Es war eine bemerkenswerte Begebenheit in meinem Leben.«

1923 trat Jürgen Wattenberg in die deutsche Marine ein. Er verbrachte als Ausbildungsoffizier drei angenehme Jahre auf dem Segelschulschiff NIOBE und den Kleinen Kreuzern EMDEN und KARLSRUHE und bildete junge Kadetten aus. »Ich habe drei Auslandsausbildungsreisen mitgemacht – in den Jahren 1923, 1930 und 1934 – und habe die ganze Welt bereist. Das waren damals sehr interessante Zeiten auf den Schulschiffen. Heute tut es mir leid, dass ich über all diese Reisen kein Tagebuch geschrieben habe.«[1]

Als 1939 der Zweite Weltkrieg ausbrach, fuhr Wattenberg als I. Navigationsoffizier auf dem Panzerschiff ADMIRAL GRAF SPEE unter seinem Kommandanten Kapitän zur See Hans Langsdorff. Unmittelbar nach der britischen Kriegserklärung an Deutschland am 3. September liefen die beiden deutschen Panzerschiffe DEUTSCHLAND und ADMIRAL GRAF SPEE aus, um feindliche Handelsschiffe anzugreifen. Vom 30. September bis zum 7. Dezember versenkte die GRAF SPEE neun britische Handelsschiffe.

Die Erfolge des Panzerschiffes nahmen ein jähes Ende, als Langsdorff vor der brasilianischen Küste von drei britischen Kriegsschiffen in ein Gefecht verwickelt wurde, von dem Schweren Kreuzer EXETER und den Kleinen Kreuzern AJAX und ACHILLES. In einer dramatischen Seeschlacht fügte die GRAF SPEE ihren Gegnern schwere Schäden zu, wurde jedoch im Verlauf des Gefechts von zwanzig Geschossen getroffen und musste einen Hafen anlaufen, um Reparaturarbeiten durchzuführen.[2]

»Es war ein ausgezeichneter Kampf – eine faire und ehrenvolle Schlacht. Die letzte, die auf traditionelle Art geschlagen worden war«, äußerte Sir Eugen Millington-Drake, der damalige britische Botschafter in Montevideo, Uruguay. »Wir hätten die drei Schiffe nacheinander angreifen und vernichten können«, meinte Wattenberg Jahre später.[3]

Langsdorff machte noch in dieser Nacht in Montevideo fest. Er wusste, dass die ADMIRAL GRAF SPEE sich als Kriegsschiff nur so lange in einem neutralen Hafen aufhalten durfte, bis sie für die Rückreise nach Deutschland wieder seetüchtig gemacht worden war. Vertreter der Regierung Uruguays inspizierten das Schiff und bewilligten zweiundsiebzig Stunden für die Reparaturarbeiten. »Langsdorff war der Ansicht, dass wir dem rauen Nordatlantik im Dezember nicht würden standhalten können«, erinnerte sich Wattenberg, »und wollte das Schiff erst wieder voll seetüchtig machen lassen. Und das war die falsche Entscheidung.« Je länger er im Hafen blieb, desto günstiger war die Gelegenheit für die Briten, ihre Schiffe im Atlantik vor der Ausfahrt zusammenzuziehen.[4]

Um diese unerwartete Gelegenheit beim Schopfe zu packen, detachierten die Briten drei weitere Kriegsschiffe mit dem Ziel, die Falle für die ADMIRAL GRAF SPEE auf dem Rio de La Plata zu schließen. Langsdorff sah nur drei Möglichkeiten, er konnte sich ergeben, er konnte versuchen, die Blockade zu durchbrechen oder er konnte sein Schiff selbst versenken. Er machte geltend, dass er keine Chance sah, die britischen Schiffe ernsthaft zu beschädigen, sollte er sich den Weg auf die offene See freikämpfen. Hinzu kam, dass die ADMIRAL GRAF SPEE in einem Seegefecht in dem flachen Fahrwasser der Flussmündung versenkt werden und in Feindes Hand fallen könnte. Die Wahrscheinlichkeit, seine Besatzung opfern zu müssen, lastete schwer auf ihm. »Daraufhin entschloss er sich, sein Schiff eigenhändig zu versenken«, sagte sein Navigationsoffizier, »mit Einverständnis der Seekriegsleitung.«[5]

Am 17. Dezember ließ Langsdorff siebenhundert seiner Soldaten auf das deutsche Handelsschiff TACOMA übersetzen und manövrierte das Panzerschiff nur mit einer Restbesatzung aus den Hoheitsgewässern Uruguays heraus. Erstaunt und verwundert beobachteten die britischen Botschaftsangehörigen in Montevideo, wie das Schiff langsam aus dem Hafen hinausglitt. An Bord der ADMIRAL GRAF SPEE waren dreiundvierzig Seeleute damit beschäftigt, die befohlene Planung so rasch wie möglich umzusetzen.

»Es war ein herrlicher Sonnentag«, erinnerte sich Friedrich-Wilhelm Rasenack, ein ehemaliger Offizier der ADMIRAL GRAF SPEE, »ganz Montevideo schaute diesem Spektakel zu. Die Kaianlagen waren schwarz von Menschen.« Flugzeuge kreisten in der Luft, um die Seeschlacht für amerikanische Zeitungen zu fotografieren.[6]

Wattenberg und die anderen machten die Sprengladungen auf ihrem zum Untergang verurteilen Schiff scharf. Ihnen blieben zwanzig Minuten, um von Bord zu gehen. Kurz vor Ablauf dieser Frist versammelten sich fünf der Offiziere mit Langsdorff auf dem Achterschiff, salutierten, als Flagge und Kommandantenwimpel niedergeholt wurden, bestiegen eine Barkasse und entfernten sich etwa eine Seemeile von dem Schiff.

Zwei gewaltige Detonationen erschütterten die Luft, hoben das Panzerschiff in die Luft und schleuderten Wrackteile in den Himmel. Wenige Sekunden später explodierten mit Donnergetöse die Munitionskammern, Flammen überzogen das gesamte Schiff, und das zerborstene Wrack der ADMIRAL GRAF SPEE versank im seichten Wasser. »Es war ein erschütternder Anblick«, bekannte Wattenberg.[7]

Argentinische Schlepper brachten Langsdorff und seine gesamte Besatzung nach Buenos Aires, wo sie hofften, als schiffbrüchige Seeleute der Gefangenschaft zu entgehen. Am 19. Dezember teilte ihnen jedoch die argentinische Regierung mit, sie internieren zu müssen. Gegen Mitternacht schrieb der Kommandant Briefe an seine Frau, seine Eltern und den deutschen Botschafter. »Ich bin glücklich«, schrieb er dem Botschafter, »für die Ehre der Flagge zu sterben.« Der Kommandantenwimpel der ADMIRAL GRAF SPEE lag auf seinem Schreibtisch ausgebreitet, als Langsdorff sich mit einem Schuss in die Schläfe erschoss. »Er war ein guter Mann«, erzählte Wattenberg, »ich bedaure heute, dass ich ihm damals nicht gesagt habe ›Herr Kapitän, sie haben [mit der Verzögerung für die Reparaturarbeiten] die falsche Entscheidung getroffen‹. Aber er war ein so fähiger Offizier.«[8]

Die im Marinearsenal von Montevideo inhaftierten Offiziere der ADMIRAL GRAF SPEE durften Ausflüge unternehmen. Dabei kamen sie mit Angehörigen der deutschen Gemeinde in Berührung. Einer von Wattenbergs Freunden versorgte ihn unter der Hand mit zivilen Kleidungsstücken, sodass er und einige andere entkommen und sich mehrere Wochen lang verstecken konnten. Auf verschiedenen Transportmitteln überquerten sie die Anden und trafen in Santiago de Chile wieder zusammen. Von dort aus flogen sie mit Linienmaschinen zurück nach Deutschland, wo sie im Frühjahr 1940 eintrafen.[9]

Während die deutschen U-Boote in der Schlacht im Atlantik ihre großen Erfolge feierten, kehrte Wattenberg in die Heimat zurück und begann mit der U-Bootausbildung. Anschließend übernahm er als Kommandant U-162. »Ich habe vierzehn Schiffe mit insgesamt 86000 Tonnen versenkt.« Bei einem seiner frühen Einsätze (Mai 1942 vor Brasilien), als die U-Boote auf nur wenig oder gar keinen Widerstand trafen, versenkte er den 6700 Tonnen-Frachter PARNAHYBA, der in der Mitte auseinanderbrach und eine Menagerie von Hühnern, Puten und Schweinen freisetzte. Die Hühner flogen fort von dem sinkenden Schiff und retteten sich auf treibende Wrackteile, während zwei Schweine geschickt die Wellen durchschwammen. Die Besatzung rettete diese unerwarteten Kostbarkeiten und genoss mehrere Tage lang eine ausgezeichnete Hühnersuppe und gebratenes Schweinefleisch.

Kurze Zeit später, noch im selben Monat, sichtete Wattenberg einen kleinen Küstensegler, die FLORENCE M. DOUGLAS. Nach einem Warnschuss vor den Bug erlaubte Wattenberg der Besatzung, in die Boote zu gehen, und versenkte den Segler. Es stellte sich heraus, dass einer der Überlebenden ein schwarzes Schwein war – das dritte – dem sie in nur einer Woche begegneten. Da einige U-Bootfahrer gehört hatten, dass Schweine Glück bringen sollen, beschlossen sie, das kleine Tier einzufangen und zu behalten. Sie nannten es Douglas nach seinem letzten Zuhause.

An Bord des U-Boots fand Douglas im Maschinenraum seinen Platz, wo ihn die Besatzung wie einen Prinzen behandelte. Wattenberg versenkte fünf weitere Handelsschiffe. Er kehrte siegreich nach Lorient zurück und zeigte Douglas stolz seinem Flottillenchef Victor Schütze.[10]

Auf seiner dritten Fahrt im September 1942 – auf der er noch die »Glückliche Zeit« der U-Boote genoss – kreuzte Wattenberg in der Nähe der Insel Tobago in der Karibik auf Periskoptiefe. Etwa gegen 18.00 Uhr kam eine Mastspitze in Sicht. Das Besatzungsmitglied Alfred Dietrich berichtete, dass der Kommandant das Schiff als Zerstörer klassifizierte, aber nicht erkannte, dass noch zwei weitere nur eine Seemeile weiter entfernt operierten. Wattenberg machte einen Elektro-Torpedo los, der zum Irrläufer wurde. Zunächst steuerte er normal unter Wasser, dann durchbrach er die Oberfläche, wobei er »auf und nieder tauchte wie ein Delfin«, erläuterte Dietrich.

Der Kommandant der PATHFINDER sah den anlaufenden Torpedo und drehte sein Schiff mit Hartruder aus dessen Laufbahn, wobei er nur ganz knapp einen Treffer vermeiden konnte. Mit voller Fahrt drehte er auf das abtauchende U-Boot zu und warf eine Serie von Wasserbomben. Unverzüglich jagten auch die anderen beiden britischen Zerstörer zum Angriff heran und warfen einen Hagel von Wasserbomben auf U-162. »Die ersten Einschläge verursachten Leckagen im Boot, sodass Wasser eindringen konnte. Wir sackten tiefer und tiefer und hatten furchtbare Angst«, fuhr Dietrich fort. »Wir konnten das *Ping, Ping, Ping* des suchenden Sonars deutlich hören und wussten, jetzt standen sie über uns.« Die ohrenbetäubenden Detonationen hörten nicht auf, sodass Wattenberg noch tiefer tauchte. »Und dann begannen wir zu beten.« Alfred erinnerte sich, dass das Schlimmste daran war, still da sitzen zu müssen und nichts tun zu können.

»Wir hatten große Schwierigkeiten, wir verloren Kraftstoff und sackten in gefährliche Tiefen durch.« Um das Boot wieder auszubalancieren, ließen die Schiffstechniker die Pumpen auf Volllast laufen und schafften es, das Wasser an das andere Ende des Boots zu pumpen. In der Zwischenzeit wurde die Atemluft immer knapper. Bei dreihundert Meter Wassertiefe schrie der Leitende Wattenberg zu, er könne das Boot nicht länger halten. Es blieben nur zwei Möglichkeiten, unter Wasser zu bleiben und zu sterben oder aufzutauchen und dort versuchen zu überleben. Wattenberg gab den Befehl zum Auftauchen.

Sobald das Boot an der Oberfläche schwamm, befahl der Kommandant alle Mann von Bord. »Mit angelegter Schwimmweste sprang ich ins Wasser«, berichtet Dietrich, »es war Abend, und ich konnte Leuchtkugeln am Himmel erkennen.« Die deutschen Seeleute banden sich zu Gruppen zusammen und beobachteten die Zerstörer, die sie umkreisten, während sie in den Wellen kämpften.

Als Wattenberg erkannte, dass sein Boot vom Feind aufgebracht werden könnte, befahl er, die Flutventile zu öffnen, um es selbst zu versenken. Als es abzusacken begann, sprang er in die See – er verließ U-162 als Letzter. Der Zerstörer PATHFINDER nahm Wattenberg an Bord, die beiden anderen, QUENTIN und VIMY, retteten die übrigen Seeleute. Einige Monate später befand sich der Kommandant wiedervereint mit seiner gesamten Besatzung im Kriegsgefangenenlager Papago Park in der Nähe von Scottsdale in Arizona.[11]

Etwas mehr als zwei Jahre nach seiner Gefangennahme beteiligte sich Wattenberg in der Nacht vor Heiligabend 1944 an einer gut vorbereiteten Flucht. »Warum wir dieses riskante Unternehmen nur wenige Monate vor Kriegsende unternahmen? Wir wollten unsere Freiheit ohne Stacheldraht, wir wollten Weihnachten in Freiheit feiern und wir suchten eine Möglichkeit, nach Deutschland zurückzukehren.«[12]

Fünfundzwanzig Mann hatten diesen Plan ausgeheckt und ausgeführt – unter ihnen mehrere berühmte Kommandanten: Friedrich Guggenberger, Horst Günther, Hans-Werner Kraus, Friedrich Horst und der einundvierzigjährige Wattenberg, der Älteste. Zwei Besatzungsangehörige Wattenbergs, Walter Kozur und Johann Kremer, waren in das Offizierlager gesteckt worden, weil sie sich geweigert hatten, Baumwolle zu pflücken, sie halfen bereitwillig bei der Flucht mit. Als Tarnung für das Ausheben eines Tunnels hatten sie um Erlaubnis gebeten, ein Faustballfeld anlegen zu dürfen und hatten die Genehmigung dazu erhalten.

Einer der Lageraufseher hatte das Anlegen des Feldes zu überwachen, ein zweiter hatte für die dafür notwendige Erde zu sorgen. Aber der zweite Beamte hasste die Deutschen und weigerte sich, dieses zu tun, wodurch er den Gefangenen die Möglichkeit eröffnete, einen Tunnel zu graben. »Der für das Faustballfeld zuständige Beamte war der Ansicht, für den Erdaushub sorge der andere. Wenn sie sich allerdings miteinander abgestimmt hätten, hätten sie herausgefunden, was da gespielt wurde«, erklärte Kremer.

Die Erdarbeiter legten den Tunneleingang an der Seite ihres Badehauses hinter einer großen Kohlenhalde an, wo die Wachposten auf den Türmen sie nicht beobachten konnten. Mit Hilfe einer Kohlenschaufel und einer Spitzhacke gruben sie den Tunnel in Richtung eines Kanals außerhalb des Lagerzauns. »Der Tunnel war sehr niedrig«, erinnerte sich Wattenberg, »sodass wir nur kriechen konnten. Mit Licht versorgte uns eine Birne am Ende eines langen Kabels.« Jeden Abend mussten sie den Aufsehern die Spitzhacke zurückgeben, behielten aber die Kohlenschaufel. Sie gruben nachts weiter und schütteten den Erdaushub auf einen Haufen am Faustballfeld. Keiner von ihnen hatte jemals einen Tunnel gegraben, sodass dieser bei wechselnder Tiefe zickzackförmig verlief.[13]

Kurz vor Weihnachten 1944 war alles für den großen Ausbruch vorbereitet. »Ich führte eine Gruppe von drei Mann. Jeder Einzelne musste für sich entscheiden, wohin er gehen wollte. Fünfzehn von uns wollten sich in Gruppen zu zweit oder zu dritt in südlicher Richtung auf den Weg machen, um die 250 Kilometer entfernte mexikanische Grenze zu erreichen«, erläuterte Wattenberg. Eine von Günther geführte Dreiergruppe hatte sich den Fluss Gila als Ziel ausgesucht, den sie auf einer Landkarte als blaue Linie erkannt hatten. Auf dem Rücken schleppten sie Rucksäcke mit Teilen eines Kanus, das sie zusammensetzen wollten, um damit flussabwärts den Colorado und darauf den Golf von Kalifornien zu erreichen.

Wattenberg hatte für vier Wochen Lebensmittel gehortet, einen Wasserkanister, Koch- und Essutensilien, eine Erste Hilfe-Ausrüstung, eine Decke, eine aus einer amerikanischen Zeitung stammende Landkarte, einen Ausweis und ein paar Dollar. In Vorbereitung auf dieses Abenteuer hatten Kozur und Kremer Kartoffelschalen aufbewahrt und sich Hefe aus der Küche beschafft, um sich mit selbstgebranntem Schnaps zu versorgen. »Wir stopften alles in einen vier Liter fassenden Glasbehälter, versteckten diesen und warteten mehrere Wochen auf die Gärung. Und wir fertigten Angelhaken aus Heftklammern.« Kozur versteckte als gelernter Koch einen Sack mit Brotkrumen, vermischte diese mit Rosinen und kochte daraus so etwas wie eine Suppe.[14]

»Ich beabsichtigte … in nördlicher Richtung auf die Hochebene Colorados zu marschieren und dort für vierzehn Tage unterzutauchen«, berichtete Wattenberg. »Da oben sollten wir an dafür vorbereiteter Stelle [ein Autowrack] einige Lebensmittel finden. Einige der in der Autowerkstatt beschäftigten Gefangenen hatten den Auftrag gehabt, dort Nahrungsmittel zu verstecken.«

Am 23. Dezember begann der Exodus. »Es regnete. In den Unteroffizierbaracken machten die Insassen großen Radau, um die Aufmerksamkeit der Wachen zu erregen. Zwischen 21.00 Uhr und Mitternacht brachen wir auf, krochen durch den etwa 60 Meter langen Tunnel und kamen am Ufer des Kanals ins Freie.«

Wattenberg, Kozur und Kremer huschten, verborgen durch den Damm und unerkannt von den Posten auf den Wachtürmen, zunächst etwa fünfhundert Meter an dessen Ufer entlang. »Dann durchwateten wir den Kanal, trockneten uns ab, zogen uns an, rannten über ein Feld und versteckten uns in einem Obstgarten.«

Am folgenden Nachmittag hörten sie das weit entfernte Heulen von Sirenen, »das war sehr beunruhigend«. Da sie annahmen, es sei besser, noch einige Zeit zu verweilen, blieben sie zunächst in dem Obstgarten. In der Nacht dieses 24. Dezember veranstalteten sie eine kleine Weihnachtsfeier. »Hannes spielte *Stille Nacht* auf seiner Mundharmonika, und wir alle dachten an die Unseren daheim, unsere Freunde und Verwandten.«

Im Schutz der Dunkelheit brach die kleine Gruppe erneut auf und machte sich nordwärts in Richtung der Berge auf den Weg. »Ich hatte vor, ein geeignetes Loch, einen Unterschlupf aus Steinen zu finden, in den der Regen nicht durchdrang und den keiner entdecken konnte, und den wir dann für die nächsten Ausbrecher zurücklassen wollten. Drei Nächte später entdeckten wir in einer Schlucht in den Bergen eine Höhle, in der wir uns sehr sicher fühlten.« Die drei errichteten eine Feuerstelle aus Felsbrocken und schleppten einen Kaktusstumpf herein, der als Tisch dienen sollte. Nachts schliefen stets zwei von ihnen, während der dritte Wache hielt.

Wattenberg beabsichtigte, die Höhle als zentralen Ausgangspunkt zu nutzen und von dort aus das Gebiet zu erkunden. »Es war ganz wichtig für uns, unsere Nahrungsmittelvorräte aufzufüllen. Ich wollte einen freundlichen amerikanischen Farmer ausfindig machen und für ihn arbeiten, um so etwas Geld für unsere Verpflegung zu verdienen. Aber ich konnte nirgendwo einen finden. Ich marschierte in alle Richtungen, aber niemand lebte dort. Ich traf keine Menschenseele.«

Voller Heimweh und Wehmut suchten die drei Deutschen am 31. Dezember ein abgelegenes Plätzchen in der Nähe eines kleinen Sees auf. Dort tranken sie ein wenig von ihrem selbstgebrannten Schnaps und hoben zum Jahreswechsel ihre Becher auf das Wohl ihrer Frauen und Deutschlands. »Walter und Hannes schauten sehr traurig drein, sie mussten immer wieder an ihre Familien in Köln denken, das schwere Bombenangriffe hatte hinnehmen müssen. Wir baten Hannes, auf seiner Mundharmonika das Deutschlandlied zu spielen und zogen uns wieder in unsere Höhle zurück.«

»Im Mondschein sahen die Kaktusblüten sehr hübsch aus, und wir konnten erkennen, dass auf den höheren Berggipfeln Schnee lag.« Um keine Fußspuren zu hinterlassen, bemühten sie sich, ausschließlich über Felsen zu gehen und lockere Erde zu meiden. In dieser einsamen Neujahrsnacht fragten wir uns, »wo die mit uns entkommenen Kameraden wohl stecken würden«.

In der nächsten Nacht schickte Wattenberg seine beiden Begleiter jeweils mit einem Dollar in der Tasche los, um eine Zeitung aufzutreiben. »Das war viel Geld, wenn man die geringe Summe bedenkt, die wir besaßen. Es waren nur ein paar Dollar.« Bei Tagesanbruch kehrten die beiden zurück, ihre Rücksäcke gefüllt mit Obst und einigen Zeitungen. »Einige Kriegsgefangene konnten eingefangen werden: Wattenberg noch immer auf der Flucht«, titelten die Schlagzeilen. Ein Zeitungsartikel schrieb: »Massenflucht von Nazis sollte die Flucht der Großen Tiere verschleiern.« Die Höhlenbewohner erfuhren, dass die meisten ihrer Kameraden wieder aufgegriffen worden waren. »Das war traurig«, bemerkte Wattenberg. »Es war wahrscheinlich leicht gewesen, in dem Wüstensand ihre Spuren zu entdecken.«

Nach vier Wochen durchsuchte Wattenberg eines Nachts das Autowrack, in dem andere Gefangene ständig Nahrungsmittel versteckt hatten, und fand lediglich einige karge Essensreste, wenige Zigaretten, Spielkarten und Streichhölzer. Wir hinterließen als Nachricht ›bitte ausschließlich Nahrungsmittel‹. Als wir das nächste Mal nachschauten, fanden wir die Antwort: ›Dieser Platz ist gefährlich, hier kommen täglich viele Amerikaner vorbei‹.« Die drei besprachen dieses Problem, wobei Hannes sich freiwillig bereit erklärte, in das Lager der arbeitenden Gefangenen einzuschleichen, um mit ihnen über ein besseres Versteck zu sprechen. Er verließ die Höhle. Nach drei Tagen gab es immer noch keine Spur von ihm.

»Walter wollte es Hannes nachmachen, dabei allerdings sehr vorsichtig sein. Auch Hannes kam nicht wieder.« Ganz auf sich gestellt, grübelte Wattenberg über seine nächsten Schritte nach. »Ich entschied mich, nach

Phoenix aufzubrechen. Ich besaß acht Dollar, und vielleicht konnte ich mir davon etwas Brot kaufen.« Ehe er sich auf den Weg machte, hinterließ er in seiner Höhle eine Nachricht für das FBI: »Wenn ihr diesen Zettel findet, bin ich schon weit fort von hier. Gute Jagd! Euer W.«

Schwer beladen mit Rucksack, Decke, Waschutensilien, Zigaretten, Zucker, Salz und Schnaps brach der letzte Flüchtling nun in Richtung Phoenix auf. Bei seiner Ankunft in der Stadt fiel ihm ein chinesisches Restaurant auf, er ging hinein und bestellte ein Gericht für fünfzig Cent. »Es schmeckte köstlich. Nach dem Essen versuchte ich, einen Platz zum Übernachten zu suchen, konnte aber kein Hotelzimmer finden, denn es war Wochenende und alles war besetzt.«[15]

Gegen 03.30 morgens fragte Wattenberg mit leicht englischem Akzent einen Straßenfeger nach dem Weg zum Bahnhof. Dieser, Charles Cherry, hatte den Verdacht, dass dieser Fremde ein deutscher Kriegsgefangener sein könnte und sprach einen vorbeikommenden Polizeibeamten, Gilbert Brady, an. Brady hatte Wattenberg nach ein paar Minuten erreicht.

»Entschuldigen Sie, Sir, wo wohnen Sie?«
»Ich bin Rancher und verbringe das Wochenende in der Stadt.«
»Natürlich, Sir, aber wo wohnen Sie?«
»In Glendale.«
»Glendale Kalifornien oder Glendale Arizona?«
»Wieso, natürlich Glendale dort im Osten.«

Daraufhin bat Brady den »Rancher«, seine Sozialversicherungskarte vorzuzeigen. Da Wattenberg keine besaß, gab er schließlich auf. »Sie haben mich durchsucht und befragt, aber ich verriet nichts von meiner Flucht. Die Nacht verbrachte ich im Gefängnis, bekam ein gutes Frühstück und wurde nach Papago Park zurückgebracht. Der Lagerkommandant hieß mich mit ›Hallo, Käptn‹ willkommen und schüttelte meine Hand.«[16]

»Wir erhielten die nächsten vier Wochen nur Wasser und Brot, was uns aber nicht das Geringste ausmachte, denn wir hatten fünfundvierzig Tage lang die Freiheit genossen. Das war eine großartige Erfahrung.«[17]

Viele Jahre später, an einem frischen Januarmorgen im Jahre 1985, nahmen der ehemalige U-Bootkommandant und neun der damaligen Kriegsgefangenen an Feierlichkeiten in Papago Park teil, dem Ort ihrer abenteuerlichen Flucht. Der Gouverneur von Arizona hatte den 5. Januar als »Erinnerungstag für das Papago Park Kriegsgefangenenlager« ausgerufen. Die örtliche Zeitung berichtete darüber. »Ein herzliches Willkommen den ehemaligen deutschen Kriegsgefangenen.«

Ihr Gastgeber Lloyd Clark begleitete die ehemaligen U-Bootkommandanten Horst Günther und Jürgen Wattenberg zu einem Ausflug über ihre alten Fluchtwege. »Zunächst folgten wir dem Verlauf des Tunnels bis an den Kanal«, erinnerte sich Wattenberg, »dann ging es zum Fluss Gila. Dort hatten Günther und seine Gruppe damals festgestellt, dass das Flussbett ausgetrocknet war und sie ihr Kanu zur Flucht über das Wasser gar nicht gebrauchen konnten. Wir fuhren weiter zur Sun City und bemühten uns, die Höhle zu finden, die wir als ›Höhle der Gruppe Wattenberg‹ bezeichneten. Sie lag in der Nachbarschaft von Squaw Peak. Wir vermochten aber nicht, ihre genaue Lage zu ermitteln.«

Nach mehreren mit Ausflügen, Feierlichkeiten und Erinnerungen dicht gedrängten Tagen verabschiedeten sich die deutschen Besucher von ihren Gastgebern. Flaggen wurden geschwenkt und Musikkapellen spielten, als die ehemaligen Feinde einander grüßten – jetzt als Freunde für immer.[18]

»Mir war ein glückliches Leben vergönnt«, lächelte Wattenberg.

2 Georg Högel, U-30, U-110

Wenn man Georg Högel beobachtet, wird man feststellen, dass er unaufhörlich Leute studiert, Gebäude betrachtet oder über die landschaftliche Schönheit sinniert. Wohin er auch reist, begleiten ihn Skizzenbuch und Bleistift, mit denen er mit flinker Hand Porträts, kleine Landschaftsbilder oder architektonische Zeichnungen zu Papier bringt. Zu Beginn seiner Marinekarriere zeichnete Georg eine lustige Karikatur von Schnurzl, dem zerzausten Straßenköter des U-Bootkommandanten Fritz-Julius Lemp, der auf der Pier in Wilhelmshaven geduldig das Einlaufen des U-Boots seines Herrchens erwartete und seine Zähne in die erste Leine verbiss, die an Land geworfen wurde. Georgs Karikatur des kleinen Hundes wurde das Wappen von U-30, und während des ganzen Krieges ließ der junge Künstler keine Gelegenheit aus, seine kreativen Fähigkeiten unter Beweis zu stellen. In einem kanadischen Gefangenenlager malte er Hunderte von Aquarellen, Kohlezeichnungen und Ölgemälden. Wenn man ihm zuschaut, wie er ganz ruhig seine Skizzen zu Papier bringt, kann man sich gar nicht vorstellen, dass er an einem der bemerkenswertesten U-Bootabenteuer des Zweiten Weltkriegs beteiligt war.

»Am 14. September 1939 stand unser U-Boot auf einer Position westlich von Nordirland. Im Osten noch weit entfernt entdeckten wir die Rauchfahne eines Dampfers. Als wir darauf zuliefen, fuhr das Schiff Zick-Zack-Kurse. Es bemerkte uns und versuchte zu entkommen, wobei es ständig SOS funkte«, schrieb der Funker Högel. U-30 griff von vorn an und feuerte dem Frachter einen Schuss vor den Bug. Das Schiff stoppte, und innerhalb weniger Minuten kletterte dessen Besatzung hinab in die Rettungsboote.

Elf Tage zuvor hatte Großbritannien Deutschland den Krieg erklärt. Hitler war fest entschlossen, die englische Seeblockade zu brechen, ehe die britische Admiralität Gelegenheit hatte, ein Konvoi-System ins Leben zu rufen. Er ließ achtzehn U-Boote in See stechen, die das erreichen sollten.

Eines davon, U-30 unter seinem Kommandanten Kapitänleutnant Fritz-Julius Lemp, versenkte unmittelbar nach der Kriegserklärung zwei Handelsschiffe, am 3. September den Passagierdampfer ATHENIA (den Lemp für ein Kriegsschiff hielt) und acht Tage später den Frachter BLAIRLOGIE. »Lemp ließ uns schwören, die Versenkung der ATHENIA strengstens geheim zu halten«, gestand Högel ein. Der Vorfall erschütterte natürlich die Weltöffentlichkeit.

Georg Högel

In Unkenntnis, welche Auswirkungen die Versenkung der ATHENIA hatte, war Högel fest davon überzeugt, dass U-30 sein drittes Schiff ohne große Mühe versenken würde. Da aber irrte er sich.

»Wir schleppten die Beiboote etwa eine Meile frei von dem britischen Frachter und setzten die Besatzung in Kenntnis, dass wir zurückkämen, um ihnen zu helfen. Zunächst aber würden wir an Bord ihres Schiffes gehen.«

Um seine kostbaren Torpedos zu schonen, entschied der Kommandant, die FANAD HEAD durch Sprengladungen zu versenken. Sein erster Befehl jedoch war, »an Bord nachschauen, ob dort Brot aufzutreiben ist«. Die Besatzung des U-Boots hatte alle in Hängematten gelagerten frischen Kommissbrote verzehrt. Als sie dann nach dem Dosenbrot schauen wollten, fanden sie lediglich Milch, Milch und wieder Milch. »Wir nahmen an, die Periskopumhüllung wäre vollgestopft mit Brot. Dem war aber nicht so, auch hier fanden wir lediglich Dosen voller Milch. Der Proviantmeister hatte bei der Verpflegungsbestellung für den Einsatz die falschen Versorgungsnummern eingesetzt.«

Für eine deutsche U-Bootbesatzung war das schlimm. Das Boot stand erst achtzehn Tage in See, und das Brot war ausgegangen. »Wir gingen von ei-

Fritz-Julius Lemp auf dem Turm von U-30. Das Wappen, der Schnurzl, ist gut zu erkennen.

nem sechswöchigen Einsatz aus, sodass wir ab sofort gezwungen waren, Milch mit Rosinen, Milch mit Kartoffelpulver oder Eiern zu essen. Ich kann mich nicht mehr erinnern, was es sonst noch gab. Für uns war es undenkbar, Scheiben vom kalten Fleisch oder Käse ohne Brot zu essen, und worauf sollten wir unsere Butter oder Marmelade schmieren?«

Mit einem vollbeladenen Frachter in Reichweite und der Vorstellung köstlicher Lebensmittel aus der Schiffslast vor Augen, bereiteten die Männer sich darauf vor, an Bord zu gehen.

Der I. Wachoffizier Hinsch und Otto Ohse pullten mit dem Schlauchboot hinüber und kletterten die Strickleiter hinauf. Kurze Zeit später pullten sie schwer beladen mit weißem Weizen und Weizenvollkornbrot, Schinken, Pampelmusenmarmelade, Tabak, Zeitungen und Illustrierten zurück. »Die Vorräte waren wunderbar und hoben unsere Stimmung erheblich.«

Högel, der den Funkverkehr an das todgeweihte Schiff abhörte, empfing ständig Funksprüche weiterer Dampfer. »Mir wurde schon ein wenig mulmig, aber wir standen ja so weit entfernt von Nordirland, sodass Flugzeuge uns nicht erreichen konnten.« So zumindest glaubten sie. Es war Mittag geworden.

Lemp schaut zu dem britischen Frachter FANAD HEAD *hinüber und sucht nach einer Möglichkeit, sich mit Proviant zu versorgen.*

Der Kommandant ließ mehrere Flurplatten vor dem Funkraum aufnehmen und Sprengladungen und Handgranaten hervorholen. Damit schickte er zwei weitere Männer auf die FANAD HEAD hinüber, um die Sprengladungen im Maschinenraum zünden und das Schiff versenken zu lassen. Etwa zu diesem Zeitpunkt fragte der Fernmeldeoffizier Högel, ob er sich einmal anschauen wollte, was sich da abspielte. Nur zu gerne kletterte Högel auf den Turm. »Das 5200 t große Schiff lag genau vor mir, seine Tonnage hatten wir *Lloyds Schiffregister* entnommen. Wir hatten eine Leine vom Bug unseres U-Boots zum Dampfer hinüber gespannt, sodass wir unser Schlauchboot hinüber ziehen konnten, ohne pullen zu müssen. Zehn Mann standen an Oberdeck und zogen es zum Schiff hinüber und wieder zurück.« Georg berichtete, dass viele Besatzungsangehörige sich auf dem Turm aufhielten und das Geschehen sichtlich genossen. Keiner aber beobachtete den Horizont.

»Plötzlich fing einer unserer Männer auf dem Frachter zu uns herüber zu winken und in eine Richtung zu deuten. Ich sichtete ein Flugzeug knapp dreitausend Meter entfernt, das uns allerdings nicht anflog. Zuerst dachte ich, es könnte sich um ein Verkehrsflugzeug handeln, hörte aber plötzlich den Alarm.« Alle Männer auf dem Turm ließen sich durch das Luk ins Boot fallen. Es schien endlos zu dauern. Als U-30 begann, in die Tiefe zu rauschen, hörte die Besatzung ein Hämmern, so als würde jemand außen auf der Turmluke herumspringen. Ihnen blieb nur die Hoffnung, dass ihr unglücklicher Kamerad sich in Sicherheit bringen konnte.

Mit gewaltigen Schlägen detonierten die Wasserbomben um das Boot. »Das waren die ersten Explosionen, die wir seit Beginn des Krieges zu spüren bekamen«, erinnerte sich Högel. »Wir versuchten, tiefer zu tauchen, standen

Besatzungsangehörige reichen Nahrungsmittel an Bord von U-30, die sie auf der FANAD HEAD *gefunden haben.*

aber bereits zu dicht am Dampfer und hätten ihn mit dem Turm rammen können.«

»Zweimal volle Kraft zurück!«, schrie Lemp. Die Maschinen drehten mit Volllast zurück und zogen U-30 zwanzig Meter in die Tiefe.

Fünf Besatzungsangehörige fehlten: Oberbootsmaat Hanisch, der auf dem Turm stand, als das Boot abtauchte, der I. Wachoffizier Hinsch, Otto Ohse, Obermaschinist Büsgen und der Maschinenmaat Schmidt. »Wir nahmen an, dass die letzteren, die ja zu dem Dampfer hinübergepullt waren, sich in Sicherheit befanden. Hanisch würde sicherlich schwimmen können, wenn die Explosionen ihn nicht getötet hätten. Wir allerdings konnten keinen Torpedo auf das Schiff abfeuern, weil sich unsere Männer noch an Bord aufhielten.«

Während sie noch überlegten, wie man die Probleme lösen könnte, erdröhnte eine weitere Detonation direkt über ihnen. Lemp ließ auf dreißig Meter gehen und umkreiste in dieser Tiefe den Frachter in der Hoffnung, dem Flugzeug würde der Kraftstoff ausgehen. Während sie ihre Kreise zogen, erdröhnte eine weitere Detonation dicht am Turm. »Ist es möglich, dass wir noch nicht tief genug sind, um von dem Flugzeug nicht mehr ausgemacht werden zu können«, fragten sich alle verwundert. »Auf vierzig Meter gehen«, befahl Lemp.

Einige Minuten vergingen, dann dröhnte die nächste Explosion. »Es war völlig unmöglich für den Piloten, uns in dieser Tiefe zu erkennen. Deshalb musste es etwas anderes geben, das unsere Position verriet.« Möglicherweise verloren wir Dieselkraftstoff oder Luft. Um den wahren Grund herauszufinden, war Lemp gezwungen, auf Sehrohrtiefe zu gehen. »Alle waren nervös wegen der Wasserbomben, deshalb herrschte auch absolute Ruhe in dem Boot. Wir fuhren das Sehrohr aus, und vom Funkraum aus konnte ich den Kommandanten fluchen hören.«

Zu seiner Verwunderung bemerkte Lemp, dass die lange Leine mit dem Schlauchboot sich um den Netzabweiser gewickelt hatte und U-30 das kleine Boot an der Wasseroberfläche hinter sich herzog. »Selbst ein blinder Pilot hätte erkannt, dass kein leeres Schlauchboot einen Frachter umkreisen kann.«

Ein Mann der Besatzung nahm ein Küchenmesser und hackte das verräterische Anhängsel ab. Während er noch damit beschäftigt war, erkannte die Brückenwache, dass ein Flugzeug direkt auf das Boot zuflog. Sie vernahmen Feuerstöße aus Maschinengewehren, die Geschosse klatschten gegen den Turm. Offensichtlich waren dem Flugzeug die Bomben ausgegangen. Während U-30 erneut in die Tiefe schoss, hatte die Besatzung nur noch eins im Sinn, ihre fünf Kameraden dort oben zu retten, ehe feindliche Kriegsschiffe auftauchten.

Lemp ließ U-30 in Lee der FANAD HEAD erneut auftauchen. Aber kaum hatte er das getan, dröhnte erneut ein Flugzeug heran, überschüttete das Boot mit einem Hagel von Maschinengewehrkugeln und warf eine Bombe ab. »Wir konnten gerade noch tauchen, ehe das Ding detonierte. Aber wo war bloß das zweite Flugzeug hergekommen?« Ein Luftangriff so früh nach Kriegsausbruch und so weit entfernt von Land erschien ihnen schier unvorstellbar.

Das Boot hatte sich seit den Mittagsstunden ganz dicht am Frachter aufgehalten, jetzt war es bereits 18.00 Uhr. Erneut versuchte Lemp, eine Position einzunehmen, aus der er seine Männer von dort retten konnte. Dabei erkannte er, dass in der Ferne weitere Maschinen auftauchten. Als U-30 sich der Leeseite der FANAD HEAD näherte, wurde das U-Boot von einem donnernden Krachen durchgeschüttelt. »Wir wurden alle gegen die Bordwand, gegen Geräte und sonst wohin geschleudert.« Lemp befahl, »Pressluft auf alle Zellen«, um das Boot an die Oberfläche zu bringen. Sie waren mit dem Frachter kollidiert, der aufgrund der ständig anrollenden hohen Dünung seine Position verändert hatte. »Frage Wassereinbruch?«, schrie der Kommandant. Högel vernahm Rufe von der Brücke: »Sie kommen, sie kommen.« Er hörte Fußgetrappel auf der Brücke, dann wurde das Luk dicht geschlagen, und U-30 tauchte wieder ab.

Högel hatte einige Minuten zuvor einen Kameraden gebeten, die noch geöffneten Flurplatten zu schließen, als unversehens ein Mann den Gang hinunter sauste. Wäre er in den offenen Stauraum gefallen, hätte er sich das Genick brechen können. »Ich kannte ihn überhaupt nicht«, erzählte Högel. »Er war keiner von uns. Er hatte sich die Hose auf der einen Seite aufgerissen. Ich bemerkte eine tiefe Wunde, in der man den Knochen und die Muskeln erkennen konnte.« Unverzüglich wurde der Unbekannte (ein britischer Pilot) auf eine Koje gelegt, um ihn medizinisch versorgen zu können.

Nach Bergung der fehlenden Besatzungsangehörigen feuerte U-30 aus dem achteren Rohr einen Torpedo. Kurz darauf verkündete Lemp, »Treffer mittschiffs, der Dampfer bricht auseinander und sinkt.« Später erfuhr Högel, dass die fünf Männer unmittelbar nach der Kollision von der FANAD HEAD heruntergesprungen und auf das U-Boot gezogen worden waren. Sie berichteten später, dass einer der Männer beim Eintreffen des ersten Flugzeugs den Kameraden, die im Maschinenraum die Sprengladungen anbrachten, noch eine Warnung zugerufen hatte. Es war aber zu spät, um das Schiff noch verlassen zu können. Während sie sich an Oberdeck aufhielten, konnten sie zuschauen, wie das Flugzeug Bomben auf das U-Boot warf. Splitter flogen durch die Luft und verwundeten sie an Armen, Rücken und Köpfen, sodass sie schließlich ins Schiffsinnere flüchteten, um sich gegenseitig zu verbinden. Die Seeleute der FANAD HEAD, die Augenzeugen des Angriffs auf das U-Boot wurden, pfiffen und jubelten in sicherer Entfernung.

In der Hoffnung, dass Lemp einen weiteren Versuch zu ihrer Rettung unternehmen würde, warteten die fünf U-Bootfahrer ab und schauten zu. Plötzlich bemerkte einer von ihnen einen regungslos im Wasser treibenden Körper. Otto band sich eine Leine um die Hüften, sprang ins Wasser und schwamm mit einem Mann zurück, der schwere Verbrennungen aufwies. Er trug Lederbekleidung und ein Mikrofon. Zunächst vermutete Otto, es handelte sich um einen Kameraden unserer Besatzung, erkannte aber am Mikrofon, dass es ein englischer Pilot war. Später stellte sich heraus, dass es sich bei diesem Piloten um den Oberleutnant zur See Thursden von dem britischen Flugzeugträger ARK ROYAL handelte. Nur Augenblicke später kletterte der Oberleutnant zur See Gus Griffiths, Pilot einer zweiten Maschine des Trägers, an Bord des Frachters und war bestürzt, bereits einen seiner Kameraden dort vorzufinden.

Als das U-Boot gegen den Frachter prallte, sprangen die verwundeten U-Bootmänner paarweise zusammengebunden vom Deck hinab in die See und wurden nacheinander an Bord ihres U-Boots gezogen. »Die beiden Engländer aber standen immer noch dort oben«, berichtete Högel, »und wären sich nicht im Klaren, ob sie auch springen sollten.« Lemp rief zu ihnen hinüber: »Springt, Ihr Idioten, das Schiff wird versenkt!« Ohne Zögern sprangen die Piloten in die Wellen und wurden auf das U-Boot hochgezogen, Sekunden bevor es wieder abtauchte. Dann torpedierte Lemp den Frachter. Noch während er das sinkende Schiff beobachtete, erspähte er zwei Zerstörer, die auf sie zustürmten. »Tiefer!«, schrie er.

»Jetzt konnte uns nur noch die Tiefe retten. Wir tauchten rasch auf siebzig, achtzig, neunzig Meter. Auch wenn am Tiefenmesser bei einhundert Metern eine Warnmarke angebracht war, sanken wir weiter auf einhundertzwanzig Meter. Entsetzliche Detonationen schüttelten das Boot durch, wir wurden in alle Richtungen geschleudert. Verglichen mit diesen Wasserbomben waren die Fliegerbomben kaum der Rede wert.« Berstendes Dröhnen erschütterte immer wieder die See.

Noch während der Angriffe versorgte einer der in Erster Hilfe ausgebildeten Funker die Verwundeten so gut er konnte. Adolf Schmidt hatte seinen rechten Arm schwer verletzt, als er an Bord sprang, drei weitere waren von Geschosssplittern getroffen worden. Lediglich Hanisch war unversehrt. Als das Boot zum Tauchen ansetzte, hatte er auf dem Turm gestanden und noch versucht, sich am Sehrohr festzuhalten, fand sich aber bald im Wasser schwimmend wieder. Es gelang ihm, zur FANAD HEAD hinüberzuschwimmen und die Strickleiter zu erklimmen, um zu den dort wartenden Kameraden zu gelangen. Die beiden britischen Piloten Griffiths und Thursden waren bei ihren Bombenabwürfen zu tief geflogen. In den Detonationen waren ihre Flugzeuge abgestürzt und hatten sie in die See geschleudert, wobei sie schwere Verbrennungen erlitten. Thursden war der Mann, den Högel durch den Gang von U-30 rutschen sah, er hatte sich das Bein aufgerissen, als er von Bord der FANAD HEAD in die aufgewühlte See sprang.

Als die Wasserbomben auf das U-Boot einpeitschten und einhämmerten, verursachte der gewaltige Wasserdruck mehrere Wassereinbrüche, welche die Besatzung aber rasch wieder abdichtete. »In meinem Kopfhörer konnte ich hören, wie die Wasserbomben heruntersanken, bevor sie detonierten, und konnte die Besatzung warnen. Während dieser zwei Sekunden langen Wartezeit blieb mir förmlich das Herz stehen«, fuhr Högel fort.

Die beiden Zerstörer setzten dem Boot schwer zu. »Es war meine Aufgabe, ihre Propellergeräusche zu orten und ihre Positionen in die Zentrale zu melden. Gleichzeitig konnte ich die kreischenden und knarrenden Sinkgeräusche des Frachters hören. Es war ein entsetzlicher Lärm.«

Während die Zerstörer unermüdlich versuchten, das U-Boot zu vernichten, meldete der E-Maschinenraum Wassereinbrüche. Gleichzeitig lief die Bilge voll, sodass das Boot achtern tiefer lag. Eine Lenzpumpe allein konnte das nicht mehr bewältigen, eine zweite musste zugeschaltet werden. »Wir sanken – einhundert Meter, einhundertzehn, einhundertzwanzig – und plötzlich blieb die Anzeige stehen. Ab einem gewissen Punkt würde das Boot dem Wasserdruck nicht mehr standhalten können, und wir würden alle sterben. U-30 war bereits ein altes Boot, es war 1935 gebaut worden.«

Lemp ließ alle verfügbaren Männer eine Kette bilden und sich jedes griffbereite Gefäß nehmen und befahl, Wasser zu schöpfen. »Wir reichten das Wasser aus dem Achterschiff in den Bug durch. Da das Heck aber einige

Meter tiefer lag als der Bug, bestand durchaus die Gefahr, dass Wasser in die E-Maschinen gelangte und diese zerstörte. Ohne Stromversorgung hätte das unser Ende bedeutet.«

Schwitzend und wortlos schöpften und schleppten sie unermüdlich Wasser von achtern nach vorn. Einige Male waren sie gezwungen, eine Pause einzulegen und die Pumpenfilter zu säubern. In diesen wenigen Minuten vernahmen sie sehr deutlich ein beängstigendes Knacken im Rumpf. Gegen 23.00 Uhr hörten die Detonationen auf. Nun endlich konnte U-30 auf eine sicherere Tiefe höher steigen. »Um absolut sicher zu sein, dass der Feind auch wirklich verschwunden war, hatte ich auf das geringste Geräusch zu achten. Wir wussten, dass ein Zerstörer in Peilung 037 Grad stand, aber wo war der andere? Während das Boot langsam höher ging, fragten mich die Männer ständig, ob ich etwas hören könnte.« Alle hatten sie ihre Schuhe ausgezogen und Handtücher um die Füße gewickelt, um sich so leise wie möglich bewegen zu können. Die Heizung und alle nicht benötigten Lampen waren ausgeschaltet, da die Batterien nahezu leer waren. »Es war sehr kalt und wir froren. Wir wussten, dass unsere Batterien nur noch eineinhalb Stunden Strom geben würden. Was aber passierte dann, wenn die Zerstörer immer noch oben lauerten?«

Leise und vorsichtig stieg das U-Boot auf dreißig Meter Tiefe, in der es begann, von der Dünung geschaukelt, von einer Seite auf die andere zu rollen. Lemp ließ die Maschinen abstellen, um besser horchen zu können, dann brachte er das Boot an die Oberfläche.

Dort oben in Regen und Dunkelheit war U-30 offensichtlich in Sicherheit. Frische Luft und Sauerstoff strömten in alle Abteilungen und erweckten die Lebensgeister der Männer. Langsam wich die Spannung. Plötzlich glaubte jemand, einen Suchscheinwerfer in den Wellen gesehen zu haben, aber das war nur ein falscher Alarm. Lemp ließ mit der Fahrt angehen, und U-30 setzte seine Reise fort. »Die Antriebsdiesel heulten, um die Batterien aufzuladen, und die Pressluftbehälter wurden aufgefüllt. Mit einem Wort, alles lief bestens. Am nächsten Tag allerdings stellten wir fest, dass unser Kompass unbrauchbar geworden war.«

Auf ihrer Fahrt in Richtung Island versuchte U-30, einen Frachter zu versenken, verfehlte das Ziel aber wegen des defekten Kompasses. Schlechtes Wetter machte eine astronomische Navigation unmöglich, sodass sie erst zwei Tage später als geplant vor Reykjavik standen. »Wir waren in großer Sorge um Adolf Schmidts Leben. Zwar war es uns gelungen, die Blutungen an seinem Unterarm mit Hilfe eines Tourniquets, das wir regelmäßig öffneten, zum Stillstand zu bringen, aber seine Hand war bereits schwarz angelaufen und sein Verband voll Blut.« In Reykjavik, einem neutralen Hafen, kam der deutsche Generalkonsul Gerlach, der selbst Arzt war, mit einem Motorboot an Bord und brachte Schmidt und die übrigen Verwundeten in ein

Krankenhaus. Der Doktor brachte auch einige Medikamente für den Erste Hilfe-Schrank von U-30 mit, und mehrere deutsche Handelsschiffe im Hafen steuerten Brot, Fleisch und andere Nahrungsmittel bei.

Auch wenn Island sich strikt neutral verhielt, erfuhr die dänische Bevölkerung von dem unerwarteten Besuch von U-30 und forderte, Boot und Besatzung zu internieren. »Wir liefen so schnell wir konnten wieder aus«, erläuterte Högel, »und kehrten nach Deutschland zurück.« Wegen ihres defekten Kompasses wären sie in der Nordsee um Haaresbreite in ein eigenes Minenfeld geraten. In der Wesermündung warteten sie auf ein Geleitfahrzeug, das sie rasch aufnahm und nach Wilhelmshaven, dem Heimathafen der 2. U-Flottille, begleitete.

»Unmittelbar vor dem Anlegen holten wir einen lebenden Truthahn nach oben, den wir auf Island an Bord genommen und Alfons getauft hatten und banden ihn, bestaunt von all den Seeleuten auf den Kriegsschiffen und auf der Pier, an dem Geschütz fest. Am nächsten Tag bereitete unser Smutje für uns eine Truthahnsuppe zu – eine Köstlichkeit.«[1]

Unmittelbar nach dem Festmachen meldete Lemp das Boot bei seinem Flottillenchef zurück, mit dem er das Fiasko mit der ATHENIA besprach. Gleich anschließend rief er Georg in ein privates Büro und eröffnete ihm: »Ich befehle Ihnen, unser Kriegstagebuch zu ändern.« Völlig verwundert folgte der junge Seemann dieser Anweisung und schrieb auf einer Schreibmaschine zwei Seiten völlig neu, um jeden Hinweis auf die Versenkung des Passagierdampfers ATHENIA auszulöschen. Anschließend rief Lemp seine gesamte Besatzung zusammen und ließ sie ein zweites Mal schwören, dieses Vorkommnis absolut geheim zu halten, und forderte sie auf, standhaft zu bleiben, sollte das Thema ATHENIA zur Sprache gebracht werden. »Das fiel uns wahrlich sehr schwer«, erzählte Georg, »und wir mussten dieses Spiel bis Kriegsende durchhalten.«[2]

Im Hinblick auf die Heldentaten von U-30 veröffentlichten die örtlichen Zeitungen einen Artikel, in dem sie beschrieben, dass U-30 zwei britische Flugzeuge abgeschossen und die Piloten gefangen genommen hatte. (Es handelte sich um die beiden Piloten, die zu tief geflogen waren und in den Fontänen ihrer Bomben abstürzten.)

Im Anschluss an seine Feuerprobe auf U-30 traf Högel auf U-110 erneut mit Lemp zusammen und erlebte eine zweite haarsträubende Einsatzfahrt. Anfang Mai 1941 hatte Lemp zwei Handelsschiffe eines gewaltigen britischen Konvois versenkt, als er von den Zerstörern BULLDOG und BROADWAY heftig angegriffen wurde. Schwer beschädigt suchte das U-Boot Schutz in großer Tiefe, wo bereits die Nieten begannen, aus dem Rumpf zu platzen, die Flurplatten sich bogen und der Sauerstoff allmählich zur Neige ging. »Die Wasserbombendetonationen waren so stark, dass wir glaubten, unsere letzte Stunde habe geschlagen. Wir saßen in der Falle und konnten nicht mehr entkommen.«

Den Tod vor Augen, wollte Lemp bereits den Befehl zum Auftauchen geben, als das geborstene Anblaseventil das Boot unkontrolliert auftauchen ließ. Als U-110 die Oberfläche durchbrach, entschied sich der Kommandant der BULLDOG, Baker-Cresswell, ohne Zögern, das U-Boot zu rammen und befahl volle Kraft voraus. Als Lemp erkannte, dass der Zerstörer auf ihn zudrehte, schrie er seinen Männern zu, das Boot zu versenken und so schnell wie möglich von Bord zu springen. Als Baker-Cresswell beobachtete, wie die Besatzung vom Turm sprang, erkannte er plötzlich eine Möglichkeit, das U-Boot zu kapern und drehte ab, um eine Kollision zu vermeiden. In dem Glauben, erkannt zu haben, dass einige der Deutschen die Geschütze besetzten, ließ er das Feuer eröffnen. Als ein wahrer Geschoss- und Kugelhagel auf das Boot niederging, erkannte er, dass die Besatzung lediglich das Boot verlassen wollte. Daraufhin befahl er, das Feuer einzustellen, die BULLDOG stoppen und alle Vorbereitungen zu treffen, U-110 zu entern. In demselben Augenblick bemerkte Baker-Cresswell, dass die BROADWAY direkt auf das U-Boot eindrehte und offensichtlich die Absicht hatte, es zu rammen.

Taylor, der Kommandant der BROADWAY, nahm wohl nicht wahr, dass Baker-Cresswell ihm zumorste, sich von ihm frei zu halten, und lief weiter auf das U-Boot zu. Daraufhin schrie dieser erfolglos in sein Megafon: »Nicht rammen!« In der Absicht, zwei Wasserbomben direkt unter das U-Boot zu werfen, kollidierte Taylor unversehens mit U-110, riss ein großes Loch in BROADWAYS Bug und verlor eine Antriebsschraube. Er zog sein Schiff sofort zurück und ermöglichte somit Baker-Cresswell, seine Vorbereitungen zum Kapern fortzuführen.

Nach Feuereinstellung bemühten sich Högel und seine Kameraden, schwimmend durchzuhalten, bis sie gerettet werden konnten. Allerdings waren einige Besatzungsangehörige gefallen, als sie versuchten, das Boot zu verlassen oder während sie im Wasser schwammen. Auch Högel blieb verschwunden. Vierunddreißig Besatzungsangehörige waren von der Korvette AUBRIETIA geborgen worden und wurden in eine enge Kammer unter Deck geführt, sodass sie nicht miterleben konnten, was sich weiterhin ereignete.

Baker-Cresswells Gedankenblitz hatte Erfolg. Seine Entermannschaft pullte hinüber zu U-110, kletterte vorsichtig in das Boot (sie wähnten noch bewaffnete Besatzungsangehörige an Bord, die das Boot versenken sollten), spürten dort lediglich eine unheimliche Stille und entdeckten einen nicht mit Geld aufzuwiegenden Schatz: geheime deutsche Schlüsselunterlagen und einen Apparat, der wie eine Schreibmaschine aussah – die Enigma-Schlüsselmaschine. Die folgenschwere Erbeutung dieser Schlüsseltafeln und des Schlüsselgeräts erlaubte es den Briten, gestützt auf weitere Schlüsselunterlagen zweier deutscher Wetterschiffe, den verschlüsselten Funkverkehr an die U-Boote und von den Booten zu entschlüsseln. Das gab den Alliierten den entscheidenden Vorsprung in den tödlichen Schlachten auf See.

Ironischerweise hatten Högel und seine Kameraden keine Vorstellung davon, dass ihr Boot gekapert worden war. Die BULLDOG schleppten es eine Zeitlang, ehe U-110 auf geheimnisvolle Weise versank. Auch bewahrten die britischen Seeleute über ihre unerwartete Beute absolutes Stillschweigen. Kein Wort darüber drang an die Öffentlichkeit, ehe die britische Admiralität im Jahre 1958 darüber berichtete. »Wir hatten alles getan, um das Boot sinken zu lassen«, bezeugte Högel.[3]

Gegen Ende des Zweiten Weltkriegs erbeutete die Rote Armee das deutsche Marinearchiv im Oberkommando der Marine in Berlin und entdeckte das Geheimnis der ATHENIA. Als Ergebnis einer raschen Suche spürten sie in einem kanadischen Kriegsgefangenenlager drei Überlebende von U-30 auf und verlangten eine Untersuchung. »Ich war einer dieser drei«, berichtete Georg, »sie haben eine Menge Fragen gestellt, aber ich habe ihnen nichts verraten. Letztlich hat das doch einer getan, wodurch alles an die Öffentlichkeit drang.«

Im April 1989 reisten Georg und seine Frau zur Eröffnung einer ganz besonderen Vernissage im Militärmuseum nach Thunder Bay in Kanada, in dem 315 großartige Aquarelle, Skizzen und Ölgemälde des Funkers Högel ausgestellt wurden, die er während seiner Gefangenschaft in diesem Lager im Norden Ontarios angefertigt hatte. Georg schenkte sie dem Museum aus Dankbarkeit für seine menschliche Behandlung und die seiner Kameraden durch die Kanadier in diesen langen und trostlosen Kriegsjahren.

»Ich hatte stets Glück«, sinnierte der Münchner Seemanns-Künstler, »und es war eine Fügung des Schicksal, dass ich überlebt habe. Ich denke aber schweren Herzens an meine guten Kameraden, die schon so lange tot sind.«

3 *Otto Kretschmer, U-35, U-23, U-99*

Gelassen und elegant in seinem beige-gelbem Kordhemd und seinen hellbraunen Hosen saß der berühmte Kommandant auf seiner Veranda im Hintergarten und schwelgte in Erinnerungen, während Motorboote über den nahegelegenen Kanal brummten und Radfahrer auf fernen Wegen hin und herfuhren. Bei diesem friedlichen sonnabendlichen Schauspiel erzählte Otto von seinen Taten im Kriege, kicherte des Öfteren und genoss das Ganze sehr. Hin und wieder wurden wir von dem lauten Zwitschern eines Buchfinken auf dem Dach oder von Kretschmers Terrier unterbrochen, der eine Ente anbellte. Als mein zweitägiger Besuch beendet war, nahm ich mit Bedauern Abschied von Otto und seiner Frau Lieselotte, denn ich spürte, dass wir gute Freunde geworden waren.

In dem ehemaligen deutschen Königreich Böhmen (heute Teil der Tschechischen Republik) verlor Otto Kretschmers protestantischer Vorfahre Johannes von Kretschmer zu Sachwitz und Laskowitz sein gesamtes Hab' und Gut im Dreißigjährigen Krieg und wurde von der Katholischen Liga gezwungen, sein Leben neu zu beginnen. Die adlige Familie konnte nach ihrer Vertreibung nach Schlesien überleben, wurde aber gegen Ende des Zweiten Weltkriegs erneut von Haus und Gut vertrieben, als Schlesien ein Teil Polens wurde. Otto selbst besaß 1947 nach siebenjähriger Gefangenschaft »nicht mehr als einhundert Pfund Gepäck. Das ist alles, was geblieben war«.

Ottos Vater, ein Schulleiter, war in der Lage, gut für seine Familie zu sorgen. Er konnte es sich sogar leisten, Otto auf das Exeter College in England zu schicken, wo dieser zwei Semester lang Mathematik, Chemie und Englisch studierte. Da Otto sich schon im Alter von sechzehn Jahren nach der Seefahrt sehnte, verpflichtete er sich, einen Monat vor seinem achtzehnten Geburtstag den Dienst in der Reichsmarine anzutreten. Da ihm vor Beginn seiner Marinelaufbahn noch etwas Zeit blieb, beschloss er, an der Pariser Sorbonne zu studieren. Allerdings veranlasste Otto der Reiz dieser Stadt, seine studentischen Vorhaben aufzugeben, wodurch er zwei Monate lang die Sehenswürdigkeiten genießen konnte.

Otto Kretschmer nach Verleihung des Ritterkreuzes im August 1940 in Lorient. Dieses Foto wurde später retuschiert, indem Eichenlaub und Schwerter zugefügt wurden.

Bevor der junge Reisende nach Deutschland zurückkehrte, schaute er sich noch Mailand, Genua, Pisa und Rom an. Nahezu bargeldlos ging Otto zur Bank, um vom Konto seines Vaters Geld abzuheben. Dabei teilte man ihm mit, dass er dafür eine Gebühr bezahlen müsse. Als alle Argumente nicht fruchteten, erklärte Otto, er würde sich an die deutsche Botschaft wenden und um Hilfe bitten, worauf ihm der italienische Bankier unverzüglich die gewünschte Summe aushändigte. Bereits im Alter von siebzehn Jahren zeigte Otto Ansätze seiner zukünftigen Talente als glänzender Stratege.

1930 umfasste die Reichsmarine fünfzehntausend Mann und einige alte Schiffe aus der Zeit vor dem Ersten Weltkrieg, sie verfügte aber nicht über U-Boote. Otto sammelte auf der EMDEN, einem nach 1918 gebauten Kreuzer, seine ersten Erfahrungen auf See. Als das modernste Schiff wurde er als Kadettenschulschiff eingesetzt. Nach einer einjährigen Reise um die ganze Welt vertiefte der jugendliche Seemann seine Fertigkeiten an verschiedenen Schulen der Marine, auch an der Marineschule Mürwik, und wurde in der Artillerie, der Torpedowaffe, der Sperrwaffe und im Fernmeldewesen ausgebildet. Als Fähnrich zur See absolvierte Otto seine Bordausbildung im Artillerieabschnitt auf dem Panzerschiff DEUTSCHLAND und dem Kreuzer KÖLN und wurde nach vierjähriger Dienstzeit zum Leutnant zur See ernannt.

»Anschließend wurde ich in den Torpedoabschnitt versetzt, was ich aber gar nicht wollte, denn mir gefiel es bei der Schiffsartillerie besser. Diese war moderner, und unser Torpedoabschnitt hatte sich seit dem Ersten Weltkrieg noch kaum verändert.« 1935 erlaubte das deutsch-englische Flottenabkommen Deutschland, wieder U-Boote zu besitzen. Jetzt durften neue U-Boote gebaut werden, zunächst nur zu Ausbildungszwecken. Von geringer Größe (250 t), ohne Geschütze an Oberdeck und mit nur einer einzigen Abteilung wurden die neuen Boote umgehend »Einbäume« getauft.

»Ich fuhr als Oberleutnant zur See auf U-35 von der 2. U-Flottille. Gemeinsam mit U-28 waren wir die ersten Boote, die in den Atlantik vorstießen und Ponta Delgada auf den Azoren anliefen. Wie allgemein üblich lief das Boot vor dieser Fahrt zur Einzelausbildung in die Lübecker Bucht aus.« Nach wiederholtem Auf- und Abtauchen an diesem kalten Dezembertag kletterten Kretschmer und sein Kommandant auf den Turm, wo Otto sich eine Zigarre anzündete, um anzudeuten, dass die Besatzung eine Pause verdient hatte. »Ich hoffte, er würde mir gestatten, sie zu Ende zu rauchen. Nach einem Blick in seine Augen war mir klar, ›nein, das wird er nicht‹.« Um weiter Tauchübungen hinauszuzögern, meldete er, dass er an Oberdeck gehen wolle, um das Wasser aus dem Geschütz zu lassen und kletterte unverzüglich, die Zigarre zwischen den Zähnen, die Leiter hinab.

»Ich befand mich auf dem Vorschiff und machte mich an dem Geschütz zu schaffen, während das Boot zischend zum Tauchen ansetzte. Als die grüne See auf mich zuschwappte, rannte ich auf den Turm und versuchte, am Sehrohr hochzuklettern in der Hoffnung, ich könnte durch die Optik gesehen werden. Es war natürlich viel zu ölig, sodass ich das nicht schaffte.« Sich noch am Sehrohr festklammernd, tauchte Otto mit U-35 hinab. »Als das Wasser dunkelgrün war, ließ ich los und schoss nach oben.«

Bei einsetzender Dunkelheit und ohne Schwimmweste gelangte er rasch zu der Überzeugung, in dem kalten Wasser nicht lange überleben zu können. »Es war Dezember und ich trug schwere Kleidung – mein Lederzeug mit Gummizug an den Hand- und Fußgelenken. Das hielt zumindest genügend Luft, um mir Auftrieb zu geben. Ich trug Seestiefel, die ebenfalls voll Luft waren. Zuletzt aber musste ich paddeln wie ein Hund, weil die Luft allmählich entwich.«

Als Kretschmer sich noch fragte, ob er durchhalten könnte, tauchte U-35 aus dem Nichts auf. Ein Rettungsring flog auf Otto zu, der aber zu starr vor Kälte war, um an Bord klettern zu können. »Sie zogen mich aus dem Wasser und schoben mich auf den Turm. Dort sagte ich zum Kommandanten ›Melde mich an Bord, Herr Kaleu‹. Er erwiderte lediglich ohne ein Wort der Entschuldigung ›Danke, vielen Dank. Bitte gehen Sie unter Deck‹.«

»Unten zog ich das ganze nasse Zeug aus und genehmigte mir eine kräftige Portion Rum – wissen Sie, es gab keine Heizung in dem Boot. Ich legte mich auf meine Koje und bewegte ganz intensiv Arme und Beine. Schließlich bat ich, mir Wärmflaschen zu bringen, um mich richtig aufzuwärmen. Ohne die wäre ich wohl in meiner Koje gestorben.«

Hätte der Kommandant nicht durch das Periskop geschaut, als U-35 unterschnitt und dabei mit der Bemerkung »eigenartig« festgestellt, dass sich da draußen möglicherweise noch ein Mann befand, wäre Otto Kretschmer wohl sehr rasch verloren gewesen. Nach Einlaufen in den Hafen erzählte irgend ein Besatzungsmitglied einem Reporter von diesem Vorfall, worauf die Lokalzeitung in einem Artikel darüber berichtete, dass Kretschmer mit einer Zigarre im Mund einen beinahe tödlichen Unfall im Wasser der Ostsee überlebt hatte. »Offenkundig entsprach der Teil mit der Zigarre nicht den Tatsachen«, lächelte Otto. (Er hat danach das Rauchen aufgegeben.)

Ehe U-35 in die südlichen Gewässer auslief, belehrte der Kommandant Otto, der für die Verpflegung zuständig war: »Regel Nummer eins lautet, die Besatzung gut zu ernähren. Ist die Verpflegung gut, läuft alles bestens.« Otto folgte seinen Anweisungen, jedermann rund um die Uhr Zugriff auf die Nahrungsmittelvorräte zu gewähren, sodass sich jeder nehmen konnte, was ihm schmeckte. Unglücklicherweise hatte gegen Ende der Reise der Verbrauch die bewilligten Haushaltsmittel weit überschritten, wofür Otto verantwortlich gemacht wurde.

»Da ich dafür aus eigener Tasche aufkommen sollte, meldete ich meinen Vorgesetzten, lediglich die Befehle des Kommandanten ausgeführt zu haben. Der aber verneinte, davon irgendetwas zu wissen. Selbst als ich versprach, das beschwören zu können, hatte ich immer noch dafür gerade zu stehen.« Der Flottillenstab teilte ihm mit, dass er sparsamer wirtschaften und auch einen Kredit zur Begleichung seiner Schulden aufnehmen dürfte. Da sie so gut gegessen hatten, belehrte Kretschmer die Besatzung, dass sie von nun an ihren gewohnten Mittelwächter wie bisher in Form von Butterbroten erhielten, die aber ausschließlich mit Dosenfisch belegt würden. »Der Fisch kostete nur zehn Pfennig, was uns aber eine Menge Geld sparte.« Und das funktionierte.

Otto fuhr auch weiterhin auf U-35, das während des Spanischen Bürgerkriegs als Teil eines internationalen Marineverbandes vor Spanien zum Einsatz kam. Vier U-Boote hatten den Auftrag, Spaniens Grenzen gegen die Einfuhr sowjetischer oder anderer Nachschubgüter und Verstärkungen zu sichern. »Wir hatten zwei Seegebiete zu schützen – eines lag vor der französischen Grenze im Golf von Biskaya. Wir operierten vor El Ferrol, dann vor Cadiz und später vor Tanger, Marokko. Das diente dem Zweck, den Spanischen Bürgerkrieg ausschließlich auf Spanien zu begrenzen.«

Die Aussichten verbesserten sich für den erst vor kurzer Zeit zum Kapitänleutnant ernannten Kretschmer, er war nun Kommandant eines eigenen

Bootes – von U-23, einem kleinen Boot für küstennahe Gewässer. »Mit einem Einbaum im Krieg erstreckte sich mein Einsatzgebiet auf die Nordsee, nicht auf den Atlantik. Das bedeutete, es gab nur sehr wenige Ziele, lediglich ein paar kleine Schiffe, aber auch sehr schlechte Torpedos. Sie verfehlten das Ziel und explodierten nicht. Wir hätten mit guten Torpedos die Versenkungserfolge verdoppeln können.«

Dennoch hatte Otto zum Abschluss seiner neun Einsatzfahrten erfolgreich eine Anzahl Minen gelegt, nach der britischen HOME FLEET gesucht und neun Handelsschiffe sowie einen Zerstörer versenkt. Seine Fähigkeit und seine Kühnheit traten immer deutlicher zu Tage, wofür ihm die Eisernen Kreuze II. und I. Klasse und das Kommando über ein modernes 500-t-Boot, U-99, verliehen wurden.[1]

Mit seinem brandneuen Boot brach Kretschmer im Mai 1940 zu Angriffsübungen auf Geleitzüge in der Ostsee auf. Aufgetaucht fahrend gelang es ihm, eines Nachts zwischen zwei Geleitfahrzeugen durchzustoßen und zum Schuss auf die Schiffe zu kommen. Es war ein Meisterstück, das ihn überzeugte, dieses dreiste Manöver auch unter Einsatzbedingungen erfolgreich durchführen zu können. Dies sollte einen ganz wichtigen Einfluss auf seinen späteren Ruhm nehmen. Nachdem U-99 die Übungsangriffe beendet hatte und ankerauf ging, entdeckte ein Mann der Besatzung ein altes Hufeisen an einem der Kettenglieder. Als dann noch ein zweites Hufeisen gefunden wurde, schlug dieser Seemann Otto vor, als Wappen für das Boot ein Hufeisen zu wählen. Kretschmer war sofort einverstanden, und die Besatzung malte ein glänzendes goldenes Hufeisen an jede Seite des Turms. Die Öffnung zeigte nach unten wie bei den Hufeisen, die deutsche Bauern in ihre Scheunen hängten.[2]

Am frühen Morgen des 17. Juni verließ U-99 Kiel in Richtung Atlantik, wo auf Otto Kretschmer und sein ausgezeichnetes Boot eine Menge Ziele warteten. Er war zum Erfolg verpflichtet, wenn auch nur für ein knappes Jahr. Unmittelbar nach Auslaufen in das zugewiesene Operationsgebiet »versuchte ich, mich auf die Anmarschroute von Einzelfahrern aus Argentinien, Australien oder anders woher mit Kurs auf den Nordkanal zu setzen. Diese steuerten, so fand ich heraus, etwa 045°. Also folgte ich nach dem Auslaufen aus Lorient diesem Kurs und lief mit nur einer Maschine langsame Fahrtstufen. Den Ausgucks schärfte ich ein, ›Wir werden von großen schnellen Einzelfahrern überholt werden, sie sind bewaffnet. Daher dürfen wir nicht erkannt werden. Ich werde mich in der Nacht vor sie setzen und sie versenken‹.« Kretschmer näherte sich den Schiffen auf etwa sechshundert Meter Entfernung. Während seiner Ausbildung hatte er gelernt, dass dies die beste und sicherste Entfernung für den Torpedoschuss war, um das Ziel auch wirklich zu treffen. »Dabei steuerte ich selbstverständlich so, dass ich beim Anlaufen nur eine schmale Silhouette bot und nicht auszumachen war. Ich zielte immer unter den Kiel in die Mitte des Schiffes.« Als Otto den zugewiesenen Konvoi erreichte, hatte er bereits die Hälfte seiner Torpedos verschossen, jeden auf ein einziges Handelsschiff. Versank ein Frachter oder Tanker nicht sofort, gab er ihm mit dem Geschütz den Fangschuss. Otto war der festen Überzeugung, dass ein Torpedo für ein Schiff ausreichen sollte.

Auf der Rückkehr von seinem ersten Einsatz erhielt Kretschmer den Befehl, in den französischen Hafen Lorient einzulaufen. Bei ihrer Ankunft stellte er fest, dass sie keine sauberen Uniformen mit sich führten. »Wir hatten keinen Heimathafen, besaßen nur, was wir am Leib trugen, und alles musste gewaschen werden. Was aber sollten wir anziehen?« Otto erfuhr, dass er einige Uniformteile aus einem ehemaligen Versorgungslager der britischen Truppen erhalten könne. »Das war Sommerkleidung, sehr leicht. Es war großartig.« In Uniformen ihrer Feinde gekleidet, versuchten die U-Bootfahrer jeglicher Verwechslung vorzubeugen, indem sie ihre Schulterstücke und Ärmelstreifen an den britischen Khaki-Uniformen festmachten.

Auf den folgenden Fronteinsätzen mit U-99 sorgt Kretschmer mit seiner Taktik gegen Konvois in der Seefahrt für Aufregung. Niemals zuvor hatte es jemand gewagt, mit einem U-Boot in die geballte Masse von Handelsschiffen, die voraus, achteraus und seitlich von Zerstörern gesichert wurden, einzudringen. Aber genau das tat Otto, immer des Nachts und immer aufgetaucht. »Das war etwas völlig Neues«, schrieb Admiral Sir George Creasy. »Ich erinnere mich aber auch, dass ich ein derartiges Manöver für viel zu riskant hielt, um es unbeabsichtigt ausgeführt zu haben.« Für Otto war es ganz einfach: »Während ich zwischen den Kolonnen im Konvoi mitfuhr, hielt ich nach dem größten Schiff Ausschau. Ich hatte die Absicht, so viele Tanker wie irgend möglich zu versenken, um die britische Ölversorgung zu unterbrechen. Ich hatte sehr viel Platz [im Konvoi] und konnte von einer Kolonne in die andere wechseln – ›schau, da ist ein großes Schiff, da drüben ein weiteres, und so weiter‹.« (Neulich teilte ein deutscher Historiker Kretschmer mit, dass er mehr Tanker als irgendein anderer Kommandant im Zweiten Weltkrieg versenkt hatte. Kretschmer versenkte in dem einen Jahr seiner Feindfahrten durchschnittlich 1218 Bruttoregistertonnen täglich und damit die höchste Tonnagezahl.)[3]

Jeder Erfolg spornte den jungen Kommandanten zu noch größeren Leistungen an, nicht alleine, um den Krieg zu gewinnen, sondern auch, um seine Mitkommandanten zu übertreffen. »Das Oberkommando der Wehrmacht nannte in seinen täglichen Radiomeldungen die Namen derjenigen U-Bootkommandanten, die während ihres Einsatzes mehr als vierzigtausend Tonnen an Schiffsraum versenkt hatten. Ich wollte sie alle übertreffen.« Um es kurz zu machen, Ottos Versenkungsziffer stieg kometenhaft und brachte ihm Ruhm und Auszeichnungen. Das führte sogar dazu, dass die Marineleitung ihn anwies, auf seine nächste dreiwöchige Einsatzfahrt einen italienischen Kommandanten zur Einweisung mitzunehmen.

»Er war Korvettenkapitän, ein sehr netter Offizier mit Namen Langobardo. Zwar hatte ich Italienisch gelernt, mir fehlte allerdings die Übung, und er hatte keine Praxis im Deutschen, sodass wir miteinander Englisch sprachen, die Sprache unseres gemeinsamen Feindes.« Nach einer unbedeutenden Tauchpanne und einem schweren Wasserbombenangriff löste Kretschmer drei Torpedos in Folge, die alle Irrläufer waren und von denen zwei die falschen Schiffe in dem Konvoi trafen. Nach diesem peinlichen Vorfall versuchte das U-Boot-As vergeblich, einem Schiff mit Geschützfeuer den Fangschuss zu geben, und musste dann mit ansehen, wie das Schlauchboot kenterte, das er mit Fachleuten und Sprengmitteln hinüberschickte. »Dann blieb mir gar keine andere Wahl – ich musste einen weiteren Torpedo opfern. Ha!«

Nach seiner Einweisung in den U-Booteinsatz im Atlantik durch Otto Kretschmer lief Langobardo mit seinem italienischen Boot TORELLI im Januar 1941 aus und versenkte vier Frachter. Mehr war über seine Aktivitäten nicht zu erfahren.[4]

Am 22. Februar lief U-99 aus Lorient aus, es sollte seine letzte Fahrt werden. Günther Prien war bereits mit U-47 ausgelaufen, und Joachim Schepke folgte mit U-100. Alle drei Asse steuerten den ihnen zugewiesenen Konvoi an. Am 7. März versenkte er wiederum innerhalb des Geleitzuges operierend ein riesiges Walfangmutterschiff und einen Tanker, am 16. versenkte Kretschmer erneut fünf Tanker aus einem zweiten Konvoi und einen weiteren am 17. Wie der Fuchs im Hühnerstall hinterließ er eine Spur der Verwüstung und versenkte in elf Tagen acht Schiffe.

Auf dem Rückmarsch mit leeren Torpedorohren rechnete Kretschmer mit seinen Offizieren die versenkte Tonnage zusammen, als die Alarmklingel sie aufschreckte und U-99 in die Tiefe schoss. »Die Brückenwache wurde von einem Zerstörer überrascht, der bereits sehr dicht herangekommen war. Ich hatte in einem ständigen Befehl festgelegt, aufgetaucht abzulaufen, sollten wir des Nachts von einem Kriegsschiff überrascht werden, und diesem dabei das Heck zuzuwenden. Man sollte mich auf die Brücke rufen, aber niemals tauchen.« Sehr viel später kam Otto zu der Überzeugung, dass die letzten Stellenwechsel auf U-99 entscheidend zu dem Unglück beigetragen hatten.

Zwei Zerstörer aus der Sicherung des letzten Konvois, die VANOC und die WALKER, hatten beobachtet, wie U-100 sich absetzte. Sie folgten dem Boot, rammten es mittschiffs und töteten Joachim Schepke und einige Besatzungsangehörige. Dann entdeckten sie Kretschmer und verfolgten ihn ebenfalls. Der wiederum hörte sie heranstürmen und ließ auf einhundert Meter tauchen. Die Explosionen lagen so dicht am Boot, wie Kretschmer es nie zuvor erlebt hatte, sie schüttelten das Boot, ließen die Beleuchtung ausfallen und die Gläser der Instrumente bersten, der Lärm wurde zum Albtraum. Während der Wasserbombenhagel anhielt, drang Wasser zischend in die Zentrale ein. Mit Ausnahme des Gerätes in dem vorderen Torpedoraum versagten alle Tiefenmesser, während U-99 noch immer tiefer sackte. Otto prüfte die Tiefe und stellte fest, dass sie auf zweihundert Meter abgesunken waren, wo sie jeden Augenblick zu Tode gequetscht werden konnten. »Es blieb mir nichts anderes übrig, als die Tauchzellen anzublasen und an die Oberfläche zu steigen.« Nach einigen dringenden Justierungen schoss U-99 unkontrolliert an die Oberfläche.

Kretschmer eilte auf die Brücke, und »ich sah einen Zerstörer [VANOC] rechts voraus, er zeigte mir seine breite Silhouette (welch wundervolles Ziel für einen Torpedoschuss!) und barg Überlebende eines anderen U-Boots. Dann erkannte ich einen weiteren, die WALKER.« Mit unklaren Antriebsdieseln und ohne einen Torpedo trieb U-99 hilflos in der See, als die Zerstörer das Feuer eröffneten und die Geschosse über den Turm pfiffen. »Weder konnte ich das Geschütz noch die 20-mm-Kanone auf dem Turm bemannen lassen, denn ich wurde mit Leuchtspurgeschossen überschüttet. Zudem hatte ich Schlagseite nach Steuerbord. Da der Turm schräg lag, befahl ich meinen Männern, heraufzukommen und in Feuerlee Deckung zu suchen. Die Besatzung kletterte heraus, worauf die Zerstörer das Feuer einstellten. Ich befahl meinen Männern, noch einmal unter Deck zu gehen und warme Kleidung anzuziehen, denn sie würden wohl einige Zeit in dem eisigen Wasser schwimmen müssen.« Erneut kletterte die Besatzung nach oben, sie trugen nun Lederzeug und Schwimmwesten und sammelten sich auf dem Achterschiff.

»Ich konnte nur noch abwarten und schauen, was als Nächstes geschah. Zwei Offiziere waren noch unten geblieben und bemühten sich, die Geheimunterlagen und die Schlüsselmaschine zu vernichten, als das Heck plötzlich tiefer sackte und alle Mann vom Achterdeck in die See gespült wurden. Nur die Seemännische Nr. 1 konnte sich festhalten und blitzschnell ein Oberdeckluk schließen. Der Leitende Ingenieur blies rasch die Flutventile an, wodurch das Heck sich kurzzeitig halten ließ.« Im Inneren befanden sich nur noch der Leitende Ingenieur und der Erste Wachoffizier, während das Heck bereits so tief abgesackt war, dass die See bereits durch die Luke in den Turm hineinlief. Otto schrie nur noch: »Hochkommen, ganz schnell hochkommen!« Zunächst tauchte ein Arm in dem einströmenden Wasser auf, den Otto packte und mit dem er den Leitenden Ingenieur herauszog, dann zwängte sich auch der zweite Mann nach oben.

Von der Brücke aus konnte Kretschmer seine Besatzung im Wasser treiben sehen. Aber auch die beiden Zerstörer trieben in die Dunkelheit, möglicherweise wollten sie einen Torpedoangriff vermeiden. »Ich befahl meinem Zweiten Wachoffizier ›jetzt rufen sie den Zerstörer an‹. Auf meine Anweisung übermittelte er mit der Morselampe folgenden Spruch: ›Bitte retten sie meine Männer, sie treiben in ihre Richtung. Ich sinke‹.« Jedes Wort quittierte die WALKER mit einem kurzen Blinken, bis der Spruch verstanden war.

Durch sein Doppelglas verfolgte Kretschmer, wie die Zerstörer sich der im Wasser treibenden Besatzung näherten, die Signalscheinwerfer einschalteten und auf die Köpfe der Männer richteten, Kletternetze ausbrachten und den Schiffbrüchigen half, an Bord zu klettern. »Sie waren alle in Sicherheit – jedenfalls all die, die von Bord gespült worden waren. Ich konnte sie erkennen.« Dann bemerkte Otto, wie der Zerstörer versuchte, ein Beiboot zu Wasser zu lassen, und vermutete, die Briten wollten herüberpullen und an Bord kommen, um Geheimmaterial zu erbeuten. Da er sich nicht sicher war, wann genau sein Boot sinken würde, hielt er den Zeitpunkt für gekommen, es selbst zu versenken. »So teilte ich meinen Offizieren mit: ›Ich werde das Boot jetzt versenken, würde aber gerne wissen, ob einer von Ihnen irgendeine andere Lösung anbieten kann‹. [Die ständigen Befehle schrieben vor, dass vor einer Selbstversenkung der Kommandant verpflichtet war, zuerst die Beurteilung seiner Offiziere einzuholen.] Auch wenn man keiner anderen Meinung sein konnte, tat ich es trotzdem, aus Spaß.«

»Ich wies den Leitenden Ingenieur an, der sich dafür freiwillig gemeldet hatte, nach unten zu steigen und die achteren Tauchzellen nur so weit zu fluten, dass er noch aussteigen konnte. Er tat das, aber plötzlich sackte das Heck ab, sodass ich nur noch rufen konnte: ›Schnell, schnell!‹ Ich habe ihn nie wieder gesehen.«

Als das U-Boot in die Tiefe des Ozeans versank, fand sich Kretschmer, der noch immer auf der Brücke stand, plötzlich im Wasser treibend. Er schwamm sogleich hinüber zu den restlichen Besatzungsangehörigen, die mit letzter Kraft an den Netzen der Zerstörer hinaufkletterten. »Da ich als Kommandant als letzter an Bord zu klettern hatte, schaute ich mich um, ob noch Köpfe im Wasser zu sehen waren. Gerade als ich nach dem Netz griff, begann das Schiff, Fahrt aufzunehmen. Die Hecksee schlug über mir zusammen, meine Stiefel waren voller Wasser, und ich war so geschwächt, dass ich nicht in der Lage war hinaufzuklettern.« Wieder einmal spürte Otto Kretschmer, dass nun alles vorbei war. Dann aber vernahm er die Stimme der Seemännischen Nr. 1, »dort schwimmt der Kommandant«! Er und ein britischer Seemann kletterten das Netz hinab, um Kretschmer in Sicherheit zu bringen.

»Als ich nun an Deck stand, trug ich immer noch mein Doppelglas um den Hals gehängt, mir blieb keine Zeit, es abzunehmen und außenbords zu werfen [es steckte unter seiner Schwimmweste], sodass es mir abgenommen wurde. Sie gaben mir ein wenig Rum zu trinken, trockene Bekleidung und führten mich auf die Kammer des Kommandanten. Dort entdeckte ich, dass er auch das Hufeisen als Wappen führte, es war allerdings mit der Öffnung nach oben angebracht.« Nach einem zweistündigen Nickerchen in einem großen ledernen Armsessel wachte Kretschmer auf, als der Kommandant, Fregattenkapitän Donald Macintyre, in die Kammer trat. Während Otto ihm für die Rettung seiner Männer dankte, schüttelten sie sich die Hände, wobei

Macintyre anmerkte, dass das Wappen auf Ottos Boot in die falsche Richtung zeigte: »So kann das Glück in mein Wappen gelangen, während es aus Ihrem herausfällt.« Ottos Antwort war kurz: »Sie hatten nur deshalb Glück, weil ich alle meine Torpedos verschossen hatte.« Von diesem Moment an wurden beide gute Freunde.

Am nächsten Abend erhielt Otto Besuch von einer Gruppe von Handelsschiffskapitänen, deren Schiffe versenkt worden waren. Sie stellten sich vor und erklärten, einen vierten Mann zum Bridge zu benötigen und wüssten gerne, ob er mitspielen wolle. »So spielten wir Bridge. Es war angenehm, sehr angenehm.«

Als der Zerstörer zwei Tage später in Liverpool festmachte, bestand Otto darauf, sein Lederpäckchen zurückzubekommen, das irgendwo an Bord zum Trocknen aufgehängt worden war. »Ich ließ sie wissen, so lange an Bord bleiben zu wollen, bis ich meine Hose wieder hätte, und es dauerte keine zehn Minuten, da hatte ich sie plötzlich.« Nachdem die britischen Offiziere das Schiff verlassen hatten, ging auch Otto in seinem gewohnten U-Bootpäckchen und mit gebrasster Mütze von Bord der WALKER. Von dort brachte man den berühmten U-Bootkommandanten in das Lager Cockfoster Camp und später zu einem geheimgehaltenen Treffen im Büro von Kapitän zur See Georg Creasy, dem Leiter der U-Bootabwehr der britischen Admiralität.

Der »Schweigsame Otto« gab keinerlei Informationen preis, erfuhr aber zu seiner großen Verwunderung, dass die britische Marineleitung umfassend über die deutschen U-Boote informiert war. »Sie wussten alles über Dönitz, über unser Spitzenpersonal, über die U-Bootkommandanten, einfach alles. Über sie wussten wir gar nichts, lediglich, dass sie unsere Feinde waren.« Unmittelbar nach Otto Kretschmers Ankunft in England berichteten die britischen Zeitungen über die Versenkung seines Bootes und seine Gefangennahme.

»Da ich mich in britischem Gewahrsam befand, konnte man mir die Schwerter zum Eichenlaub nicht aushändigen. Ich war der erste Marineangehörige, dem sie verliehen wurden.« Als diese renommierte Auszeichnung über das Internationale Rote Kreuz für Otto nach England gelangte, äußerte der kanadische Lagerkommandant den Wunsch, sie aushändigen zu dürfen, was aber als unangemessen abgelehnt wurde. Stattdessen, »überreichte sie mir ein deutscher General, worüber ebenfalls *The Times* berichtete«.

Nach etwa einjährigem Aufenthalt in dem britischen Gefangenenlager wurde Otto in das Bowman Camp in Ontario, Kanada, gebracht, wo er im Mai 1942 eintraf. Durch die Lektüre der offen zugänglichen Illustrierten und Zeitungen gelangten die deutschen Gefangenen an wichtige Daten der amerikanischen Rüstungsproduktion und leiteten diese Informationen mit Hilfe verschlüsselter Briefe an Dönitz weiter. Gleichzeitig planten Kretschmer, sein Erster Wachoffizier und zwei weitere Kommandanten ihre Flucht und setzten Dönitz über ihre Vorstellung in Kenntnis, ein U-Boot an die Ostküste Kanadas zu entsenden, um sie aufzunehmen. Sobald der Admiral ihrem Vorhaben zugestimmt hatte, begann Kretschmers Gruppe mit den Tunnelarbeiten, wobei sie den Erdaushub auf dem Dachboden ihrer geräumigen Unterkünfte ausschütteten. Die Arbeit ging zügig voran, bis der schwere Aushub durch die Decke brach und den Ausbruchversuch beendete.

Wolfgang Heyda, ein anderer Kommandant, erklärte sich freiwillig dazu bereit, unerkannt aus dem Lager entkommen zu wollen, indem er einen Strommast erklomm und sich mit Hilfe eines von ihm gebauten Bootsmannstuhls an den Leitungen entlang hangelte. Er gelangte tatsächlich nach draußen, wurde allerdings drei Tage später von einer Patrouille aufgegriffen und in ein anderes Lager gesteckt. In der Zwischenzeit überquerte U-536 unter seinem Kommandanten Rolf Schauenburg im September 1943 in einer beschwerlichen Überfahrt den Atlantik, fand keinen der Ausbrecher und entging bei seiner Rückkehr nur ganz knapp einer kanadischen Falle. Kretschmer deutete es so: »Die Royal Navy hatte unseren Schlüssel geknackt, den wir seit dem Ersten Weltkrieg nutzten.«

1946 wurden Kretschmer und seine Männer mit dem Schiff nach England gebracht und auf dortige Kriegsgefangenenlager verteilt. »Wir wurden in drei Kategorien eingeteilt: weiß für ungefährlich, grau für unbestimmt und schwarz für gefährlich. Ich gelangte in die schwarze und wusste nicht, weshalb.« Endlich wurde Otto Kretschmer am 31. Dezember 1947 in die Freiheit entlassen, durfte aber aufgrund seiner Klassifizierung nicht studieren. Nach erneuter Klassifizierung schrieb sich der ehemalige Kommandant von U-99 an der Christian-Albrechts-Universität in Kiel ein, studierte Jura und heiratete die nette blonde Ärztin Louise-Charlotte. Zwischen 1955 und 1970 diente Otto in der Bundesmarine und brachte es bis zum Admiral.

Im Jahre 1955 reisten Otto und seine Frau nach London, um an der Buchvorstellung von Terence Robertsons Buch *Night Raider of the Atlantic* (in England: *The Golden Horseshoe*) teilzunehmen. Einer der Gäste, Donald Macintyre, der ehemalige Kommandant des Zerstörers WALKER, überraschte Otto freudig, als er ihm das Zeiss-Doppelglas überreichte, das er ihm bei seiner Gefangennahme abgenommen hatte. Macintyre hatte es vierzehn Jahre lang bei der Jagd benutzt und muss sehr traurig gewesen sein, es wieder herzugeben. Dennoch brachte er an dem Glas ein kleines Silberschild mit der Inschrift an: »Zurück an Otto Kretschmer, einem tapferen Feind. Donald Macintyre, Kapitän zur See, Royal Navy, 24. Oktober 1955.«[5]

Otto Kretschmer ist am 5. August 1998 gestorben.

4 Josef Erben, U-128

»Ich gehörte von Anfang bis zum bitteren Ende des Bootes zur Besatzung von U-128 und habe alle seine Höhen und Tiefen miterlebt«, schrieb Josef. Als Antwort auf meine Bitte an einige Vorstandsmitglieder der Vereinigung Deutscher U-Bootfahrer, ihre Unternehmungen zu beschreiben, übersandte mir der ehemalige Matrosenobergefreite Erben Berichte, Briefe und Erinnerungsstücke, die er über ein halbes Jahrhundert aufbewahrt hatte. Besonders glücklich äußerte er sich darüber, dass eine Frau über die U-Boote schrieb, denn »eine Frau hat einen ganz anderen Blickwinkel für das, was sich vor vielen Jahren abgespielt hat. Sie wird den menschlichen Aspekt in den Vordergrund stellen.«

Im Mai 1941, als die großen Konvoischlachten gegen England tobten, beendete U-128 die routinemäßige Seeerprobung, die Torpedoschießübungen und die Abschlussüberholung. Danach lief das Boot nach Horten in Norwegen zu Tauchübungen aus. »Es war herrlich sonniges Wetter, und wir bereiteten uns vor, die letzten Ausbildungsabschnitte zu absolvieren, ehe wir an die Front und zum Einsatz kämen. Früh am Morgen steuerten wir die vorgegebene Position im Oslo-Fjord an, als wir plötzlich eine sehr starke Erschütterung verspürten und das Boot knirschend an etwas sehr Hartem entlang scheuerte. Gleichzeitig schob sich der Bug aus dem Wasser, wodurch die Torpedorohre mit dem darin gelagerten Torpedos zu sehen waren.«

Rumpelnd kam das Boot auf einer Felsspitze zum Stillstand, die auf keiner Seekarte verzeichnet war. Das U-Boot lag schräg, sodass die Wassertiefe unterhalb des 105-mm-Geschützes auf dem Vorschiff etwa 1,50 m, unter dem Heck allerdings gut 30 m betrug. Die Besatzung kletterte an Deck, um zu überprüfen, was geschehen war. Als sie sich umsahen, bemerkten sie, dass sich das Wetter verschlechterte. Nur wenig später verdunkelte sich der Himmel und dicker Nebel zog auf. »Durch Zufall lief der Leichte Kreuzer LEIPZIG auf seinem Weg nach Oslo ganz dicht an uns vorbei, erkannte uns und unterbrach seine Fahrt, um uns beizustehen. Der Kommandant schickte den größten Teil der Besatzung von Bord und ließ nur einige Männer als Wache zurück, die dafür zu sorgen hatten, dass das Boot nicht noch weiteren Schaden nahm.«

Josef Erben

Da das Boot aus eigener Kraft nicht mehr von dem Felsen freikam, forderte der Kommandant, Kapitänleutnant Heyse, über Funk Hilfe vom Marinestützpunkt in Horten an. Zwei Tage später trafen ein Tender und zwei Hochseeschlepper ein. »Zunächst versuchten sie ohne Erfolg, uns seitwärts frei zu ziehen, unterbrachen daraufhin und versuchten es tags darauf erneut mit noch mehr Schleppern und zusätzlichen leistungsstarken Booten. Am 24. Juli bemühten sich schließlich die stärksten Schlepper des Norddeutschen Lloyds, Passagierdampfer und kleinere Schlepper um das U-Boot.« Mit einem unheilvollen Knirschen begannen bereits die Stahltrossen zu brechen, ohne dass das Boot sich von der Stelle rührte. Am 25. Juli fing die Besatzung von U-128 an, das Boot zu leichtern. Sie gaben überflüssigen Ballast von Bord, füllten einen Teil des Kraftstoffs in Kanister und gaben diese an in der Nähe verankerte Schiffe ab. »Voller Hoffnung setzten wir am nächsten Morgen die Arbeiten wieder fort und glaubten, das Leichtern wäre die geeignete Maßnahme gewesen, hatten aber gegen 15.00 Uhr nicht den geringsten Fortschritt erzielt.«

Nun warf der Leitende Ingenieur Johann Engelkes die Diesel an und »brachte sie auf höchste Drehzahl, um mit dem Boot Unterstützung zu geben, während es gezogen wurde. Nach zwei vergeblichen Versuchen hatten wir plötzlich Glück und das Boot kam von dem Felsen frei.« Sobald die Schlepptrossen losgeworfen worden waren, verlegte U-128 nach Horten in die Werft, wo bei einer sorgfältigen Untersuchung festgestellt wurde, dass das Boot lediglich geringere Schäden davongetragen hatte und noch fahrbereit war.

U-128 kehrte nach Kiel zurück, wo es viele Monate instandgesetzt wurde, ehe es in seinen Heimatstützpunkt Lorient verlegte. Die gesamte Strecke dorthin fuhr das Boot aufgetaucht und sichtete selbst in der Biskaya kein einziges feindliches Flugzeug. Gegen Mittag liefen sie in den Golf ein. Dort wartete bereits ein Minensucher auf sie und geleitete sie während der vierstündigen Fahrt sicher durch die Minenfelder in den Stützpunkt, wo sie Heiligabend 1941 festmachten.

Als Teilnehmer an den blitzartigen Angriffen auf die amerikanische Schifffahrt überquerte U-128 auf seiner zweiten Einsatzfahrt den Atlantik und nahm die zugewiesene Position südöstlich von Kap Canaveral im Bahama-Kanal vor der Küste Floridas ein. »Wir standen so dicht unter der Küste, dass wir genau erkennen konnten, was da drüben los war«, erinnerte sich Erben. »Damals gab es für uns keinerlei Bedrohung – niemand hielt Ausschau nach uns, und es wurden auch keine Schiffe gegen uns eingesetzt, sodass wir problemlos an der Oberfläche bleiben und beobachten konnten, was alles vor sich ging.«

Das Boot versenkte im Februar 1942 die Schiffe CITIES SERVICE EMPIRE und die O. A. KNUDSEN und kehrte anschließend wieder nach Lorient zurück. Auf seiner folgenden Unternehmung versenkte U-128 im Seegebiet zwischen Französisch Guayana und Trinidad fünf Schiffe und beschädigte ein weiteres. Anfang Juli füllte das Boot bei einem kurzen Treffen mit einem U-Boottanker, einer »Milchkuh«, seinen Verpflegungsbestand auf und übernahm eine geringe Menge an Kraftstoff. Bei der Kraftstoffübernahme lagen beide Boote stets bewegungslos etwa 50 m voneinander entfernt auf Parallelkurs. Ein langer, von acht oder zehn Schwimmkörpern gehaltener Schlauch verband sie, während der Kraftstoff hindurchgepumpt wurde. Proviant und andere wichtige Dinge wurden mit dem Schlauchboot übernommen.

Wie gewohnt setzte ein an Bord des Versorgungsbootes eingeschiffter Arzt zu U-128 über und untersuchte die Besatzung, denn in dieser Phase des Krieges hatten die Boote noch keinen eigenen Arzt an Bord. Das war auch kaum erforderlich, sodass ein in Erster Hilfe ausgebildeter Apothekergehilfe sich der kleineren gesundheitlichen Wehwehchen an Bord annahm. Als in einer späteren Phase die Alliierten den U-Booten schwere Verluste zufügten und Dutzende von ihnen versenkten, zwang die Kriegsmarine die Ärzte, die Einsätze mitzufahren, wobei viele von ihnen gefallen sind.

U-128 beim Einlaufen in Lorient am 23. März 1942 nach seinem zweiten Einsatz. (Bundesarchiv, Koblenz)

In der ersten Septemberwoche 1942 lief U-128 aus, um ein neues Radarwarngerät, den sogenanten Deutschen Suchempfänger, zu erproben. Für die Fahrt in die Biskaya, in der die Alliierte Luftaufklärung dramatisch verstärkt worden war, wurden fünf Techniker eingeschifft.

Das Gerät, das aus einem Empfänger und einem sehr primitivem Holzkreuz mit Antennenwicklung (Biskaya Kreuz) bestand, warnte mit lautem *Ping*, wenn es einen Radarimpuls auffing. Indem sie Feindflugzeuge zur Erprobung der neuartigen Ausrüstung nutzten, stellte die Besatzung von U-128 fest, dass ihnen nach jedem Warnsignal noch viel Zeit zum Tauchen blieb. Es gab aber eine große Schwierigkeit: die Antenne musste vor dem Abtauchen gelöst und im Boot verstaut werden. In der Folgezeit wurden alle deutschen U-Boote mit dem neuen Gerät ausgestattet, wodurch die Verluste in der Biskaya sofort abnahmen. Bis zu diesem Zeitpunkt hatten sich die deutschen U-Bootkommandanten nicht erklären können, wie die alliierten Flugzeuge sie in der Dunkelheit entdecken, mit Suchscheinwerfern anstrahlen und gezielt angreifen konnten. U-128 nutzte als erstes Boot dieses nützliche neue Gerät, das Funkmessbeobachtungsgerät Metox.[1]

U-128 lief im September 1942 zu seiner fünften Einsatzfahrt aus, die vier Monate dauern sollte. Eine derart lange Unternehmung konnte nur mit Hilfe der »Milchkühe«, Versorgungs-U-Booten, gelingen, die an geheimen Treffpunkten im Atlantik operierten, ohne dass die Alliierten diese kannten.

Diese großen U-Boote waren mit allem ausgerüstet, was sie selbst benötigten und operierten bis Mai 1943 außer Reichweite alliierter Flugzeuge. Sie führten Kraftstoff, frisches Brot, Verpflegung, Medikamente, Torpedos, Werk-

Versorgungsgüter werden von U-459, einem U-Boottanker oder einer »Milchkuh«, an ein U-Boot übergeben. (Bundesarchiv, Koblenz)

zeuge, die Post von daheim und alles andere mit sich, was die U-Boote im Kampf benötigten.

In den letzten Tagen vor dem Auslaufen ließ Heyse seine Besatzung drillmäßig Tauchübungen durchführen, wobei es bei drei dieser Übungen dem jeweils wachhabenden Offizier nicht gelang, die Turmluke sachgemäß zu schließen, sodass die Männer im Turm völlig durchnässt wurden. Daraufhin ließ der Kommandant, sehr zur Freude der Besatzung, die drei Offiziere immer wieder zur Übung das Turmluk öffnen und schließen.

Nachdem U-128 zwei Schiffe versenkt hatte, steuerte das Boot den Treffpunkt mit der Milchkuh U-461 an, die gewöhnlich auf einer Position westlich der Kap Verden operierte. Ein zweites deutsches U-Boot stieß hinzu und begann unverzüglich mit der Kraftstoffübernahme, während U-128 die beiden Boote mit geringer Fahrt umkreiste und darauf wartete, ebenfalls versorgt zu werden. Plötzlich meldete der Horchraum, dass ein Schiff auf die Gruppe zulief, sodass das Versorgungsboot und U-161 schleunigst über Wasser abliefen, während U-128 unverzüglich zur Verfolgung des Frachters ansetzte. Heyse feuerte zwei Torpedos und versenkte den britischen Frachter STAR POINT ohne Schwierigkeiten und nahm anschließend dessen Ersten Offizier und den Leitenden Ingenieur an Bord – eine ungewöhnliche Maßnahme. Der Kapitän war mit seinem Schiff untergegangen. Am frühen Nachmittag traf Heyse den U-Tanker erneut und übergab die beiden Handelsschiffsoffiziere.

Heyse forderte zwei Torpedos an, aber der Kommandant, Kapitänleutnant Stiebler, teilte ihm mit, er müsse vier Stück übernehmen. Zwei davon lager-

U-128 läuft nach erfolgreicher Erprobung des neuartigen Metox-Geräts in Lorient ein. Deutlich sichtbar am Turm das Bootswappen, ein weißes Pferd vor dem Pflug, das Stadtwappen Ulms. (Bundesarchiv, Koblenz.)

ten im Vorschiff, die anderen beiden im Achterschiff von U-461 und mussten zunächst an Oberdeck gehievt werden. Dort umwickelte die Besatzung sie mit jeweils zehn Schwimmwesten. Dann ließen sie die derart verpackten sieben Meter langen Torpedos nacheinander zu Wasser und schleppten sie mit dem Schlauchboot zu U-128 hinüber. Dessen Besatzung hievte mit Hilfe eines zusammenlegbaren und unter den Deckgrätingen gelagerten Krans die riesigen Projektile auf den zu diesem Zweck abgesenkten Bug und hob sie einzeln auf ein fahrbares Ladegestell. Sobald dieses waagerecht stand, schoben sie es in das jeweilige Torpedoluk. Die Übergabe eines einzigen Torpedos dauerte etwa zwei, die Kraftstoffübernahme etwa vier Stunden.

Heyse setzte seinen Einsatz anschließend im Seegebiet östlich von Natal vor der brasilianischen Küste fort, wo er den britischen Frachter TEESBANK versenkte. »Wir griffen an, als die Besatzung gerade ihren Mittagsschlaf hielt«, bemerkte Erben, »sodass sie recht überrascht waren, als sie unversehens in die Luft flogen«. Der Kapitän saß in seinem Schlafanzug an Oberdeck und wurde in die See geschleudert. Er selbst und einige seiner Besatzungsangehörigen wurden aus den Rettungsbooten an Bord des deutschen Unterseeboots geholt. »Wir nahmen sie ins Boot und wiesen dem Kapitän die Offiziermesse als Quartier zu. Er erhielt auch eine Khaki-Uniform, damit er wenigstens etwas zum Anziehen hatte. Unsere gesamte Besatzung mochte ihn sehr gerne, denn er war so etwas wie ein gütiger alter Vater für uns.« Heyse behandelte den bescheidenen alten Mann, der sehr wenig Aufhebens wegen der Versenkung seines Schiffes machte, sehr freundlich. Der Kommandant erlaubte es Kapitän Brown sogar, sich bei ihm und dem wachhabenden Offizier auf der Brücke aufzuhalten. Einige Tage später übergab das Boot Brown und seine Männer an ein in der Nähe operierendes Versorgungs-U-Boot, das sie nach Frankreich mitnehmen sollte.

Etwa zwölf Tage später traf U-128 sich wiederum mit U-461, und diese Begegnung hatte große Ähnlichkeit mit einer Party. Eine Gruppe von sieben oder acht Booten hatten sich versammelt, um versorgt zu werden, unter ihnen U-126, U-172, U-161, U-174, wahrscheinlich auch U-508 und noch zwei weitere. Die Kommandanten setzten auf die anderen Boote über, begrüßten einander, erfuhren so die aktuellsten Neuigkeiten und genossen sichtlich die seltene Gelegenheit, miteinander kommunizieren zu können. (In See konnten die Boote lediglich über das Hauptquartier, den Befehlshaber der U-Boote – den BdU – Funksprüche senden oder empfangen.)

»Kapitänleutnant Suhren kam an Bord und besuchte uns. Wir lagen gestoppt unmittelbar neben seinem Boot, und er ließ sich übersetzen. Das war schon ein ungewöhnliches Ereignis und nur selten möglich.« Die Kommandanten Witte und Emmermann erschienen ebenfalls, und ein Besatzungsmitglied von U-128 setzte zur Zahnbehandlung auf das Versorgungsboot über. Die U-Boote brauchten den Nachmittag, die Nacht und fast den gesamten folgenden Tag zur Nachversorgung, während die Besatzungen die notwendigen Arbeiten an Bord erledigten und die angenehme Abwechslung genossen.

Anschließend trat U-128 den Heimmarsch an. Als sie die Biskaya erreichten empfing sie dort ein so heftiger Sturm, dass ein Mann der Brückenwache beinahe von Bord gespült worden wäre, als sein Sicherheitsgurt in dem starken Seegang riss. Lediglich das Wetter bereitete U-128 Schwierigkeiten bei der Rückkehr nach Lorient, alliierte Flugzeuge kamen nicht in Sicht. Das Boot machte am 15. Januar 1943 gegen Mittag fest, zu einem Zeitpunkt, als die U-Boote auf den Meeren noch die Oberhand hatten.

Die Besatzung erkannte rasch, dass ein Bombenangriff in der letzten Nacht große Teile des U-Bootstützpunktes verwüstet und ihre Wohnbaracken nahe der Pier in rauchende Trümmer ohne Dach verwandelt hatte. Dennoch genossen sie kurz nach dem Anlegen den gewohnten Empfang mit Musik, Reden, Bier, Champagner und fünfzig französischen Mädchen. Am frühen Abend fuhr die Besatzung mit Bussen in eine fünfzehn Kilometer außerhalb der Stadt gelegene neu errichtete und getarnte Wohnbaracke.

Gegen 22.00 Uhr kehrten drei Mann der Besatzung auf die Pier zurück, an der U-128 vertäut lag. Sie waren beunruhigt von der Warnung der französischen Mädchen, dass ein zweiter Luftangriff noch in dieser Nacht erfolgen sollte. Dort trafen sie sich mit den vier Kameraden der Wache. Wie angekündigt, waren um 23.00 Uhr das Dröhnen der ersten Flugzeuge und kurz darauf die Explosionen der auf den U-Bootstützpunkt niedergehenden Bomben zu hören, der ersten eines sehr schweren Luftangriffs.

Die um U-128 einschlagenden Bomben setzten die Pier in Brand, an der das Boot festgemacht hatte. Ein Mann der Besatzung hetzte in die Offiziersmesse, um dem Kommandanten oder dem Ersten Wachoffizier zu melden, dass U-128 sich in großer Gefahr befand. Als er keinen der beiden finden konnte, rannte er zu dem Boot zurück. Inzwischen hatten die Flammen bereits einige der Wimpel auf dem Turm in Brand gesetzt, weshalb die Männer rasch entschieden, zu versuchen das U-Boot von der brennenden Pier zu entfernen. Weil sie nur so wenige Leute waren, standen sie dabei vor einem ernsten Problem, bemühten sich aber nach Kräften. Den sieben Männern, unter ihnen der Leitende Ingenieur, ein Fähnrich zur See und ein Hauptbootsmann, gelang es, mit dem Boot abzulegen, wobei unglücklicherweise der unerfahrene Fähnrich zur See, der sich nicht im Geringsten mit dem Elektroantrieb auskannte, die Kupplungen ausglühte.

Sie kämpften eine Stunde lang, ehe es ihnen gegen Mitternacht gelang, das Boot an eine Tonne in der Mitte des Flusses zu manövrieren, wo sie es für die Dauer der Nacht festmachten. »Früh am Morgen des siebzehnten Januar bestieg die gesamte Besatzung den Bus und fuhr in das brennende Lorient. Bereits am Stadtrand mussten wir aussteigen und gingen zu Fuß zu dem Liegeplatz unseres Bootes. Es war verschwunden, und niemand war in der Lage, uns in Kenntnis zu setzen, was geschehen oder wo das Boot geblieben war.« Erben, die Offiziere und die Männer bestiegen ein Boot der Marine und entdeckten nach kurzem Suchen das an der Tonne vertäute U-128. Nach einer flüchtigen Inspektion stellten sie erleichtert fest, dass das Boot nur geringe Beschädigungen davongetragen hatte, und ließen es in einen Bunker schleppen, »wo es sehr sicher war«, so Erben. »Wir waren froh, dass es nach der langen Fahrt noch einmal gut gegangen war – und keiner gefallen oder verwundet war.«

Einen Monat später versetzte die Kriegsmarine Kapitänleutnant Ulrich Heyse auf eine Landdienststelle und kommandierte seinen Ersten Wachoffizier Heinz Hungershausen auf den Lehrgang für U-Bootkommandanten nach Memel. Die Besatzung bedauerte den Verlust ihres Kommandanten, denn sie sahen in ihm einen Freund. Auf den langen Einsatzfahrten geschah es des öfteren, dass er sich mit der Gruppe vom Dienst zusammensetzte, sein Taschenmesser hervorholte, um den Männern beim Kartoffelschälen zu helfen, und mit ihnen alles besprach, was ihnen am Herzen lag. An Land setzte er sich mit ihnen gelegentlich auf ein oder zwei Glas Bier zusammen. Alle waren sich einig, dass es besser gewesen wäre, wenn er auch den nächsten Einsatz von U-128 mitgemacht hätte, denn mit ihm als Kommandanten hätten sie der kommenden Katastrophe wohl entgehen können.

Einige der Männer quälte eine böse Vorahnung heraufziehenden Unglücks, als U-128 am 6. April 1943 mit dreiundzwanzig Torpedos an Bord in

Begleitung von U-154 unter dessen Kommandanten Oskar Kusch wieder auslief. Einen Monat später operierten sie zehn Meilen östlich von Bahia, Brasilien. Sie standen so dicht unter der Küste, dass sie nachts die Lichter der Stadt erkennen konnten. Die Briten hatten kurz zuvor einen Funkspruch von U-128 nach Berlin entschlüsselt und entsandten Suchflugzeuge, welche die Boote allerdings rechtzeitig ausmachen konnten und blitzschnell tauchten. Ein Flugzeug warf ohne Schaden anzurichten noch einige Wasserbomben, als U-128 gerade unter der Oberfläche verschwand. Am nächsten Morgen setzte das Boot zur Verfolgung eines Geleitzuges an. Da der Kommandant, Hermann Steinert, der Ansicht war, die patrouillierenden Flugzeuge würden bei den guten Wetterverhältnissen ihre Radargeräte gar nicht einsetzen müssen, hatte er es unterlassen, seiner Besatzung den Aufbau der Metox-Antenne zu befehlen. Dennoch erkannte ein anderes Flugzeug U-128 aus einer Entfernung von achtzehn Meilen auf seinem Radarschirm, wurde aber im Anflug von dem wachhabenden Offizier auf der Brücke erkannt. Aufgrund einer Funktionsstörung verzögerte sich das Alarmtauchen. Als wenige Minuten später das Boot endlich abzutauchen begann, warf das Flugzeug sechs Wasserbomben mit einer Tiefeneinstellung von neun Metern. Eine davon explodierte im Bereich der Bugtorpedorohre und riss ein Loch in den Druckkörper, Seewasser strömte durch ein zehn Zentimeter großes Loch in dem Küchenluk herein, die Elektromotoren und der Kreiselkompass wurden völlig zerstört.[2]

Während das Boot mit erschreckender Geschwindigkeit in die Tiefe rauschte, lief die Besatzung achteraus und versuchte damit, das Boot wieder auf ebenen Kiel zu bringen. Steiner gelang es, das Boot abzufangen. Er ließ unverzüglich auftauchen, denn ihm war klar, dass das Leben der Besatzung in Gefahr war, wenn das Boot unter Wasser bliebe. Sobald es aufgetaucht war, lief das U-Boot mit Höchstfahrt auf die südamerikanische Küste zu, während die Besatzung die Flugabwehrgeschütze besetzte. Ein zweites Flugzeug beobachtete, wie das U-Boot durch die See jagte, flog es in dreißig Meter Höhe an und warf sechs Bomben ab, die dem schwer getroffenen Boot weitere Beschädigungen zufügten. Während das Flugzeug immer wieder mit seinen Maschinenwaffen angriff, trieb U-128 hilflos und wehrlos an der Oberfläche. Oben auf dem Turm lagen schwer verwundet der Zweite Wachoffizier und ein weiterer Mann, sodass Steiner mutig auf die Brücke kroch, um ihnen eine Morphiumspritze zu geben.

Da die Geschosse wie Hagelschauer über ihnen zusammenschlugen, konnte keiner der Männer die Brücke besetzen, sodass der Kommandant, der wieder im Turm Deckung gefunden hatte, das Boot vom Sehrohr aus navigieren musste. Die Besatzung hatte sich in der Zentrale versammelt und ahnte, dass nur noch ein Wunder sie retten würde. Einige der Männer erhielten den Befehl, an Oberdeck hinter dem Turm Deckung zu suchen und zu signalisieren, dass das Boot sich ergeben wolle. Einem gelang es, nach oben zu kommen und dem auf sie feuernden Flugzeug mit den Armen Zeichen zu geben, aber entweder erkannte der Pilot ihn nicht oder er vermochte die Handbewegungen nicht zu deuten. Ein zweiter Mann suchte verzweifelt in dem Boot nach einem weißen Tuch, konnte aber nirgendwo eins auftreiben. (Alle U-Boote waren mit weiß-blau karierten Bettbezügen ausgerüstet.)

Zu diesem Zeitpunkt entdeckten die letzten beiden Ausgucks am Horizont zwei amerikanische Zerstörer, die auf sie zuliefen, die USS MOFFETT und die USS JOUETT, worauf Steiner befahl, das Boot zu verlassen und zu versenken. Der größte Teil der Besatzung sprang ins Wasser, als die beiden Zerstörer, die keine weiße Flagge sahen, das Feuer auf das U-Boot eröffneten, wobei das Flugzeug die Feuerleitung übernahm. Bei dem schweren Beschuss erzielten sie vier Volltreffer, und in wenigen Augenblicken verschwand U-128 in der Tiefe. Der Kommandant, der als einer der Letzten von Bord ging, war im Boot geblieben, um die notwendigen Maßnahmen zur Selbstversenkung zu ergreifen. Später äußerte sich der Erste Wachoffizier überrascht darüber, dass keiner der Zerstörer an das Boot heranfuhr und es enterte.

Die MOFFETT rettete einundfünfzig Besatzungsangehörige, vier Mann waren auf U-128 an Chlorgasvergiftung gestorben. »Nach der Versenkung wurden wir in die Vereinigten Staaten gebracht, nach New York. Von dort aus ging es mit der Bahn weiter nach Stringtown in Oklahoma und dann nach Papago Park in Phönix, Arizona.« Josef sagte, dass er und seine Kameraden das Ende »dieses schrecklichen Krieges in Europa« herbeisehnten. Im Gefangenenlager verdiente er sich etwas Geld damit, dass er für seine Freunde die Kleidung wusch. Nach der Kapitulation Deutschlands arbeitete Erben ein Jahr lang bei den Wasserwerken in Phönix.

1946 kam Josef mit dem Schiff nach Liverpool in England und verbrachte dort ein weiteres Jahr in einem Arbeitslager, ehe er in die Heimat zurückkehrte. »Dann begann der schlimmste Abschnitt in unserem Leben. Überall in Deutschland sahen wir Trümmer und Asche und arme Menschen ohne Wohnsitz, die mühsam versuchten, ihr tägliches Brot zu verdienen.« Er erzählte, dass die Besatzung nur noch hoffte, eine Beschäftigung zu erhalten und ihre Lieben lebend und zufrieden aufzufinden. »Ich persönlich hatte großes Glück, denn eines Tages schloss ich meine Ausbildung zum Eisenbahningenieur ab und wurde 1987 nach vierzig Dienstjahren in den Ruhestand versetzt.«

Josefs Fotosammlung von U-128 verbrannte 1944 nach einem Bombenangriff in seiner Wohnung in Koblenz. »Die Bilder wären sicherlich für die Nachwelt sehr interessant gewesen«, schrieb er, »aber das ist nun einmal der Lauf der Dinge.«[3]

5 *Hans Burck, U-67*

Nach der Versenkung von U-67 am 13. April 1943 wurde Oberbootmannsmaat Johann Burck als einer der drei Überlebenden in ein Kriegsgefangenenlager in Phönix, Arizona, gebracht, wo er 3 1/2 Jahre zubrachte. Als leidenschaftlicher Funker schrieb Hans seiner Mutter viele Briefe. Allerdings lehnten die Zensoren es ab, sie zu verschicken, da sie die deutsche Sütterlin-Schrift nicht lesen konnten. Hans lernte daraufhin, in lateinischen Buchstaben zu schreiben, sodass acht Monate später seine Mutter endlich erfuhr, was er erlebt hatte. Anfang 1942, auf einer seiner ersten Feindfahrten, schrieb der Unteroffizier Burck mit Bleistift auf Papierfetzen sein geheimes Tagebuch, über den Einsatz vor Südamerika, das er retten konnte. Der vollständige Bericht ist hier wiedergegeben, er wurde zur besseren Verständlichkeit geringfügig redigiert.

Das Tagebuch

17. Januar 1942. »Wir laufen um 18.00 Uhr aus, um 23.00 dreht unser Geleitschiff ab. Wir fahren im Kriegsmarschzustand [alle in verschärfter Bereitschaft und jeden Augenblick tauchbereit, das Boot fuhr tagsüber getaucht].

18. Januar. Tagsüber keine Vorkommnisse. Nachts fahren wir aufgetaucht.

19. Januar. Ich hoffe, wir lassen den Golf von Biskaya in Kürze hinter uns. [Stark vermint war die Biskaya für die U-Boote sehr gefährlich geworden.]

20. Januar. Wir fahren getaucht und kommen nur sehr langsam voran. Endlich nachts aufgetaucht und mit hoher Geschwindigkeit auf Südkurs gegangen.

21. Januar. Gott sei Dank ist dies unser letzter Tag unter Wasser, dann verlassen wir das gefährdete Gebiet. Bei Einbruch der Dunkelheit aufgetaucht.

22. Januar. Wir stehen endlich im offenen Atlantik vor der spanischen Küste und üben Alarmtauchen, damit auch die neuen Besatzungsangehörigen damit vertraut werden.

23. Januar. Wieder im Kriegsmarschzustand gefahren, aber nichts geschieht, als wir Gibraltar passieren.

24. Januar. Noch einmal Alarmtauchen zur Übung, jetzt kommt die Rauchfahne [eines Schiffes] am Horizont in Sicht, wir drehen aber ab, um nicht gesehen zu werden.

Hans Burck (Mitte). Nach einem Einsatz trug die Besatzung buschige Bärte, da sie sich auf U-Booten nicht rasieren konnten.

25. Januar. Wir laufen zügig weiter, gegen Abend kommen die Azoren in Sicht. Die See ist sehr ruhig, wir haben Vollmond.

26. Januar. Bei Tagesanbruch verblassen die Lichter auf den Azoren. Von nun an dürfen nur noch Schlachtschiffe und Flugzeugträger angegriffen werden [um unerkannt zu bleiben und den Auftrag erfüllen zu können]. Es wird immer wärmer.

27. Januar. Im Morgengrauen sichten wir eine Mastspitze, sodass wir unseren Kurs ändern. Wahrscheinlich ein portugiesisches Fischerboot. Mit südwestlichem Kurs weitermarschiert.

28. Januar. Die Azoren-Krankheit ist bei der gesamten Besatzung spürbar, die Stimmung ändert sich sehr schnell. [Nach jedem Urlaub erfasste die Besatzung eine Art Depression, wenn sie wieder in den Kampf zogen, und bei den Azoren erblickten sie letztmalig ein neutrales Land.]

29. Januar. Erneutes Übungstauchen, diesmal bleiben wir eine Stunde unter Wasser. Zum ersten Mal gehen wir mit freiem Oberkörper an Deck, denn die Mittagssonne ist angenehm und warm.

30. Januar. Wir steuern immer noch einen südlichen Kurs, wissen aber immer noch nicht, wohin die Reise geht.

31. Januar. Langsam macht sich Langeweile breit, wir fahren stur weiter.

1. Februar. Wir stehen bereits drei Wochen in See. Bei Euch schneit es wahrscheinlich, wir aber sonnen uns an Deck. [Diese Nachricht war für seine Mutter bestimmt.]

2. Februar. Heute Geschützexerzieren, wir schießen mit allen Kalibern. Die neuen Besatzungsmitglieder sind noch ein wenig langsam, werden sich aber bald anpassen.

3. Februar. Steuern nach wie vor mit südwestlichem Kurs Richtung Amerika, wissen aber nicht genau wohin. Ansonsten heute keine besonderen Vorkommnisse.

4. Februar. Erneut ein schöner Tag, eine leichte Brise umweht uns. Jetzt haben wir uns auch an das Klima gewöhnt. Die Azoren-Krankheit ist auf wundersame Weise verschwunden.

5. Februar. Wir üben mehrfach Alarmtauchen. Wir werden immer besser und sind fast schon mit unseren Leistungen zufrieden. [Die besten Kommandanten konnten mit dem Boot in zwanzig Sekunden unter Wasser verschwinden.]

6. Februar. Wir sind recht gut gelaunt. Wind kommt auf und das Boot stampft erheblich. Die Neuen sind recht still, es gibt aber keinerlei Vorfälle.

7. Februar. Die See ist ruhig und die Sicht gut, allerdings wird die Sonne langsam unerträglich. Die Temperatur an Deck beträgt 48° C, im Inneren des Bootes 65° C. Die ersten Männer haben einen Sonnenbrand.

8. Februar. Wir laufen mit gleichbleibender Geschwindigkeit, Wetter wie gestern. Große Scharen von Tümmlern begleiten uns, und wir sehen viele Fliegende Fische.

9. Februar. Seit Mittag dürfen nur noch zwei wachfreie Männer auf die Brücke. Gegen 18.00 Uhr sichten wir weit entfernt ein Flugzeug, als es näher kommt, erkennen wir, dass es sich um ein weißes landgestütztes Flugzeug der Amerikaner handelt. Wir tauchen, alles klappt bestens wie bei unseren Übungen. Eine Stunde später tauchen wir wieder auf, das Flugzeug ist fort, sie haben uns nicht entdeckt.

10. Februar. Heute ziehen zusätzliche Ausgucks auf, und wir sind besonders aufmerksam, da wir dicht vor den Kleinen Antillen stehen. Um 04.00 Uhr kommt Land in Sicht, die kleine britische Insel Sombrero. Bei Einbruch der Dunkelheit erkennen wir Leuchtfeuer an der Küste, es ist wie im tiefsten Frieden. Wir wissen nicht, ob man uns schon entdeckt hat, denn wir stehen schon sehr dicht unter Land. Bei Nacht durchfahren wir den Anegada-Kanal.

11. Februar. Wir fahren jetzt in der Karibik, und um 01.00 Uhr sichte ich in Küstennähe ein Flugzeug mit eingeschalteten Positionslichtern. Wir gewinnen den Eindruck, dass sie gar nicht wissen, dass deutsche U-Boote ganz in der Nähe operieren, und sehen die Amerikaner noch als Anfänger an, so weit es den Krieg betrifft.

12. Februar. Heute Morgen teilt uns unser Kommandant, Günther Müller-Stöckheim, unser Ziel mit. Wir sollen Curaçao ansteuern, eine bedeutende Insel für Amerika, denn dort befindet sich der Welt größte Ölgesellschaft. [Ihr Ziel: die Royal Dutch Shell, die zweitgrößte.] Wir haben Befehl, vor Curaçao Verwirrung zu stiften. Gegen Mittag sichten wir die erste Rauchfahne, es ist allerdings ein neutraler Frachter.

13. Februar. Heute ist ein wundervoller Tag, ständig landen Fliegende Fische an Oberdeck. Gegen Mittag wird einer unserer Tropenhelme ins Wasser

U-67 in der Karibik. Hans Burck steht in der Mitte vorn. Auffällig sind die Unterschiede bei der Kopfbedeckung für die Tropen. Dezember 1941.

geweht, wir springen hinterher und genießen das Bad. Ich bin der erste Schwimmer in amerikanischen Gewässern, es gefällt mir sehr gut.

14. Februar. Es wird noch heißer, im Boot 65° C, an Oberdeck 54° C. Am Nachmittag kommt unser Ziel Curaçao in Sicht. Wir laufen immer dichter heran, um zu beobachten, was dort geschieht.

15. Februar. Tagsüber bleiben wir unter Wasser, um nicht erkannt zu werden. Bei Einbruch der Dunkelheit beobachten wir erstaunt die vielen Tanker, von denen einer größer als der andere ist, aber noch können wir nicht schießen. Wir freuen uns auf das Gefecht und fangen drei Stunden vor Tagesanbruch mit den Vorbereitungen an. Der langersehnte Augenblick ist gekommen.

16. Februar. Es ist 01.00 Uhr morgens, wir pirschen uns langsam an den Außenhafen von Willemstad heran. Die Küste ist taghell beleuchtet, und wir sind sehr aufgeregt und nervös. Die Zeit verrinnt nur langsam, und wir können es kaum mehr erwarten. Endlich ist es dann doch so weit. Mit ruhiger Stimme befiehlt der Kommandant über die Bordsprechanlage: »Torpedowaffe klarmachen zum Schuss.« Ich sitze auf meiner Gefechtsstation zwischen den Bugtorpedorohren und habe Kopfhörer und Mikrofon aufgesetzt. Wir steuern unsere Schussposition an. Der erste Befehl gilt mir: »Rohre eins bis vier klarmachen zum Überwasserschuss.« Alles ist vorbereitet. Genau um 05.00 Uhr verlässt der erste Torpedo sein Rohr. Er läuft auf sein Ziel zu, während die Sekunden zu Stunden werden. Endlich trifft eine kleine Erschütterung unser Boot, hurra, getroffen. Ein Viertausend-Tonnen-Tanker versinkt in den Fluten.

Plötzlich bricht die Hölle los. Scheinwerfer leuchten an der Küste auf und zwingen uns zu tauchen. Einige Zeit später gehen wir wieder auf Sehrohrtiefe. Der Kommandant beschreibt der Besatzung, was er auf dem Wasser erkennen kann. Die Wasseroberfläche brennt, und der Tanker ist verschwunden. Nur noch Rettungsboote und Fischerboote sind zu sehen, die versuchen, die Überlebenden zu retten.

17. Februar. Heute Morgen fahren wir für kurze Zeit aufgetaucht. Die Oberfläche ist bedeckt mit Öl und Holzteilen von dem Wrack. Trümmerteile sind überall verstreut. Nach unseren Erkenntnissen handelte es sich um einen niederländischen Tanker, die RAFAELA, einen Viertausendtonner. Plötzlich zwingen uns Flugzeuge zum Tauchen, sie werfen zwei Bomben.

Gegen Mittag tauchen wir wieder auf, müssen aber sofort wieder alarmtauchen, weil ein Flugzeug drei Bomben abwirft, sie liegen ziemlich dicht. Wir bleiben getaucht, da die Tommies jetzt unsere Absichten erkannt haben und ihre Flugzeuge pausenlos in der Luft halten. Drei Bomben detonieren in unserer Nähe. Wir bleiben unter Wasser, bis die Dunkelheit hereinbricht.

18. Februar. Heute erlebten wir erneut einen sehr aufregenden Tag. Wie gewöhnlich blieben wir den ganzen Tag unter Wasser. In der Dunkelheit steuern wir nun aufgetaucht die Bucht von Willemstad an. Das gefällt uns sehr, denn wir können an Oberdeck gehen und die kühle Luft genießen.

Dann erhalten wir Befehl, die Geschütze zu besetzen. Das ist der großartigste Augenblick, auf den wir alle schon lange gewartet haben. Die Küste ist zum Greifen nahe, und wir können die prächtigen weißen Tanks gut erkennen, einen hinter dem anderen [hell erleuchtet]. Die Geschütze werden gerichtet und mit genau abgestimmter Munition beladen, wir sind bereit, das Feuer auf die Öltanks zu eröffnen. Unser erster Schuss fällt kurz und geht ins Wasser, aber bereits der zweite und die nächsten Schüsse liegen im Ziel. Dann wechseln wir die Munitionsart, statt Sprenggeschossen verschießen wir nun Sprengbrandgeschosse. Oh, was für ein prächtiges Feuerwerk. An Land beginnt es in allen Ecken und Winkeln zu brennen. [U-Boote haben sehr selten Landziele angegriffen.] Plötzlich erkennen wir achteraus einen Schatten, ein niederländisches Torpedoboot, und treten mit südlichem Kurs den Rückmarsch an.

19. Februar. Morgens kommt die Küste Venezuelas in Sicht. Wir wollen eigentlich einen Tag frei nehmen und uns ein wenig erholen, aber Flugzeuge lösen immer wieder Alarm aus, und wir werden von drei Bombenexplosionen durchgeschüttelt. Wir bleiben den ganzen Tag unter Wasser, es ist bei 68° C glühend heiß in dem Boot.

20. Februar. Wir kehren zurück, um einen zweiten Blick auf Curaçao zu werfen. Obschon wir getaucht fahren, detonieren weitere zwei Bomben in unserer Nähe. Dann erfassen wir Propellergeräusche und gehen auf Sehrohrtiefe. Der Kommandant entdeckt einen prächtigen 9608 Tonnen großen Tanker [J. N. PEW, einen amerikanischen]. Mit einem schulmäßig ausgeführten Unterwasserangriff versenken wir ihn mit fünf Torpedos; an der Küste

brennen die Tanks noch immer. Wir setzen uns zu einem neuen Anlauf nach Westen ab. Jetzt sitzt uns ein amerikanisches Kriegsschiff im Nacken und wirft acht Wasserbomben, ohne allerdings Schaden anzurichten.

21. Februar. Wir bleiben den ganzen Tag unter Wasser, endlich wird es ruhig. Wenn es nur nicht so heiß wäre.

22. Februar. Noch immer getaucht, verlassen wir die Gefahrenzone. Ansonsten keine Besonderheiten.

23. Februar. Gegen Mittag tauchen wir auf und sehen endlich die Sonne wieder. Wir steuern einen südwestlichen Kurs.

24. Wir fahren in Richtung Venezuela und suchen ein ruhiges Plätzchen, wo wir Torpedos aus den Oberdeckbehältern in die Rohre nachladen können.«

Hier endet das Tagebuch, auch wenn der Einsatz von U-67 bis zur Rückkehr nach Frankreich fortdauert.

Der erfolgreiche Angriff, an dem Hans Burck beteiligt war, führte zu sensationellen Überschriften in der *New York Times*: »U-Boote greifen die Niederländischen Antillen an, versenken Tanker; Amerikanische Flugzeuge greifen an …« Der Bericht mit mehreren großformatigen Fotos von Hunderten von Öl-Tanks enthüllt, dass mehr als nur ein deutsches Unterseeboot an dem Angriff teilgenommen hat, die genaue Anzahl allerdings kannte keiner. Tatsächlich griffen Werner Hartenstein mit U-156 und Jürgen von Rosenstiel mit U-502 zum gleichen Zeitpunkt das nahe gelegene Aruba an, als U-67 überraschend Curaçao angriff.[1]

Generalleutnant Frank Andrews, der Befehlshaber der amerikanischen Streitkräfte in der Karibik, inspizierte zufällig die ihm unterstellten Streitkräfte und verbrachte die Nacht in dem Gästehaus der Standard Oil in New Jersey auf Aruba. Um 01.30 Uhr weckten ihn mehrere Explosionen, als zwei Tanker nahe der Insel torpediert wurden. Dort hatte U-156 die PEDERNALES und die ORANJESTAD angegriffen. »Nach der ersten Explosion, die den Tanker nahezu in zwei Teile zerriss, sah ich einen gewaltigen Blitz«, berichtete der General. Das ölige Wasser in der Nicholas Bay entzündete sich, und wenige Augenblicke später stand der gesamte Hafen in Flammen. Der zweite Tanker wurde getroffen und versank dann auch. Der General bestätigte, dass es unmöglich war festzustellen, wie viele U-Boote angegriffen hatten. Allerdings konnten sie beobachten, wie das U-Boot, welches das zweite Schiff versenkt hatte, anschließend auftauchte und die dicht an der Küste liegende Raffinerie beschoss.

Das Gästehaus, in dem der General untergebracht war, lag zwischen dem Ufer und der Raffinerie genau in der Schussrichtung des Unterseebootes, wurde aber nicht getroffen. »Ein Geschoss traf einen Tank mit Dieselöl, prallte aber ab und hinterließ nur eine kleine Delle«, fuhr Andrews fort.

»Um 01.30 Uhr riss mich eine Explosion aus dem Bett«, erzählte Hauptmann Robert Bruskin, der General Andrews auf dieser Inspektionsreise begleitete. »Ich schaute aus dem Fenster. Flammen so hoch wie Berge schossen zum Himmel. Das Schiff schien gerade auseinander zu brechen.« Bruskin berichtete, dass sie alle aus dem Gästehaus stürmten und sahen, wie das brennende Öl sich bei anhaltendem Wind über ein weites Gebiet ausbreitete. Er bemerkte dann, dass ein zweites Schiff etwa einhundert Meter entfernt in Flammen stand und beobachtete, wie Leuchtspurgeschosse durch die Dunkelheit zischten, zehn bis fünfzehn Schuss, »sie galten offensichtlich der Raffinerie«. Dort waren keine Brände ausgebrochen, allerdings brannte genau zwei Stunden später die See in der Bucht noch immer. Dann hörten sie eine zweite Explosion und erfuhren, dass ein zweiter Tanker an der Pier torpediert worden war.[2]

Niemand erkannte, dass U-156, welches zwei Schiffe beschädigt und ein weiteres versenkt hatte, von U-502 begleitet wurde, das am 16. Februar zwischen Aruba und dem See von Maracaibo die TIA JUANA und die MONAGAS versenkt hat. Auch wenn die *New York Times* ein Foto mit den Öltanks auf Curaçao (bei der Royal Dutch Shell Company) veröffentlichte, wurden der Angriff von U-67 auf die RAFAELA noch die Feuer in den Tanks mit keinem Wort erwähnt. Am 16. Februar versenkten U-67, U-156 und U-502 vier Schiffe und beschädigten zwei, am 21. versenkte U-67 ein weiteres.[3]

Die Kriegsmarine war sich der Bedeutung der beiden Inseln völlig bewusst, die nur fünfzehn Seemeilen vor der Küste Venezuelas lagen und an der es keinen Hafen gab. Die beiden riesigen Raffinerien auf Aruba und Curaçao produzierten gewaltige Mengen an Kraftstoff für die Streitkräfte, und die dort gelegenen Tiefwasserhäfen konnten hochseefähige Tanker aufnehmen. »Ich entschied, diese ... [U-Boot] Gruppe zu einem Überraschungsangriff in ... einem Seegebiet im westlichen Atlantik einzusetzen, in dem die Schifffahrt sich bündelte – dem Gebiet von Aruba-Curaçao-Trinidad«, schrieb Großadmiral Karl Dönitz in seinen Memoiren. »Aruba und Curaçao waren bedeutende Zentren der Ölproduktion, in deren Nähe eine große Anzahl von Tankern zu finden war.« Der Admiral hatte seine Kommandanten angewiesen, erst nach der Versenkung einiger Schiffe mit dem Landzielbeschuss zu beginnen.[4]

Der Überraschungsangriff der U-Boote schockierte die britischen, niederländischen und amerikanischen Militärs auf den Inseln und traf die Vorstände der Shell und der Standard Oil Company völlig unvorbereitet. Aus dem See von Maracaibo auslaufende Schiffe erhielten Anweisung umzukehren, die Versorgung mit dem kriegswichtigen Öl kam zum Erliegen.

Da Aruba und Curaçao nur knapp siebenhundert Seemeilen vom Panama-Kanal entfernt lagen, waren führende Militärs der Alliierten nun in großer Sorge, die deutschen Wolfsrudel in der Karibik könnten sie im weiteren Verlauf des Krieges vor neue und schwerwiegende Probleme stellen. Mexiko begann, seine größte Erdölraffinerie in Tampico zu befestigen, und nahm ent-

Das japanische Unterseeboot I-30 läuft am 21. August 1942 in Lorient zu einem viertägigen Besuch ein und übernimmt technische Ausrüstung. (Bundesarchiv, Koblenz)

lang der Küste der Halbinsel Yucatan die Suche nach möglichen Verstecken auf, in denen U-Boote mit Kraftstoff versorgt werden könnten. Der amerikanische Kriegsminister Stimson warnte sein Land, dass auch die größeren Küstenstädte angegriffen werden könnten, und empfahl allen, sich darauf einzustellen. Die Vorstellung der Kriegsmarine, »Chaos anzurichten«, war wie erhofft erfolgreich verwirklicht worden.

U-67 richtete bei seinem nächsten Einsatz im Golf von Mexiko wiederum Schaden in der Erdölindustrie an und versenkte sechs Tanker und zwei Frachter. Bei seiner Rückkehr nach Lorient am 8. August 1942 hieß ein riesiges Begrüßungskomitee auf der Pier seine Besatzung willkommen. Dort übernahm U-67 die ehrenvolle Aufgabe, das große, schnittige japanische Unterseeboot I-30 zu empfangen, als es am 21. August 1942 in Frankreich einlief, um deutsche technische Ausrüstung an Bord zu nehmen. Nachdem sie das Boot an einer Festmachertonne vertäut hatten, wurden die japanischen Seeleute von einem französischen Begleitschiff übernommen und auf die Pier gebracht. Dort erwartete sie Burcks an Oberdeck von U-67 angetretene Besatzung, während Kameraleute eifrig bemüht waren, dieses Ereignis zu filmen.[5]

»Am Tag nach dem Einlaufen von I-30 waren wir in die offizielle Begrüßung der Gäste eingebunden, wobei wir auch an dem gemeinsamen [japanisch-deutschen] Festessen im Großen Saal des Arsenals teilnahmen.« Burck erinnert sich, dass »zahlreiche Reden gehalten wurden und sich tags darauf einige von uns mit ihren japanischen Tischnachbarn trafen und kleine

Großes Bankett zu Ehren I-30 anlässlich seines Besuches im Marinestützpunkt in Lorient. (Bundesarchiv, Koblenz)

Geschenke austauschten«. Zwischen Hans und zwei japanischen Matrosen entwickelte sich während des mehrtägigen Aufenthalts von I-30 in Lorient eine enge Freundschaft, und sie tauschten nach altem Brauch ihre Mützenbänder. »Aber die Verständigung mit ihnen war sehr, sehr schwierig.«

»U-67 und I-30 wurden zur Überholung in den Keroman-Bunker verlegt. Es war uns allerdings verboten, das japanische Boot zu betreten. Wir konnten es uns nur von außen ansehen. Wir erhielten aber die Erlaubnis, den Japanern einen Tag lang unser Boot zu zeigen. Ich erinnere mich genau, dass sie viele Fotos im Inneren von U-67 schossen.«

Hans Burck, der alle acht Einsatzfahrten von U-67 miterlebte, trat 1939 in die Kriegsmarine ein. In Frankfurt geboren, entstammt er einer angesehenen Fischerfamilie, die dieses Gewerbe bereits seit dem sechzehnten Jahrhundert ausübte. Als Hans in das zerstörte Deutschland zurückkehrte, ergriff er erneut den Beruf eines Flussfischers, denn »es war wichtig, Nahrung für die hungernde Bevölkerung herbeizuschaffen«. Gleichzeitig arbeitete er auch als Fährmann auf dem Main und setzte Personen über, weil alle Brücken gesprengt waren. »Jetzt übe ich die Fischerei nur noch als Hobby aus«, erzählt er, »und unterrichte sehr gerne junge Menschen über Boote und die Kunst, Fischernetze zu knüpfen.«[6]

6 Ernst Göthling, U-26

Eine Rabatte roter, gelber und purpurfarbener Blumen lässt den Fußweg zu dem U-Boot-Ehrenmal in Kiel-Möltenort sehr hell und freundlich erscheinen und verleiht der feierlichen Anlage einen Hauch von Leben. Eine geschwungene Mauer am Fuße eines grasbewachsenen Hügels am Ufer der Kieler Förde trägt die Namen von 30003 U-Bootfahrern, die in erhabenen Buchstaben auf Bronzetafeln verewigt sind. Jedes der 739 versenkten U-Boote und die Namen jedes Besatzungsangehörigen und jedes Kommandanten, die im Zweiten Weltkrieg ihr feuchtes Grab fanden, sind hier verzeichnet. Bei einem Besuch dieses beeindruckenden Ortes erhält man einen Eindruck von den entsetzlichen Verlusten so vieler guter Männer auf See. Ernst Göthling, einer der glücklichen Überlebenden, kommt regelmäßig hierher. Er hat es sich zum Ziel gesetzt, dieses schöne Denkmal zu Ehren seiner gefallenen Freunde zu pflegen.

»Ich bin Schmied von Beruf und wurde 1920 geboren. Mein Vater, ein Schneider, starb, als ich zwei Jahre alt war, sodass ich ohne Vater aufwuchs.« Obwohl auch sein Großvater Schneider war und auch er nach deutscher Handwerkstradition ebenfalls diesen Beruf hätte erlernen sollen, träumte Ernst schon als kleiner Junge davon, zur Marine zu gehen.

»Als Hitler 1933 an die Macht kam, gliederte er die Streitkräfte neu und schuf die *Wehrmacht*. Werbeplakate mit der Aufschrift ›Komm' zur Marine‹ sowie einer Liste bevorzugter Berufe tauchten auf.« Eines Tages entdeckte Ernst auch den Beruf des Schmieds auf dieser Liste und hatte plötzlich eine Idee. »Damals war ich dreizehn Jahre alt, und die Landwirtschaft war der wichtigste Erwerbszweig in unserem Dorf. Dadurch konnte man nur sehr wenige andere Berufe ergreifen. Der Beruf des Schmieds gehörte dazu.« Um zur Marine gehen zu können, beschloss Ernst, Schmied zu werden und durchlief die dreieinhalbjährige Lehrzeit in einer Schmiede im Dorf.

»Ich bewarb mich als Siebzehnjähriger und trat ein halbes Jahr vor Kriegsausbruch den Dienst in der Marine an und meldete mich als Freiwilliger zur U-Bootwaffe. Nach meiner Grundausbildung wurde ich zu der U-Bootlehrdivision nach Neustadt versetzt. Dort standen ein großes Barackenlager und ein Turm mit dem Tauchtopf. Sechs Monate lang wurden die U-Bootbesatzungen in ihre Boote eingewiesen und übten in dem fünf Meter hohen Turm den Notausstieg mit Hilfe ihres Tauchretters.

Ernst Göthling

Im April 1940 wurde Göthling nach Wilhelmshaven kommandiert, um auf einem Lehrgang das Schweißen auf U-Booten zu erlernen. Das Überleben auf See hing oft von der handwerklichen Fähigkeit der Metallbearbeitung ab, in der eine große Anzahl von U-Bootfahrern sehr umfassend ausgebildet wurde. Nach Abschluss des Lehrgangs wurde Ernst auf U-26, ein altes, bereits 1935 gebautes U-Boot, versetzt. »Das Boot gehörte zum Typ II A, es war schon recht veraltet, besaß keinen Frischwassererzeuger und ließ auch sonst viele Wünsche offen. Wir mussten genau so zur See fahren wie unsere Kameraden im Ersten Weltkrieg.«

»Aber ich war damals ein junger Bursche, mit neunzehn Jahren der Jüngste an Bord. Am 20. Juni 1940 liefen wir aus und steuerten unser Einsatzgebiet in der Biskaya an. Etwa zwei Wochen später unterrichtete uns ein Funkspruch, dass ein großer Geleitzug mit Kurs auf England aus Gibraltar auslief.« Nachdem es U-26 gelungen war, die vielen Schiffe zu orten, setzte das Boot zu einem Nachtangriff an. »Wir führten lediglich pressluftgetriebene Torpedos mit uns, die wir nur nachts einsetzen konnten, da sie eine Blasenbahn an der Oberfläche hinterließen. Ich wusste das damals nicht, aber die Besatzung berichtete mir davon.« Die Torpedos hinterließen nicht nur ein verräterisches Kielwasser, sie waren häufig unzuverlässig, steuerten zu tief und unterliefen die Schiffe oder liefen an der Oberfläche. »Die beiden Propeller der Torpedos drehten in gegensätzlicher Richtung. Sie machten einen gewaltigen Lärm, und wir glaubten, die Zerstörer müssen ihn gehört haben.«

Aus welchem Grund auch immer drehten zwei Zerstörer auf U-26 zu und griffen das Boot an. Kapitänleutnant Heinz Scheringer ließ einen »Aal« feuern und Sekunden später einen zweiten. »Dann gingen wir schleunigst auf Tiefe, allerdings nur auf dreißig Meter. Die beiden Zerstörer überliefen uns und warfen Wasserbomben.« Während die Detonationen das Boot erschütterten, drang Wasser in verschiedene Abteilungen ein und »wir begannen, tiefer und tiefer abzusacken. Der Leitende Ingenieur, ein sehr gut ausgebildeter Mann, konnte allerdings das Boot wieder unter Kontrolle bekommen. All diejenigen, die nicht auf ihrer Gefechtsstation benötigt wurden, rannten in den Bugtorpedoraum und zwängten sich zwischen die Torpedorohre. Zusätzlich bliesen sie Pressluft in die achteren Tauchzellen, sodass das Boot wieder auf ebenen Kiel kam.«

Der Kampf dauerte sechs Stunden, in denen ununterbrochen die Wasserbomben donnerten und dröhnten, die Schrauben der Zerstörer die See peitschten und das unheimliche Pingen der Sonargeräte das Boot traf. »Nach der dritten Wasserbombenserie fiel das Licht völlig aus. Das war ein schreckliches Erlebnis. Aber die Besatzung wurde 1936 unter Friedensbedingungen ausgebildet und erwies sich als äußerst tüchtig. Sie handelten intuitiv, ohne groß überlegen zu müssen, und schafften es, die Beleuchtung wieder einzuschalten.« Göthling betonte, dass er diesen Männern sein Leben verdankte, denn als ein völlig unerfahrener Neuling besaß er noch keine Erfahrungen.

Der Tiefenmesser zeigte an, dass sie eine Tiefe von 230 Metern erreicht hatten, mehr als das Doppelte dessen, was die Schiffbauer garantierten, und die Männer schnappten nach Luft. Kurz vor Tagesanbruch entschied Scheringer, U-26 auftauchen zu lassen, um entkommen zu können. Sie hatten aus beschädigten Kraftstoffbunkern eine Menge Dieselöl verloren. Zudem trieben Holzteile an der Wasseroberfläche. Möglicherweise würden die Zerstörer die Trümmer sichten und annehmen, dass das Boot versenkt worden sei.

Als sie ein Sunderland-Flugboot sichteten, das über dem Kampfgebiet kreiste, versuchte U-26 diesen Bereich zu verlassen und weiter in den Atlantik hineinzulaufen. Dort könnten dann die Schäden am Boot in Ruhe ermittelt werden. »Aber dazu kamen wir gar nicht erst. Wir trafen auf einen weiteren Zerstörer, die ROCHESTER, sie befand sich auf der Rückfahrt nach England.« Aus dem Krähennest erspähte ein britischer Seemann Gegenstände, die er für treibende Wrackteile hielt, und meldete seine Beobachtung der Sunderland. Daraufhin drehte die Maschine auf das ablaufende U-Boot zu. Sobald das Flugzeug das Boot gesichtet hatte, warf es sechs Bomben ab. Allerdings war U-26 zu diesem Zeitpunkt bereits auf Tiefe gegangen.

»Nun allerdings geriet das Boot außer Kontrolle. Wir fühlten uns wie auf einer Wippe, es ging auf und nieder, tiefer und tiefer.« Dann meldete der Leitende Ingenieur dem Kommandanten: »Wir müssen auftauchen, das ist unsere letzte Chance.« Pressluft zischte in die Tauchzellen, und das Boot stieg auf etwa vierzig Meter. Es kam aber nicht weiter nach oben, da es so viel Wasser übernommen hatte. Unter großer Anstrengung gelang es endlich einem der Männer, einen Teil des Wassers außenbords zu pumpen, worauf das Boot ganz allmählich weiter stieg. »Wir glaubten bereits, die Sunderland hielt uns für versenkt. Aber als wir auftauchten, warf die Maschine weitere sechs Bomben ab, drei auf jede Seite, ohne uns jedoch zu treffen.«

Ihr alter Feind, die ROCHESTER, war herangekommen und beschoss das Boot mit ihren Geschützen. Als er die Hoffnungslosigkeit der Lage erkannte, befahl Scheringer seiner Besatzung, das Boot zu verlassen. Sie legten die Schwimmwesten und ihre Tauchretter an, kletterten auf den Turm und von dort an Deck und warteten auf weitere Befehle. Als der mit der Selbstversenkung beauftragte Leitende Ingenieur aus dem Boot kam und dem Kommandanten meldete, es sei Zeit, von Bord zu gehen, brachte die Besatzung die üblichen drei *Hurrah* aus und sprang über Bord.

»Scheringer hatte uns genaue Anweisungen gegeben, wie wir uns im Wasser verhalten sollten: keine starken Schwimmbewegungen, lediglich Wassertreten, wir sollten zusammenbleiben, alle Sachen anbehalten, um uns warm zu halten, und wir mussten alle Notizen und Papiere aus unseren Taschen entfernen. Bei den Verhören durften wir nichts verraten, wir durften noch nicht einmal die Nummer unseres Bootes preisgeben.« Glücklicherweise war der Atlantik Mitte Juli nicht so kalt oder bewegt, wie er sehr wohl sein konnte. Das verbesserte ihre Überlebenschancen. Die im Wasser treibenden U-Bootmänner beobachteten die über ihnen kreisende Sunderland und befürchteten, erschossen zu werden. »Das war ein scheußliches Gefühl. Wir hatten Gerüchte gehört, dass die britischen Flieger auf Überlebende schossen.«

Nach einer Weile konnten die Männer weiter entfernt den Zerstörer erkennen. Dann beobachteten sie, wie das Flugzeug über das Schiff hinweg flog und Blinksignale austauschte. Wie sie später herausfanden, hatte der Pilot die Position der Überlebenden verloren. »Da nur unsere Köpfe aus dem Wasser ragten, konnten sie uns nicht finden. Dann aber flog uns die Maschine sehr tief an, und ein Mann im oberen Teil öffnete ein Seitenfenster und winkte. Wir alle waren darüber sehr erleichtert.« Nachdem sie zwei Stunden im Wasser getrieben hatten, barg die ROCHESTER die gesamte Besatzung. »Wir waren so schwach, dass wir an den ausgebrachten Netzen nicht mehr hochklettern konnten, sodass die Briten Leinen an uns festmachten und uns aus dem Wasser zogen.«

»Die Behandlung an Bord des britischen Zerstörers war ausgezeichnet. Einer unserer Männer, ein ehemaliger Handelsschiffskapitän, half uns als Dolmetscher.« Der Kommandant der ROCHESTER erklärte den Deutschen, dass sie kaum noch Proviant an Bord hatten und bat um Verständnis. »Wir können nichts dafür, wenn Sie nicht genug zu essen bekommen.« Die britischen Seeleute teilten jedoch ihre Mahlzeiten mit den U-Bootfahrern, sodass keiner Hunger leiden musste. »Das war sehr, sehr freundlich«, erinnerte sich Ernst.

Nach Göthlings Ankunft in England begann ein längerer Abschnitt der Gefangenschaft. In einem besonderen Vernehmungslager in der Nähe von London wurde die Besatzung verhört und anschließend in ein Kriegsgefangenenlager bei Banff in Schottland gebracht. Wenn sie geglaubt hatten, in Schottland sicher zu sein, so sahen sie sich getäuscht, denn bei einem Luftangriff warf eine Heinkel-111 irrtümlich vier Bomben auf Ernsts Gefangenenlager. »Sechs Besatzungsangehörige von U-26 und zwei Mann des britischen Wachpersonals wurden getötet. Ich selbst wurde ziemlich schwer verwundet, als mehrere Splitter meinen rechten Lungenflügel durchschlugen.«

Nach seiner Behandlung im Krankenhaus von Banff wurde Göthling in ein neues Lager in der Nähe von Manchester verlegt, wo er und seine Mitgefangenen die Luftschlacht um England, den »Blitz«, miterlebten. Acht nervenaufreibende Wochen lang bombardierte die Luftwaffe jede Nacht die britischen Industriegebiete, Flugplätze und Häfen. »Wir verbrachten die Nächte in Luftschutzbunkern.«

Im Januar 1941 wurde die Besatzung von U-26 mit einem großen Konvoi nach Kanada verlegt. Da die Briten nicht über ausreichende Unterkünfte und Verpflegung für die Gefangenen verfügten, brachten sie Tausende deutscher Kriegsgefangener in kanadischen Lagern unter. »Unser erstes Lager befand sich bei Angler, es war lediglich ein Bahnhof am Ufer des Oberen Sees. Es bestand aus Holzbaracken, die von soliden Stacheldrahtzäunen und Wachtürmen umgeben waren. Obschon sie scharf bewacht wurden, gelang es den Männern, in gemeinsamer Anstrengung einen siebzig Meter langen Tunnel zu graben.«

»Ich litt immer noch an der durch den Luftangriff verursachten Verletzung meiner Lunge und konnte selbst nicht graben, half aber, für die Ausbrecher Verpflegung beiseite zu schaffen und Kerzen herzustellen«, fuhr Göthling fort. »Der Tunnel führte unter den Baracken hindurch, wo es kein Licht gab. Deshalb fertigten wir Kerzen aus Kordeln und Fett aus der Küche. Einer unserer Männer sammelte Fleischstücke, die wir kochten und zu Bouletten verarbeiteten und anschließend mit Fett in Blechdosen lagerten. Wir toasteten auch Brot, um es haltbarer zu machen.« Einige der Gefangenen wiederum bastelten Luftschächte für den langen Tunnel.

»Wir hatten uns auch ein Warnsystem ausgedacht. Wenn unser Beobachtungsposten einen der Wachen durch das Tor kommen sah, rief er ›Foftein‹. Das war unser Kennwort, das jegliche Arbeit am Tunnel zum Erliegen brachte.«

Am 18. April 1941 flohen achtundzwanzig Deutsche durch diesen Tunnel in den Wald. Eine kleine Gruppe von ihnen fand eine verlassene Hütte und schlief dort, als die kanadischen Wachen sie aufspürten. Ehe zwei der Geflüchteten sich aus ihren Decken befreien konnten, erschossen die Kanadier sie in einem wilden Kugelhagel und verwundeten drei weitere. Einer der Gefangenen, der unverletzt aus der Hütte entkommen konnte, berichtete Ernst von diesem Vorfall. Innerhalb von zwei Wochen wurden alle Flüchtigen entdeckt und in das Lager zurückgebracht. Dort sperrte man sie bei halber Ration für achtundzwanzig Tage in ein Internierungslager.

Von Angler aus wurde Ernst und die Besatzung nach Ozada westlich von Calgary in den Rocky Mountains verlegt. »Eigentlich war das als ein Sommerlager für etwa zehntausend Gefangene von Rommels Afrika-Korps gedacht. Die Kanadier errichteten dieses Zeltlager, während sie gleichzeitig solide Baracken bauten. Dabei kam es aber zu Verzögerungen, sodass wir bis zum 1. Dezember in den Zelten leben mussten.«

Bereits am 1. September überraschte sie der erste Schneesturm in den unbeheizten Zelten. »Wir holten uns Eimer und verbrannten darin Wurzeln und andere Materialien und versuchten uns auf diese Weise zu wärmen. Jede Nacht blieben wir bis 02.00 Uhr auf und legten uns erst dann auf unsere strohgefüllten Matratzen. Es war schwer, Schlaf zu finden.« In dem runden Sechs-Mann-Zelt musste sich jeder Bewohner mit dem Kopf zur Zeltwand legen, wo die eisige Kälte durchkam. Sie besorgten sich viele Decken, aber es war schwierig, Arme, Beine und Schultern warm zu halten.

»Wir waren dort drei Monate untergebracht und hatten unter anderem auch kein Wasser, sodass wir Eisstücke schmelzen mussten. Trotz alledem machten wir der kanadischen Regierung keine Vorwürfe, denn sie hatte sich ja bemüht, in Lethbridge ein festes Lager zu errichten. Allerdings brannte dort der Hauptspeisesaal ab, weswegen wir nicht dorthin verlegt werden konnten.«

Göthling erkrankte an einer Rippenfellentzündung und wurde vier Wochen lang im Krankenhaus in Calgary behandelt. In jenem Dezember 1942 verlebten Ernst und seine Freunde ein trostloses Weihnachtsfest im Lager Lethbridge. »Trotz unserer inbrünstigen Hoffnungen [endlich heim zu kommen] mussten wir noch mehrere Weihnachtsfeste hinter Stacheldraht feiern. Die Feiertage waren immer sehr hart für uns.«

In Lethbridge organisierte die Lagerleitung Kurse, kulturelle Ausstellungen und die verschiedensten Veranstaltungen für die Gefangenen. »Wir konnten uns in dieser nicht enden wollenden Zeit weiterbilden. Nach so langen Jahren des Müßiggangs erforderte das aber eine gewaltige Anstrengung.« Ernst lernte Englisch, Physik und Chemie und belegte noch weitere Fächer, um sich auf sein zukünftiges Zivilleben vorzubereiten.

»So verging die Zeit. Wenn man einmal davon absieht, dass wir nicht wussten, wann endlich der Krieg beendet wäre, empfanden wir es als unser größtes Handikap, nicht arbeiten zu dürfen. Bis Ende 1943 hatte die kanadische Regierung dies allen Gefangenen verboten. Dann endlich fand ich in einer Sägemühle im Norden Albertas Arbeit, was mir sehr gefiel.«

Im Mai 1945, »hatte Deutschland den Krieg verloren. Jetzt führten sich die Kanadier genau wie Sieger auf, sie ließen uns hungern und verhörten uns wiederholt. Sie stellten lagereigene Radios in unseren Baracken auf und sendeten Propagandanachrichten. Darin brachten sie unter anderem immer wieder zum Ausdruck, dass alles, was wir getan hatten, falsch war. Aber es ging uns dort im Grunde genommen nicht schlecht.«

»Anfang April 1946 fuhren wir auf einem Schiff endlich zurück nach England. Dort begannen erneut die Verhöre, wobei man versuchte, uns zu der Aussage zu bewegen ›Wir haben uns in jeder Hinsicht mitschuldig gemacht‹. Jeder Einzelne wurde ausgiebig nach seiner politischen Überzeugung befragt und anschließend unterschiedlichen Kategorien zugeordnet: ›A‹ für einen Demokraten oder Anhänger der Demokratie, ›B‹ für eine neutrale Person, ›C‹ für einen Nationalsozialisten und ›C+‹ für einen überzeugten Nationalsozialisten.« Die der Kategorie ›C‹ zugeordneten Kameraden wurden in England zurückgehalten und zur Arbeit gezwungen, während diejenigen in der Kategorie ›C+‹ in die Gefangenenlager zurückgebracht wurden und nur minimale Verpflegungsrationen erhielten. »Wenn wir die Briten daran erinnerten, dass wir keine Kriminellen, sondern Kriegsgefangene waren und nach der Genfer Konvention das Recht hatten, ein Jahr nach Kriegsende in die Heimat entlassen zu werden, stuften sie uns als ›Überzeugte Nationalsozialisten‹ ein.«

Auch Ernst machte den Fehler zu protestieren und musste anschließend zehn Monate in einem Straflager im Norden Schottlands zubringen. Nach sieben Jahren der Gefangenschaft wurde Ernst Göthling Anfang Juli 1947 entlassen und kehrte nach Hause zurück.

»Nachdem ich diesen Bericht geschrieben hatte, bin ich rückblickend zu dieser Schlussfolgerung gekommen: trotz der langen Gefangenschaft und der gelegentlichen Schwierigkeiten war es für mich keine verlorene Zeit. Die Kanadier behandelten uns während des Krieges korrekt, auch wenn uns das Verbot zu arbeiten psychologisch schwer belastete. Ich habe meine Bildung und meine Fähigkeit, mit Menschen umzugehen, gewaltig verbessert, was mir beides in meinem späteren Leben sehr geholfen hat.«[1]

7 *Hermann Frubrich, U-845*

Matrosengefreiter Frubrich besetzte als Gefechtsrudergänger abwechselnd zwei Stationen auf dem Boot – die Zentrale oder den Turm. Auf beiden Gefechtsstationen bediente er über ein elektrisches Steuergerät mit zwei nebeneinanderliegenden Knöpfen die Ruder. War die Fernsteuerung ausgefallen, eilte er in den achteren Torpedoraum und bediente das Handruder auf dieser Notruderstation. Hermann ging bereits als Vierzehnjähriger aus dem Haus und arbeitete als Matrosenanwärter bei der Neptun-Linie in Basel und meldete sich 1942 zur Marine. Als er zur U-Bootwaffe versetzt wurde, bestimmte Kapitänleutnant Udo Behrens Hermann zu seinem Burschen. Diese begehrte Position bedeutete eine besondere Auszeichnung für einen jungen Matrosen.

Ehe ein U-Boot zu einer Feindfahrt auslaufen konnte, verlegte der Kommandant mit seinem Boot in die Ostsee zur taktischen Einsatzausbildung. Ingenieure des Marinestützpunkts mit dem Spitznamen »Silberlinge« begleiteten die Besatzung und spielten in See Notlagen ein, um zu überprüfen, ob die Besatzung die Ausfälle der verschiedensten Systeme beheben konnte. »In einem Fall [Juni 1943]«, erläuterte Frubrich, »blockierte ein Ingenieur das Ventil einer Tauchzelle mit einem Eisenrohr. Normalerweise konnte so etwas nie passieren, und ein Boot würde das auch nicht überleben. Sofort verlor der Leitende Ingenieur als Tauchoffizier die Kontrolle über das Boot, und wir rauschten in einem Winkel von 60° dem Meeresboden entgegen.«

U-845 bohrte sich in den Grund der Ostsee. Durch einen glücklichen Zufall handelte es sich um Sandboden und nicht um felsigen Untergrund. »Als wir unten aufschlugen, flog im Boot alles durcheinander. Ich selbst wurde mit dem Gesicht gegen die eiserne Turmwand geschleudert. Dann flog der Obersteuermann in mich hinein und traf mich im Kreuz, sodass ich schon glaubte, mein Rückgrat sei gebrochen.« U-845 saß nun im Schlamm fest.

Als das U-Boot sich in den Meeresboden bohrte, flogen die Kartoffelsäcke im achteren Torpedoraum durch die Luft, und ein Fass mit eingelegten Heringen zerbarst und verteilte den Fischsud in der Bilge. »Gleichzeitig liefen die Batterien aus und setzten giftige Dämpfe frei, sodass wir unsere Tauchretter aufsetzen mussten, um atmen zu können.«

Der Kommandant beriet sich kurz mit seinem Leitenden Ingenieur und gab dann seine Entscheidung bekannt: »Wir werden die Elektromotoren lang-

Hermann Frubrich

same Fahrt laufen lassen und dabei das Ruder so lange von einer Seite auf die andere bewegen, bis ich etwas anderes befehle.« Frubrich folgte den Anweisungen. Obgleich das Boot erst in die eine und dann wieder in die andere Richtung zerrte, geschah nichts. Dann verspürten sie eine leichte Bewegung und hörten ein kratzendes Geräusch im Bug. »Beide Maschinen stopp«, rief der Kommandant und befahl dem Leitenden Ingenieur, »jetzt beide Maschinen auf volle Kraft zurück. Wenn sich das Boot bewegt, blasen Sie die vorderen Tauchzellen langsam an. Aber nicht zu heftig, sodass unser Heck nicht in den Schlamm einsetzt.«

»Genau so geschah es. Langsam richtete sich das Boot wieder auf. Wir allerdings hatten ganz schön zu kämpfen, denn wir mussten bei dem steilen Winkel von 60° versuchen, durch den Tauchretter atmend unsere Tätigkeiten auszuführen.« Als das Boot auftauchte, öffnete der Leitende Ingenieur schnell das Turmluk auf und ließ das Boot durchlüften. »Nie zuvor habe ich den Kommandanten derart zornig erlebt. Er schrie die Silberlinge an, ›Leute wie Sie werden nie wieder einen Fuß auf mein Boot setzen‹.«

Udo Behrens, der an einer Erkrankung seiner Augen litt, verließ im Juli 1943 U-845 und wurde von Rudolf Hoffmann abgelöst. Während der Krieg andauerte, sanken die U-Boote in immer größerer Anzahl, bombardiert und zur Strecke gebracht durch die Flugzeuge der Trägergruppen. »Im August«, erläuterte Frubrich, »verlegten wir nach Kiel, wo unser 105-mm-Geschütz von Bord genommen und durch eine Vierlingsflak ersetzt wurde.« Am 20. September 1943 erhielt U-845 den Auftrag, in das Ausbildungs- und Übungsgebiet in der Ostsee auszulaufen. Das Boot sollte Geräusche von U-346 auffassen, das nach einem Fehler bei einer Tauchübung auf dem Meeresgrund festsaß. »Wir wurden angewiesen, uns in achtzig Meter Tiefe ganz dicht am Boot aufzuhalten, bis wir keine Klopfgeräusche [der Besatzung] mehr hören konnten. Nur ein Mann – der Erste Wachoffizier – überlebte, zweiundvierzig Besatzungsangehörige kamen ums Leben.« In Notsituationen gelang es der Besatzung gelegentlich, mit Hilfe des Tauchretters aufzutauchen und gerettet zu werden.

Da Hoffmann den Befehl erhalten hatte, in japanischen Gewässern zu operieren, meldete sich eine Woche später in Kiel eine Gruppe japanischer Marineoffiziere an Bord von U-845. Ganz plötzlich wurde allerdings dieser Befehl widerrufen und Hoffmann durch den Befehlshaber der U-Boote seines Kommandos enthoben. Admiral Dönitz hatte den Befehl erlassen, dass die Marineangehörigen zukünftig mit dem Hitlergruß und nicht mehr mit dem gewohnten militärischen Gruß zu salutieren hatten. Als Hoffmann davon hörte, bemerkte er einem eingeschifften Kriegsberichterstatter gegenüber, dass er von seinem nächsten Einsatz nicht mehr nach Deutschland zurückkehren werde, sollten auch seine Männer den Hitlergruß ausführen müssen. »Wir hatten das sichere Gefühl, dass dies der Grund seiner Ablösung war. Uns gegenüber verhielt er sich stets freundlich und beteiligte sich gerne an irgendwelchen Streichen. Wenn immer wir getaucht Torpedoübungen durchführten, saß er auf seinem Sitz am Sehrohr, drehte es und sang das Lied ›Jumbo, der Elefant‹.«

Im Oktober 1943 übernahm Werner Weber in Stettin das Kommando auf U-845. »Er kam aus dem Stab des BdU in Frankreich und war mit Dönitz verwandt«, erzählte Frubrich. In Vorbereitung auf ihre nächste Feindfahrt musste die Besatzung die Übungen in der Ostsee ein drittes Mal über sich ergehen lassen. Nach jedem Kommandowechsel begann ein neuer Ausbildungsabschnitt für die Besatzung, um sicher zu stellen, dass sie und der Kommandant zu einem eingespielten Team zusammenwuchsen.

Nach Übernahme der erforderlichen Vorräte legte U-845 voller Tatendrang in aller Frühe des 1. Januar 1944 von der Pier in Kiel ab. »Eine Kapelle spielte, während Frauen und Offiziere aus dem Stützpunkt uns zum Abschied zuwinkten.« Da das Wetter stetig schlechter wurde, hatte das Boot gegen gewaltige Stürme, riesige Wellen und eine Mischung aus Regen und Schnee zu kämpfen. Als sie in das Skagerrak einliefen, beruhigte sich die See ein wenig.

»Eines Tages besetzten wir nach einem Fliegeralarm die Flak-Geschütze. Nach einem kurzen Feuerstoß vor die Kanzel des anfliegenden Flugzeugs drehte die Maschine unverzüglich ab und schoss das Erkennungssignal. Der Erste Wachoffizier schrie: ›Hey, das ist ein Deutscher!‹« Daraufhin sicherten wir die Geschütze, und U-845 lief in Stavanger ein, um Ersatzteile für ein beschädigtes Ortungsgerät an Bord zu nehmen.

Schon am nächsten Tag lief U-845 bei ruhiger See wieder aus und steuerte nach einem kurzen Zwischenstopp in Bergen den Nordatlantik an. »Wir hatten gegen Regen und Stürme in fast schon Orkanstärke und gegen Schneestürme, Nebel und Wellen so hoch wie ein Haus anzukämpfen. Teile unseres Oberdecks wurden abgerissen, sogar ein Metallteil auf dem Turm wurde verbogen.« Einer der Seeleute, Rudolf Voigt, verletzte sich als Ausguck, sodass der Kommandant ihn durch Frubrich ablösen und das Ruder übernehmen ließ.

»Ich zwängte mich in mein Lederzeug und kletterte als neuer Ausguck auf die Brücke. Als ich durch den Turm stieg, sah ich Voigt und rief ihm zu: ›Achte bloß auf das Ruder, wir könnten sonst sinken.‹« Dann kletterte Frubrich nach oben auf die Brücke, hakte seinen Haltegurt ein und spürte mit Erstaunen, wie er langsam angehoben wurde. »Ich schrie dem Ersten Wachoffizier Theimann zu: ›Schwere See von achtern. Luk dicht!‹« Nur wenige Sekunden später hing Frubrich in seinem Haltegurt und der Atlantik schlug über ihm zusammen. »Frubrich«, brüllte Theimann, »gehen Sie bloß zurück in den Turm und übernehmen Sie wieder das Ruder!« Hermann hörte diesen Befehl mit Genugtuung. »Am liebsten hätte ich Rudolf in den Hintern getreten, weil ich durch seine Schuld bis auf die Haut durchnässt wurde.«

Frubrich pumpte das Wasser aus der Bilge im Turm und überprüfte alles sorgfältig. »Da Seewasser in die beiden vorderen Zylinder des Diesels eingedrungen war, tauchten wir. Der Leitende Ingenieur Otto Strunk krempelte die Ärmel auf und arbeitete bis zum Bauchnabel in der Maschine stehend an diesem Dieselmotor. Nach zehn Stunden hatte er den Schaden behoben.«

Währenddessen lag Hermann auf den Flurplatten des Maschinenraums, um ein wenig zu schlafen. »In der angenehmen Wärme trocknete mir meine Kleidung am Körper. Plötzlich rüttelte mich Adolf Helfers wach und schrie: ›Hermann, auf Gefechtsstation!‹ Ich besann mich kurz und meldete mich im Turm.« Weber ließ auftauchen, um die Dieselmotoren zu erproben. Beide Maschinen sprangen sofort an. Zunächst lief der Backbordmotor ein wenig langsamer, kam dann aber ebenfalls auf Touren. Als beide Diesel gleichmäßig liefen, meldete der Leitende seinem Kommandanten das Boot wieder voll gefechtsbereit.

Nördlich von Schottland geriet U-845 zwischen den Shetland-Inseln und den Färöer in ein dichtes Nebelfeld. »Es war Mitte Januar. Ich hatte Brückenwache und konnte in dem dicken Nebel kaum unseren Bug erkennen. Wir liefen aufgetaucht mit achtzehn bis zwanzig Knoten durch die ruhige See und nutzten die günstigen Wetterbedingungen, um unsere Batterien wieder aufzuladen.«

»Mit einem Mal hatten wir die Nebelbank durchstoßen und liefen bei strahlendem Sonnenschein und blauem Himmel durch die ruhige See. Plötzlich rief der Steuerbordausguck: ›Großer Dampfer in dreißig Grad. Drei Schornsteine.‹« Theimann ließ das Ruder auf »Steuerbord zehn« legen und meldete dem Kommandanten: »Passagierdampfer Steuerbord dreißig Grad!« Dann befahl er Frubrich, den anliegenden Kurs zu halten, während der Kommandant auf die Brücke kletterte.

»Im selben Augenblick hatte uns auch der Passagierdampfer gesichtet«, fuhr Frubrich fort. »Dicke schwarze Qualmwolken drangen aus seinen Schornsteinen. Während das Schiff volle Fahrt aufnahm und einen Zick-Zack-Kurs steuerte, schob sich sein Bug leicht aus dem Wasser.«

Weber wandte sich an Theimann und fragte ihn: »Warum haben Sie nicht mitgedreht? Dann hätten wir ihn kriegen können«, worauf dieser erwiderte: »Aber Herr Kaleu, unser Auftrag lautet, unerkannt zu bleiben, bis wir Neufundland erreicht haben.«

»Das wiederum ist eine ganz andere Geschichte, Herr Theimann«, knurrte Weber zurück.

Wie Frubrich erläuterte, nannte der Kommandant Theimann immer nur dann »Herr«, wenn er ärgerlich war. Wenig später befahl Weber dem Obersteuermann Mai, im Schiffserkennungsbuch nachzuschlagen und herauszufinden, um welchen Schiffstyp und welches Schiff es sich handelte. Kurz darauf meldete Mai, dass dies die QUEEN MARY war. »Mist«, rief Weber aus, »das wäre eine fette Beute gewesen.« Der 81 235 Tonnen große Passagierdampfer QUEEN MARY der Cunard-Reederei überquerte den Atlantik als Einzelfahrer ohne Sicherung durch Kriegsschiffe. Mit seinen 31,7 Knoten Höchstfahrt war er zu schnell, um in einem Geleitzug mitzulaufen.

»Kurz darauf tauchten wir, denn todsicher würden sie Flugzeuge und Zerstörer auf uns hetzen.« Von Mai erfuhr der Kommandant, dass die QUEEN MARY ständig als Truppentransporter eingesetzt wurde und einige dieser Passagiere durchaus deutsche Kriegsgefangene hätten sein können. »Folglich hätten wir möglicherweise unsere eigenen Kameraden getötet, wenn wir das Schiff versenkt hätten«, meinte Hermann, ohne zu ahnen, dass in naher Zukunft er selbst als Kriegsgefangener einer dieser Passagiere sein sollte.

Anfang Januar 1944 meldete Weber dem BdU, dass er das zugewiesene Operationsgebiet erreicht habe, und erbat weitere Anweisungen. »Sie haben freie Jagd«, lautete die Antwort. Auf dieser Grundlage befahl Weber seine Offiziere zu sich in den Turm und fragte den Leitenden Ingenieur, wie Prien damals sein Boot vorbereitet hatte, ehe er nach Scapa Flow eindrang. Günther Priens mutige Heldentat vom 14. September 1939 – er versenkte das britische Schlachtschiff ROYAL OAK in dem Stützpunkt Scapa Flow in Schottland – hatte die Fantasie aller U-Bootfahrer beflügelt. Otto Strunk war damals als Erster Maschinist auf Priens Boot mit dabei.

Von Anfang an diente Neufundland als Ausgangspunkt für alle Lufttransporte und große Geleitzüge nach Großbritannien und Russland. In der Nähe von St. John, dessen Spitzname bei den britischen Seeleuten »Newfyjohn« lautete, unterhielt die kanadische Marine einen großen Stützpunkt. Das ist wahrscheinlich der Grund dafür, dass Weber hoffte, dort ein Kriegsschiff anzutreffen und einen ähnlichen Coup wie Prien landen zu können. In den Hafen einzulaufen und wieder herauszukommen, stellte sie jedoch vor größere Schwierigkeiten, denn die Zufahrt von See her war kurz, gewunden und von Hügeln flankiert. James B. Lamb hat es treffend beschrieben: »In Newfyjohn befindest Du Dich entweder im Hafen oder draußen, es führt kein langes Mündungsgebiet hinaus auf See.«[1]

Im Verlauf der nächsten Tage befragte der Kommandant Strunk ganz genau, mit welcher Maschinenleistung er rechnen könne und welche Maßnahmen noch ergriffen werden müssen, um die volle Gefechtsbereitschaft des Bootes zu erreichen. »Wir beluden die Rohre mit unseren Torpedos und warteten die Reservetorpedos sehr sorgfältig. Bug- und Hecktorpedoraum meldeten, dass alle Systeme funktionieren, während der Obersteuermann und der Matrosenhauptgefreite Ferdinand Heger den genauen Kurs in den Hafen von St. John berechneten.«

Am 4. Januar gegen 22.00 Uhr nahm U-845 Kurs auf die Hafeneinfahrt. Während das Boot mit geringster Fahrtstufe das Ziel ansteuerte, tauchte es ganz behutsam, um verräterische Wirbel an der Oberfläche zu vermeiden. Weber bemerkte, dass »die Gegebenheiten gar nicht besser sein könnten«. Es wirkte alles wie bloße Routine.

Durch das Sehrohr erkannte der Kommandant einen kleinen Hafen, entdeckte darin aber zu seiner Verwunderung kein einziges Schiff. Unversehens tauchte ein kleines Geleitfahrzeug auf und lief auf U-845 zu, worauf das Boot fünf oder zehn Meter tiefer tauchte. »Dieses Fahrzeug überlief uns dreimal«, berichtete Hermann. »Aber der Kommandant beruhigte uns, ›Es hat bestimmt keine Wasserbomben an Bord.‹« Dann fragte er plötzlich: »Was bedeuten diese Fässer dort an der Oberfläche, Mai?«

Nach einem kurzen Rundblick erwiderte der Obersteuermann, »Minen, Herr Kaleu. Da vorne liegt eine Minensperre, und wir kommen dort nicht durch.« Somit wendeten sie und liefen genau auf Gegenkurs ab. Während sie in Richtung Hafenausfahrt schlichen und die Umgebung genau beobachteten, entdeckte Weber an der Küste ein dickes Rohr, aus dem ein mächtiger Wasserschwall herausschoss.

»Darauf sollten wir einen Torpedo feuern, denn ich habe keine Lust, die Dinger alle wieder nach Hause mitzunehmen«, brummte der äußerst frustrierte Kommandant. »Er schoss einen Torpedo, dessen Detonation einen Toten aufgeweckt hätte. Aber nichts geschah, wir konnten keinerlei Geräusche hören. Nach kurzer Zeit wurden wir von unseren Gefechtsstationen entlassen.«

»Ich fragte den Zweiten Wachoffizier, wo ich denn schlafen sollte, denn meine Koje im achteren Torpedoraum war noch hochgeklappt. Er sagte mir, in seiner, was ich auch wirklich machte. Ich zog meine Stiefel aus, stellte sie neben seine, kletterte in die obere Koje und schlief sofort ein.« Ein lautes Knacken weckte Frubrich auf, und eine Stimme in der Bordsprechanlage befahl: »Auf Gefechtsstation.«

»Ich schwang mich aus der Koje und zog mir hastig meine Stiefel an, aber, oh Gott, sie waren mir viel zu groß. Darauf kam es jetzt auch nicht mehr an. Als ich mich im Turm meldete, kamen die Befehle in schneller Folge. U-845 trieb mit gestoppten Maschinen an der Oberfläche. »Wir waren mit irgendetwas kollidiert.« Während Weber »beide Diesel langsame Fahrt voraus« befahl, ging Frubrich an das Ruder. Er versuchte, die Befehle des Kommandanten genauestens auszuführen, spürte aber keine Ruderwirkung. »Das Ruder bewegt sich nicht«, meldete er. »Umschalten auf Handbetrieb«, befahl der Kommandant. Über das Sprachrohr zum achteren Torpedoraum ließ Frubrich das Ruder per Hand steuern, was aber auch nicht funktionierte.

»Dann werden Sie mit den Maschinen steuern müssen«, sagte der Kommandant. Mit ständig wechselnden Drehzahlen beider Maschinen steuerte Frubrich U-845 von Neufundland weg. Unterdessen überprüfte der Leitende Ingenieur Strunk jeden Bereich, um zu ermitteln, ob im Inneren des Bootes Schäden aufgetreten waren. »Das Boot war nach wie vor tauchfähig, was uns sehr beruhigte.«

Plötzlich meldete der Mann am Horchgerät, dass er Geräusche von Schiffspropellern aufgefasst habe, worauf der »Alte« das Boot auf den Meeresboden legte. »Äußerste Ruhe im Boot«, wies er die Besatzung an. Nach einer spannungsgeladenen Stille verschwanden die Geräusche wieder.

Am nächsten Morgen erreichte U-845 nur mit den Maschinen steuernd eine Position etwa zweihundert Seemeilen von St. John entfernt und bereitete sich darauf vor, das beschädigte Ruder zu reparieren.

»Gegen 09.00 Uhr kanadischer Zeit trieb das Boot bei nur leichtem Seegang bewegungslos im Atlantik. Die zur Reparatur benötigten Werkzeuge wurden an Oberdeck gereicht. Wir legten unsere Taucherausrüstung an, fluteten einige Tauchzellen, sodass der Bug tiefer sank und das Heck hoch aus dem Wasser ragte.«

Der Leitende Ingenieur Strunk schickte Erhard Hennig und Erich Torunski ins Wasser, wo sie mit einem Schweißgerät arbeiteten, das über einen Diesel mit Strom gespeist wurde. »Sobald eine Welle die Ruderblätter freigab, begann er, an einem davon zu schweißen. Da aber Wasser besonders gut leitet, erhielt er hin und wieder einen heftigen Stromschlag. Auch wenn dies seine Sehfähigkeit beeinflusste, gelang es ihm, die Arbeit erfolgreich zu beenden.«

Während dieser Schweißarbeiten schwamm ein weiterer Kamerad im Taucheranzug um das Boot herum und untersuchte es auf weitere Schäden, ohne jedoch welche finden zu können.

An Oberdeck suchte die Wache unablässig den Himmel nach Flugzeugen ab und hielt die Geschütze besetzt, bis am späten Nachmittag die Arbeiten am Ruder endlich abgeschlossen waren. Als dann ein Ausguck Masten am Horizont meldete, wurde die Ausrüstung rasch wieder im Boot verstaut. Unterdessen behandelte Wilhelm Heinrich, der Schiffsarzt, Hennig wegen der Stromschläge und die anderen wegen kleinerer Verletzungen. Hennig lag wie gelähmt in seiner Koje, konnte sich aber zwei Tage später wieder völlig beschwerdefrei bewegen.

»In dem gesamten Zeitraum luden wir mit dem zweiten Diesel unsere Batterien wieder auf, sodass das Boot wieder voll einsatzbereit war.« Als die Besatzung ihre Stationen an Bord besetzt hatten, machte sich U-845 tauchklar und verschwand unter Wasser. »Der Alte fuhr das Sehrohr aus und meldete, der Mast gehöre zu einer Fregatte.« Nach einem Rundblick empfahl der Obersteuermann dem Kommandanten: »Sie sollten sie nicht angreifen, denn so sicher wie das Amen in der Kirche fährt die nicht alleine.« Wie vorhergesagt, kam wenig später ein Frachter mit vier Geleitfahrzeugen in Sicht. »Die Jagdhunde umkreisen den Frachter und hüten ihn wie ein Juwel«, berichtete Weber, während er zum Angriff ansetzte und auf das Ziel zudrehte.

»Feuer!«, lautete der Befehl, und zwei Torpedos verließen die Rohre. Der Obersteuermann startete seine Stoppuhr, während die Besatzung gespannt das Ergebnis abwartete – es wurde ein Fehlschuss und ein Treffer. »Der Alte schoss einen dritten Torpedo, der gleichfalls traf und den Frachter versenkte. Wir konnten deutlich berstende Sinkgeräusche vernehmen, sie klangen wie Gewitter über unseren Köpfen.« Der Obersteuermann ließ den Kommandanten wissen, dass es sich nach seiner Einschätzung um einen Munitionstransporter gehandelt haben muss.

Vier Tage später sichteten sie erneut ein Ziel, den britischen Frachter KELMSCOTT. Nach dem Angriff glaubte Weber, den Dampfer versenkt zu haben und belohnte die Besatzung mit einem Schluck Weinbrand. Allerdings bestätigten die Aufzeichnungen später, dass der Frachter nur beschädigt worden war.[2]

Obgleich der Leitende Ingenieur den Kommandanten ständig warnend daraufhin wies, dass der Kraftstoff langsam zur Neige ging, »dachte Weber noch gar nicht daran, nach Hause zurückzukehren«, so Frubrich. »Am 14. Februar suchten wir aufgetaucht bei blauem Himmel und strahlendem Sonnenschein den Seeraum ab. Der Alte hatte eine gewisse Sorglosigkeit entwickelt, weil sich niemand so recht um uns kümmerte. Er glaubte, die Kanadier schliefen allesamt.«

Plötzlich stürzte ein Flugzeug aus der Sonne kommend auf das Boot herab und griff es an. »Der Alarm schrillte, worauf wir die Geschütze besetzten, während die Maschine bereits das Feuer eröffnete. Ich hatte Freiwache und kletterte gerade in den Turm, als das Flugzeug uns überflog. Geschosse trafen die Seiten des Turms, es klang, als prasselten Erbsen in einen Topf.«

Frubrich übernahm das Ruder, während jetzt die Kommandos dicht aufeinander folgten: »Hart Steuerbord. Beide Maschinen zweimal volle Kraft voraus.« Er schob die Hebel des Maschinentelegrafen nach vorne. Während der Angriff andauerte, begannen die Diesel ohrenbetäubend zu dröhnen und ließen das Boot kräftig zu der einen, dann wieder zu der anderen Seite ausscheren. »Als das Flugzeug uns ein zweites Mal überflog, warf es mehrere Bomben so dicht neben uns ab, dass der Explosionsdruck uns nach Backbord krängen ließ.«

Nach der Meldung von der Brücke, das 37-mm-Geschütz habe eine Störung, eilte Franz Vorstheim an Frubrich vorbei und kletterte die Leiter hinauf, gerade als das Flugzeug sie ein drittes Mal überflog. Bomben detonierten und Maschinengewehrgeschosse prasselten gegen die Aufbauten. Eine Salve riss den Hals von Franz auf, und es schien, als hing sein Kopf nur noch an einigen Sehnen. Ich ließ seinen Körper in die Zentrale hinab gleiten und schrie: »Wahrschau, Verwundeter!«

Blut spritzte auf die Instrumente im Turm und den Boden. »Ich handelte ganz instinktiv, während ich mich mit meinen Gedanken voll auf die Manöver konzentrierte, die es auszuführen galt.« Von der Brücke rief der Kommandant hinunter: »Wenn die Maschine uns das nächste Mal überfliegt, geht es in den Keller!« Als das Flugzeug erneut anflog, erteilte Weber die Befehle zum Alarmtauchen. »Alles andere war jetzt unwichtig, Hauptsache, wir kamen in die Tiefe.« Die Männer, die Munition und die Maschinengewehre purzelten durch das Turmluk. »Ich war nur noch damit beschäftigt, mit meinen Füßen die Luke in die Zentrale frei zu halten. Viele der Männer schrien vor Schmerzen.«

Als das Boot nach unten kippte, fiel der Kommandant gefolgt von einem mächtigen Wasserschwall durch das Turmluk. »Ich versuchte noch schnell, das Luk zur Zentrale zu schließen. Als es ihm aber gelang, das Turmluk dicht zu drehen, öffnete ich das Zentraleluk wieder.« In einem Winkel von sechzig Grad rauschte U-845 kopfüber in Sicherheit.

»In etwa dreißig Sekunden hatten wir eine Tiefe von dreißig Metern erreicht. Dann sprang die Nadel des Tiefenmessers auf einhundert Meter.« Zwar versuchte der Leitende, ein weiteres Absacken des Bootes zu verhindern, aber Weber spürte, dass es nicht mehr reagierte. »Ich legte das Ruder hart Backbord, sodass es wie eine Bremse wirken konnte.« Weber ließ zunächst beide Maschinen stoppen und dann langsam rückwärts drehen. Der Leitende blies behutsam eine Tauchzelle im Bug an, wodurch das Boot nur noch über das Heck sinken konnte. Endlich hatten sie das Boot wieder unter Kontrolle, wobei der Bug 210 Meter und das Heck 250 Meter tief lagen. »Wir überstanden diese große Tiefe erstaunlich gut. Zwar konnten wir ein paar klopfende und knackende Geräusche der Stahlplatten und des Druckkörpers hören, aber sonst war alles in Ordnung.«

Weber befahl, das Boot auf eine Tiefe von fünfzig Meter einzusteuern. Während U-845 langsam stieg, sagte er: »Jetzt werden wir alte Uniformteile und weitere nicht mehr benötige Dinge durch ein Torpedorohr ausstoßen.« Mit dieser verzweifelten Maßnahme versuchten sie mit Erfolg, den Gegner davon zu überzeugen, sie versenkt zu haben. »So machten wir es. Zusätzlich zogen wir noch eine Ölspur hinter uns her, da einer unserer leeren Kraftstoffbunker beschädigt war.«

In Vorbereitung der Seebestattung ließ Weber den Körper Franz Vorstheims mit einem schweren Gewicht an den Füßen in einen Leinensack einnähen. Dann gab er bekannt, dass das Boot bei Einbruch der Dunkelheit auftauchen würde, um den Kraftstofftank durchzuspülen und ihren gefallenen Kameraden der See zu übergeben.

»Das alles hatte sich in einer knappen Stunde abgespielt, mir allerdings kam es wie eine Ewigkeit vor.« Jetzt erst bemerkte er, dass die See, die mit dem Kommandanten in den Turm hinabstürzte, Vorstheims Blut abgewaschen hatte. Später äußerte der Kommandant Heinrich gegenüber: »Manches kommt von selbst wieder in Ordnung.«

»Gegen 21.00 Uhr ließ der Kommandant auftauchen. Als der Bug die Oberfläche durchbrach, öffnete er das Turmluk, worauf frische und kühle Meeresluft in das Boot strömte. Nach einem Rundblick von der Brücke ließ er die Seewache aufziehen.« Kurz darauf rief der Kommandant zu Hermann in den Turm hinunter: »Geben Sie mir eine Zigarette.« Hermann trug stets die Zigaretten des Kommandanten in der Tasche, um ihm jederzeit eine davon zustecken zu können. »Ich zog eine davon heraus, steckte sie an, nahm einen tiefen Zug und reichte sie nach oben auf die Brücke.«

»Wir genossen die klare Vollmondnacht. Gischt und Nebel sprühten über das Boot und setzten sich mit phosphoreszierendem Leuchten in unseren Bärten und Augenbrauen fest. Das war ein unvergesslicher Anblick.« In dem Meeresleuchten zog das Boot in der Dunkelheit leuchtendes Sprühwasser wie ein Band hinter sich her. Nach dem Durchspülen des beschädigten Bunkers befahl der Kommandant, zur Beisetzung anzutreten. Die Männer legten eine Planke auf die Steuerbord Reling, die von zwei Seeleuten gehalten wurde, während ein dritter Kamerad den Leichnam auf die Planke hob. Die Obermaate Böhme, Heger und Behnert stellten sich im »Wintergarten« an dem zweiten Geschütz direkt an der Kriegsflagge auf. »Stillgestanden,

Augen rechts«, befahl einer von ihnen. Sie setzten die Flagge auf halbmast. Der Kommandant sprach das Vaterunser und befahl anschließend: »Übergebt unseren toten Kameraden der See.« Gleichzeitig pfiff einer der Obermaate »Seite«, während die beiden Seeleute die Planke anhoben und Franz Vorstheims Leichnam in den dunklen Atlantik glitt.

»Heiß' Flagge«, befahl der Kommandant und kurz darauf: »Wegtreten von Oberdeck. Besatzung auf Tauchstation.« Erneut glitt U-845 in die Tiefe. »Reichen Sie mir das Mikrofon«, befahl Weber Hermann und richtete anschließend eine kurze Ansprache an die Besatzung: »Wir haben einen Kameraden verloren, und er wird nicht der letzte sein. ... Auch ich wäre um Haaresbreite getötet worden, denn mehrere Kugeln durchschlugen meine Lederjacke und Mütze. ... Unser Auftrag lautet, Deutschlands Feinden so großen Schaden wie nur möglich zuzufügen. Der Kampf geht weiter. Deshalb vergessen Sie, was geschehen ist, und denken Sie nur noch an morgen.«

»Er übergab mir das Mikrofon und verschwand in die Zentrale«, berichtete Hermann. »Ich glaube, das alles hat ihn schwer mitgenommen.«

Als U-845 einige Tage später in der recht rauen See kreuzte, meldete der Horchraum an die Brücke, dass sie vierzig Grad an Steuerbord Geräusche aufgefasst hatten, die achteraus wanderten und schwächer wurden. Weber, der neben Theimann auf der Brücke stand, suchte in dieser Richtung die See ab, ohne jedoch etwas erkennen zu können. Er kletterte in den Turm hinab, setzte sich auf den Periskopsitz, fuhr die Optik aus, beobachtete den Seeraum und fand wiederum nichts.

»Was immer das ist – lassen Sie uns tauchen«, schlug Theimann vor. »Vielleicht können wir die Geräusche dann genauer identifizieren.« Nach dem Befehl zum Tauchen zwängte die Brückenbesatzung sich in den Turm hinab und polterte in die Zentrale. »Dieses Mal ging alles viel besser und leichter als vor einigen Tagen, als das Flugzeug uns angriff.«

Auf Sehrohrtiefe meldete der Horchraum Propellergeräusche achteraus. Weber ging auf Gegenkurs und fuhr erneut das Sehrohr aus. Er vermutete, es handelte sich um ein auftauchendes Unterseeboot. Deshalb ließ er U-845 auftauchen, während sich gleichzeitig die Geschützbedienungen und die Brückenwache einsatzbereit hielten. Im Turm befahl Weber: »Heger, kommen Sie mit der Signallampe und den Winkerflaggen auf die Brücke.« Auch Heger, der sich auf der Brücke als Signäler bereithielt, konnte nichts erkennen, sodass U-845 wiederum auf Sehrohrtiefe ging.

»Herr Kaleu«, fragte der Leitende, »wäre es nicht besser, auf fünfzig Meter zu gehen? Denn wenn es sich um ein anderes U-Boot handelt, das einen Torpedo auf uns abfeuert, könnten wir hier oben leicht getroffen werden.« Weber erklärte sich einverstanden und ließ das Boot auf fünfzig Meter tauchen.

Plötzlich meldete der Horchraum Geräusche schnell drehender Propeller, die von Steuerbordseite mittschiffs genau auf U-845 zuliefen. Weber fragte den Leitenden: »Meinen Sie, wir sollten noch tiefer gehen?« »Nein«, erwiderte Strunk, »wir sind tief genug.« Nun konnte auch die Besatzung deutlich ein surrendes Geräusch hören, dass schnell von Steuerbord heranrauschte, das Boot überlief und an Backbordseite wieder verschwand. »Das war ein Torpedo«, sagte der Kommandant. »Steht da ein eigenes Boot in unserer Nähe?«, fragte er den Obersteuermann, der kurz antwortete: »Nicht dass ich wüsste.« Weber schaute völlig verwundert drein und murmelte: »Was ist das bloß für eine verdammte Situation.« Keiner hatte irgendeine Erklärung für diesen Vorfall.

U-845 blieb bis Einbruch der Dunkelheit unter Wasser und lief dann aufgetaucht auf nördlichem Kurs weiter, bis der vordere Torpedoraum meldete, dass sie mit Eisschollen kollidierten. »Auf Gegenkurs gehen«, befahl Weber, »wir werden uns hier nicht den Hintern abfrieren.«

Tage vergingen, ohne das etwas geschah, bis unerwartet ein Funkspruch des BdU aufgenommen wurde, mit dem der Kommandant zum Korvettenkapitän ernannt wurde. Voller Stolz wechselten die Schiffstechniker die Dienstgradabzeichen am Jackett und an der Mütze des Kommandanten und nähten goldene Streifen auf. »Seit diesem Zeitpunkt«, so Frubrich, »ging Strunk dem Kommandanten ständig mit seiner Forderung, nach Hause zurückzukehren, auf die Nerven. Denn langsam ging uns der Kraftstoff aus.« Aber Weber meinte nur mit einem Grinsen: »Dann machen wir es eben wie die Wikinger und segeln oder rudern das Boot in den Stützpunkt zurück. Können Sie sich die erstaunten Blicke vorstellen, wenn wir so einlaufen?« Aber Strunk hatte Sorgenfalten im Gesicht. »Er meinte es bitter ernst, denn er wusste genau, wovon er sprach.«

Etwa eine Woche später gab Weber endlich nach und wies den Obersteuermann an, den Kurs nach Frankreich abzustecken. »Wenn wir heil zurückkommen, werde ich die gesamte Besatzung in mein Haus im Sauerland einladen. Dort können sie Skilaufen lernen. Das wird ein Anblick – Seeleute auf Skiern.«

Der Bug von U-845 wies jetzt nach Osten in Richtung Heimatstützpunkt, beide Maschinen brummten mit halber Kraft. »Wir gewöhnten uns an eine neue Bordroutine und fuhren tagsüber getaucht und nachts über Wasser.« Dann warnte uns ein Funkspruch des BdU: »Feind hat Flugzeuge mit neuem Gerät ausgerüstet. Ist damit in der Lage, auch bei Nacht Bomben genau zu zielen. Sieht aus wie der Vollmond oder roter Kreis am Himmel. Unmittelbar nach Aufleuchten fallen die Bomben, sodass das Boot nicht mehr entkommen kann.« Weber verstärkte den Ausguck auf drei Mann, die den Himmel ununterbrochen absuchten. Wieder einmal hatten die Alliierten eine neue Waffe gegen die U-Boote entwickelt. Hier handelte es sich um das »Leigh Light« System, das einen leistungsstarken Suchscheinwerfer mit dem Bordradar verband und das Flugzeug in die Lage versetzte, die U-Boote auch bei Nacht anzugreifen.[3]

Als das Boot an einem trüben Tag im März aufgetaucht fuhr, sichtete der Ausguck Mastspitzen am Horizont. Weber setzte sofort einen Funkspruch an das Hauptquartier ab und meldete einen Geleitzug an Steuerbord. Die Antwort wies ihn an, mit U-845 Fühlung zu halten. »Damit konnten wir unsere Heimfahrt zunächst einmal vergessen«, meinte Hermann. Weber informierte Strunk: »Wir werden uns an diesen Konvoi hängen, auch auf die Gefahr hin, dass man uns in den Hafen schleppen muss.«

»Von diesem Augenblick dachte keiner mehr an das Einlaufen. Unsere Gedanken konzentrierten sich nur noch darauf, den Geleitzug zu jagen. Dabei waren unsere Nerven zum Zerreißen angespannt, denn jeden Augenblick konnte uns ein Geleitfahrzeug oder ein Flugzeug entdecken.«

Am selben Tag, dem 10. März, sichtete ein Geleitzerstörer U-845 und drehte auf das Boot zu. »Uns blieb gar nichts anderes übrig als zu tauchen.« Obgleich er den Abstand halten wollte, ließ Weber tauchen und steuerte U-845 auf Sehrohrtiefe ein.

»Rohre 1 und 2 mit T-5 laden [es handelte sich um Akustiktorpedos]. Melden, wenn bereit«, bellte Weber. Dreißig Minuten später waren die Rohre feuerbereit. »Der Alte setzte seine Mütze verkehrt herum auf und visierte den Zerstörer durch das Sehrohr an. Die Elektromotoren summten bei langsamer Fahrt, während die Spannung stieg, als der Kommandant das Boot in Schussposition brachte. Wenn die Torpedos trafen, so stellte ich mir vor, müssten wir sehr schnell tiefer gehen, um zu verhindern, dass Wasserbomben unter uns detonierten und uns an die Oberfläche drückten.«

Plötzlich aber unterbrach Webers Befehl Hermanns Gedankenfluss: »Rohr 1 klar zum Schuss. Mündungsklappen öffnen.« Dann die Rückmeldung: »Rohr 1 fertig.« »Rohr 1 Feuer«, befahl Weber. Als sie ein leichtes Schütteln im Boot spürten, fuhr Weber das Sehrohr ein und befahl, auf vierzig Meter zu tauchen, um nicht von dem eigenen Torpedo getroffen zu werden. »Während die Stoppuhr des Obersteuermanns noch lief, erreichten wir die befohlene Tiefe. Ganz plötzlich detonierten Wasserbomben«, berichtete Hermann. »Torpedo ist Grundläufer«, schrie der Obersteuermann. Weber brachte das Boot zurück auf Sehrohrtiefe, schaute durch die Optik und schrie: »Alarm! Tauchen!« Ein Zerstörer jagte auf U-845 zu.

»Wir schossen abwärts und hatten eine Tiefe von 150 Meter erreicht, als die ersten Wasserbomben das Boot durchschüttelten. Sie waren aber schlecht gezielt und richteten keinen Schaden an.« Mit Ausnahme von Frubrich hatte sich die Turmbesatzung aus Sicherheitsgründen nach unten in die Zentrale begeben. »Ich hielt mich noch als Einziger da oben auf und steuerte das Boot mit Hilfe des Magnetkompasses, da der Kreiselkompass bei den ersten Detonationen ausgefallen war.«

Eine weitere Serie von Detonationen erschütterte U-845. »Der Lärm war entsetzlich, und plötzlich traf mich ein Wasserstrahl im Rücken.« Frubrich drehte sich um und sah, wie Wasser aus den Dichtungsringen am Sehrohr herausspritzte, und meldete das dem Kommandanten. Weber steckte den Kopf durch das Zentraleluk und rief ihm zu: »Räumen Sie den Turm!« Während die Druckwellen neuer gewaltiger Detonationen über ihnen zusammenschlugen, schaltete Frubrich die Ruderanlage auf die Zentrale um und kletterte hinab.

Nachdem er seinen Platz am Ruder eingenommen hatte, so erinnerte sich Frubrich, bemerkte er, dass direkt über ihm ein Schinken hing. Man hatte ihn dorthin gehängt, um zu erfahren, wie lange man ihn dort lagern konnte. »Von diesem Zeitpunkt an folgte ein Einschlag dem anderen. Die Angriffe folgten so kurz aufeinander, dass der Kommandant von mindestens vier Schiffen da oben ausging.« Inzwischen hatte U-845 eine Tiefe von fast 200 Meter erreicht. Die Detonationen kamen immer näher, sie ließen Birnen zerplatzen und Wasser aus Dichtungen lecken. »Die Besatzung konnte jedoch alle Schäden beheben, sodass keine Gefahr für Leib und Leben bestand.«

Während die Elektromotoren langsame Fahrt liefen, versetzte jede der nahe am Boot detonierenden Wasserbomben die Nadel des Magnetkompasses in heftige Schwingungen. »Zwischen den einzelnen Angriffen blieb mir gerade noch genug Zeit, um wieder den Kurs zu erkennen, den ich steuern sollte. Wir hatten das zum Glück während unserer Ausbildung geübt.«

Weber begann, Ausweichkurse zu steuern. Dabei drehte er das Boot in das Kielwasser des ablaufenden Feindes, wenn die Wasserbomben an Steuerbordseite einschlugen. Erfolgte der Angriff jedoch von der Backbordseite, drehte er nach Steuerbord, sodass sich die Propellergeräusche von U-845 und die der Zerstörer für einen kurzen Zeitraum überlagerten. »Nach etwa einer Stunde hatten sie entweder den Kontakt zu uns verloren oder waren abgedreht, um eine Pause einzulegen.«

»Können Sie das Boot halten, auch wenn wir keine Fahrt mehr machen?«, fragte Weber Strunk. »Gewiss«, erwiderte der Leitende, »wenn sie keine Wasserbomben mehr werfen, kann ich es für eine Weile auch ohne Fahrt durchs Wasser auf einer bestimmten Tiefe halten.« Daraufhin befahl Weber: »Beide Maschinen stopp.«

Sobald an Bord völlige Ruhe eingekehrt war, befahl Weber der Besatzung, sich hinzulegen und sich auszuruhen oder vielleicht sogar ein wenig zu schlafen. »Ich allerdings konnte das nicht, denn der Gefechtsrudergänger durfte nicht müde werden oder gar einschlafen. Deshalb brachte der Smutje mir starken Kaffee, Kakao und Traubenzucker.«

»Eine weitere Stunde verrann, dann hatten die Jagdhunde uns wieder aufgefasst. Das anhaltende schrille *Ping-Ping-Ping* ging uns immer mehr auf die Nerven. Wieder begannen sie, Wasserbomben zu werfen. Ich konnte deutlich hören, wenn die Fässer ins Wasser klatschten.« Nach einem kurzen zischenden Geräusch erfolgte dann die Detonation. »Das Spiel ging nun wieder von vorne los.« Pausenlos hämmerten höllische Detonationen auf U-845 ein und schlugen immer dichter am Boot ein.

Weber fragte den Leitenden Ingenieur, ob das Boot auch dem Wasserdruck in noch größerer Tiefe widerstehen könnte, worauf Strunk erwiderte: »Jawohl, wir könnten ohne größere Schwierigkeiten auf dreihundert Meter gehen. Dafür kann ich garantieren.« Darauf befahl Weber: »Dann nichts wie los, bevor die da oben genau wissen, wo wir stecken.« Sie sanken immer tiefer, bis der Tiefenmesser dreihundert Meter anzeigte.

Während beide Maschinen mit langsamer Fahrt voraus liefen, waren sie hier unten sicher vor den tödlichen Schlägen. »Sie erzielten keine Wirkung mehr. Das Dröhnen klang wie entferntes Donnergrollen, und wir spürten auch die Druckwellen nicht mehr.« Im Boot kehrte wieder Ruhe ein.

»Herr Kapitän, mir fallen die Augen zu«, murmelte Frubrich, worauf Weber den Navigationsgasten Leucht aufforderte, Hermanns Aufgabe zu übernehmen. Völlig erschöpft sank Hermann auf die Flurplatten in der Zentrale und fiel in tiefen Schlaf. Gegen 22.00 Uhr weckte der Kommandant Frubrich wieder und befahl ihm, das Ruder im Turm zu besetzen. Anschließend wandte er sich mit ruhiger Stimme über den Bordlautsprecher an die Besatzung: »Kameraden, wir müssen auftauchen. Wir haben kaum noch Sauerstoff, unsere Batterien sind nahezu erschöpft, unser Pressluftvorrat geht zur Neige. Wenn wir noch länger warten, schaffen wir es nicht mehr. Gehen Sie jetzt auf Ihre Gefechtsstationen und verhalten Sie sich so, wie Sie es gelernt haben. Ich weiß, ich kann mich auf Sie verlassen.«

»Auf geht's«, befahl Weber Strunk. Der Leitende befahl, langsam die Turmbilge zu lenzen. Die Maschinenmaate Schneider und Uberschär umfassten die Handräder der Luftventile und wurden von Strunk eingewiesen: »Männer, die Pressluft muss sich auf alle Tauchzellen gleichmäßig verteilen. Sie müssen die Ventile gleichzeitig öffnen. Gelingt das nicht, kommen wir nie wieder an die Oberfläche. Haben Sie mich verstanden?« »Jawohl.«

»Warten sie auf mein Kommando«, befahl Strunk. Dann war es endlich so weit. »Auftauchen«. Sie konnten hören, wie Pressluft in die Tauchzellen zischte. »Es klang gut«, meinte Frubrich, »und es geschah gleichzeitig.« Unterdessen liefen die Elektromotoren kaum noch, und die Beleuchtung wurde immer schwächer.

»Gebannt beobachtete ich den Tiefenmesser in der Zentrale.« Nichts geschah. »Los, Kleines, los, Kleines, komm' endlich«, drängte der Obersteuermann. »Wir glaubten bereits, das sei das Ende«, bekannte Frubrich.

»Der Tiefenmesser verharrte auf dreihundert Metern, aber langsam bewegte sich der Zeiger, das Boot stieg. Das gab uns die Gewissheit, dass der Tiefenmesser noch funktionierte.« Dann hörten sie immer wieder ein leises

Knacken. »Das Boot steigt ganz allmählich«, verkündete Strunk. Weber gab Anweisung, beschleunigt das Wasser aus der Turmbilge zu pumpen, und befahl der Brückenwache und den Geschützbedienungen, sich klarzumachen und ihre Schwimmwesten und Tauchretter anzulegen.

U-845 begann nun, nach oben zu schießen, wie der Zeiger des Tiefenmessers bestätigte. Strunk meldete, dass das Boot die Oberfläche durchbrach. Weber öffnete das Zentraleluk zum Turm und kletterte hinein. Danach öffnete er das Turmluk, wobei er sich an der Leiter festhalten musste, um nicht hinaus gesogen zu werden. Er befahl den Geschützbedienungen, die Waffen zu bemannen, und sie zwängten sich nach oben.

»Dann ließen wir die Diesel an, sie heulten wie geprügelte Hunde, während sie mit höchster Drehzahl liefen. Der Leitende ließ die Kompressoren anwerfen, um unseren Pressluftvorrat wieder aufzufüllen. Ich kletterte für einen Augenblick in den Turm, um das Sprachrohr zur Brücke zu öffnen, und ging dann wieder an meinen Platz im Turm zurück an das Ruder.« Als die Dieselmotoren von U-845 dröhnend Höchstfahrt liefen, bockte das Boot wie ein wildes Pferd.

»Durch das Sprachrohr konnte ich hören, dass unsere Geschütze das Feuer eröffnet hatten, ich nahm auch die Einschläge der feindlichen Geschosse wahr. Sie schlugen etwa in Höhe der Diesel und an der Backbordseite des Turms ein. In meine Station im Turm riss eine Explosion ein türgroßes Loch.

U-845 war angeschlagen, aber »der ›Alte Mann‹ kämpfte tapfer weiter.« Weber ließ die Rohre 1 und 2 feuerbereit machen. Sofort nach der Klarmeldung wurden die Mündungsklappen geöffnet. »Wenn ich den Kurs, den ich steuern musste, richtig deutete, wollte der Kommandant sich den Weg durch die uns umkreisenden feindlichen Schiffe freischießen, nur lief unser Boot geradewegs auf einen Zerstörer zu.«

»Torpedos, Feuer!«, schrie der Kommandant. Nichts geschah. Dann meldete der Torpedoraum, dass die »Aale« mit laufenden Maschinen in den Rohren feststeckten. Frubrich leitete die Meldung an die Brücke weiter und hörte Weber fluchen: »Rohrläufer, Mist!«

»Wir hielten stur unseren Kurs«, sagte Hermann, »und ich verspürte das komische Gefühl, dass der Kommandant den Zerstörer rammen wollte. Wenn er das wirklich täte, dann würden wir alle in die Luft fliegen – der Feind genau so wie wir.« Mit den vier scharfen Torpedos im Bug hätte die Sprengkraft von U-845 ausgereicht, um mindestens drei Schiffe vernichten zu können. »Die Geschütze auf der Brücke schossen endlose Feuerstöße, und Kugeln hämmerten wie prasselnde Erbsen über unser Boot. Das von uns beschossene Schiff muss unglaubliche Ausweichmanöver gefahren haben, denn wir rauschten mit dreiundzwanzig Knoten knapp daran vorbei.«

Plötzlich hörte ich von der Brücke keine Befehle mehr. »Durch das Sprachrohr brüllte ich: ›Brücke, Brücke, bitte melden!‹ Ich erhielt keine Antwort mehr.« Der Leitende Ingenieur schickte einen Mann nach oben, der sich auf der Brücke umsehen sollte. Er kam schnell zurück und meldete: »Dort ist alles kurz und klein geschossen. Der Erste Wachoffizier und der Kommandant sind tot – sie hängen über dem Schanzkleid. Da oben gibt es keinerlei Lebenszeichen mehr.«

Als dienstgradhöchster Offizier an Bord übernahm nun Strunk das Kommando über U-845. »Beide Maschinen halbe Fahrt. Klarmachen zum Aussteigen«, befahl er. Nach wenigen Minuten kam dann die Durchsage: »Alle Mann von Bord. Nehmen Sie das Kombüsenluk zum Ausbooten.«

Während die Männer einer nach dem anderen aus dem Boot kletterten, wurde der Maschinentelegraf auf »Halbe Fahrt voraus« gelegt, um zu verhindern, dass einer der Überlebenden in die Schrauben gezogen wurde. »Ich steuerte U-845 auf geradem Kurs, bis der Leitende mir befahl: ›Laufen Sie in den Bug und schauen Sie nach, ob da vorne noch jemand steckt, ich werde indessen achtern nachsehen.‹«

Als Frubrich und Strunk wieder in der Zentrale zusammentrafen, befahl ihm der Leitende: »Verlassen Sie sofort das Boot. Ich werde jetzt die Seeventile öffnen.« Frubrich wünschte ihm viel Glück, zwängte sich in die winzige Kombüse, kletterte die Leiter hinauf, schaute nach rechts und links und sprang in die See. »Sofort ging ich unter. Ich hatte mit einer Klemme meine Nase verschlossen und atmete durch das Mundstück meines Tauchretters. Als ich ausreichend Luft bekam, schloss ich das Druckventil und schwebte zwei oder drei Meter unter der Oberfläche, um dem Kugelhagel entgehen zu können.« Wenige Augenblicke später tauchte Hermann auf, drehte sich um und sah sich das nächtliche Spektakel an. »Orangefarbene Leuchtraketen standen am Himmel, während U-845 immer noch geringe Fahrt voraus machte. Dann begann plötzlich das Heck wegzusacken und sank dann immer schneller. Zuletzt stellte sich der Bug in die Höhe, bis auch er in der See verschwand.« Als das Boot in diesem letzten dramatischen Augenblick versank, drangen von den feindlichen Schiffen die Hurras zu ihm herüber.

»So trieb ich nun im kalten Atlantik«, erinnerte sich Hermann. »Ich drehte und wendete mich und hoffte, wenigstens einige meiner Kameraden entdecken zu können. Aber die See warf mich in ein Wellental, sodass ich überhaupt nichts erkennen konnte. Dann trieb ich wieder obenauf und erblickte ein Kriegsschiff, das wie ein Schatten durch das Mondlicht glitt.« Hermann versuchte, dorthin zu schwimmen, aber die Entfernung war doch größer als er zunächst geschätzt hatte. »Ich trieb viel weiter davon entfernt als ich dachte. Deshalb gab ich auf und ließ mich von der See forttragen.«

Aus Furcht, seine nasse Kleidung könnte ihn in die Tiefe ziehen, zog Hermann seinen rechten Stiefel aus. »Mein Gott«, erzählte er, »da spürte ich erst, wie kalt es war, und behielt den linken Stiefel an.« Er entschied, dass es besser sei, warm zu bleiben und zu ertrinken als zu erfrieren. »In unserer

Ausbildung hatten wir gelernt, uns vorsichtig zu bewegen, tief durchzuatmen und den ganzen Körper anzuspannen. Dann hätten wir möglicherweise eine Chance, so lange zu überleben, bis sie uns auffischten, wenn sie das überhaupt beabsichtigten.«

»Ich musste pinkeln. Lauwarmer Urin lief mir das Bein herab. Oh, das war ein wunderbares Gefühl, ich wünschte mir, die ganze Nacht pinkeln zu können.« Hermann erinnerte sich nicht mehr, wie lange er in dem eisigen Wasser trieb. Er verlor jegliches Zeitgefühl und dachte nur noch an das, was sie im Tauchtopf in Neustadt gelernt hatten. Dabei fiel ihm die Warnung wieder ein, dass er nach Abschalten der Sauerstoffzufuhr seines Tauchretters langsam aber sicher in die Ewigkeit hinüberdämmern würde.

Derart in Gedanken versunken, bemerkte Frubrich nicht einmal, dass ihn jemand am Kragen seiner Schwimmweste packte und ihm zurief: »Nun komm' schon, Junge.« Dann spürte er, wie er aus dem Wasser heraus in einen Kutter gezogen wurde. »Ein britischer Seemann schob mich auf den Platz neben sich, drückte meine steifen Finger auseinander und legte sie um einen Riemen. Dann folgte ich seinen Bewegungen und pullte mit der Bootsbesatzung zu einem der Kriegsschiffe zurück. Gerade als wir dort anlegten, hob uns eine große Welle hinauf. Ein Riesenkerl packte mich am Kragen und stellte mich an Deck. Da stand ich nun, während das Wasser aus meinen Sachen heraustriefte.«

Als er einen Seemann mit einem Messer auf sich zulaufen sah, fragte er sich: »Warum sollten sie mich erst aus dem Wasser fischen und dann erstechen?« Für einen Augenblick dachte er sogar daran, wieder über Bord zu springen, um nicht »wie ein Schwein abgestochen zu werden«. Aber der Matrose schob Hermann lediglich eine Zigarette in den Mund, schnitt den Gurt seiner Schwimmweste durch, zog ihm seine nassen Sachen aus und schob ihn durch ein Schott. Drinnen zog ihm ein anderer Seemann die Unterwäsche aus und stellte ihn unter eine Dusche. »Das war angenehm und warm und weckte ganz langsam meine Lebensgeister. Dann erkannte ich auch meine Kameraden von U-845, die neben mir unter den Duschen standen.«

Die Überlebenden empfingen Seesäcke, die alles enthielten, was sie benötigten, um sich wieder »in ein menschliches Wesen zu verwandeln«. Während Hermann sich seinen buschigen Bart abrasierte, stand ein britischer Seemann neben ihm, um zu verhindern, dass er Selbstmord beginge. »Anschließend trank ich ein halbes Glas mit heißem Rum, worauf sie mich in die Unterkunft begleiteten, in der ich einige meiner Freunde von U-845 wieder traf.« Sie blieben zwei Tage auf dem Schiff und genossen die gute Verpflegung und die ausgezeichnete Behandlung.

»Zwei- oder dreimal erlebten wir einen U-Bootalarm. Sie händigten uns Schwimmwesten aus, die ganz anders aussahen als unsere deutschen. Ihre waren schwarz mit einer Kapuze, auf der eine kleine Lampe befestigt war, die zu blinken anfing, sobald sie mit Seewasser in Berührung kam. Diese Westen waren mit Kork, unsere hingegen mit Luft gefüllt.«

Einige Tage später lief die SWANSEA in Londonderry in Nordirland ein, wo die Besatzungsangehörigen von U-845 von Bord geführt wurden. Später, bei einer Vernehmung in London, fragte ein kanadischer Offizier die Männer, ob sie den Auftrag gehabt hätten, das Kraftwerk von St. John in die Luft zu jagen, denn sie hatten ja die Abwasserleitung torpediert. »Wenn sie herausfänden, dass dem so wäre, erzählten sie uns, würden sie uns nach Kanada bringen und die Anlage wieder aufbauen lassen.« (Hermann konnte sich niemals Gewissheit über den Ausgang der Untersuchung verschaffen.) Von London aus wurden sie nach Schottland verlegt und von dort nach New York. Durch eine besondere Fügung des Schicksals fuhr Hermann auf der QUEEN MARY über den Atlantik, dem nun als Truppentransporter eingesetzten Passagierdampfer, den sein Kommandant Weber so gerne versenkt hätte.

1993 führte Frubrichs Freund Hermann Heger einen Briefwechsel mit Norris Jones, einem kanadischen Seemann, der in einem Kutter half, die Besatzung von U-845 zu retten. »Damals verließen der britische Zerstörer HMS FORESTER und der kanadische Zerstörer HMCS ST. LAURENT den Geleitzug, um U-845 zur Strecke zu bringen. Wir stießen mit der Fregatte SWANSEA etwas später hinzu. Gerade als wir deren Position erreichten, tauchte U-845 auf. Von der Brücke aus konnte ich das Boot durch mein Nachtglas genau erkennen … Die ST. LAURENT griff das U-Boot sofort an, und es entbrannte ein heftiger Kampf. U-845 leistete hartnäckig Widerstand, auch wenn es kaum noch Hoffnung gab.«

Jones berichtete, wie U-845 versuchte, den Zerstörer zu rammen, nachdem dieser das Boot mit einem wahren Geschosshagel eingedeckt hatte. Er konnte erkennen, dass deutsche Seeleute leblos über dem Windabweiser hingen und sah andere über Bord springen. So rasch wie möglich ließ die SWANSEA einen Kutter mit sechs bewaffneten Männern zu Wasser. Darunter befanden sich ein Offizier und Norris Jones. In seinem Brief an Heger berichtet er: »Wir sollten U-845 entern und die Schlüsselunterlagen bergen. Wir kamen auf etwa drei Meter an das Boot heran, als der Bug sich senkrecht aufrichtete und es versank. Der Turm war von Einschlägen zersiebt, ich schätzte, ich sah mehr als eintausend Löcher.«

»Keiner in dem Kutter konnte je vergessen, wie der Bug nahezu drei Stockwerke hoch über unsere Köpfe ragte und langsam in die See hinab glitt. Wir lagen nur fünf Meter entfernt und fragten uns, ob er auf uns kippt. Das Boot explodierte unter uns mit einem dumpfen Grollen.« Nachdem U-845 versunken war, begannen Jones und die Kutterbesatzung unverzüglich, die deutschen Seeleute aus dem eisigen Wasser zu ziehen, die sie mit einer Laterne aufspürten. In kurzer Zeit konnten sie dreiundzwanzig Überlebende bergen, bis keiner mehr in das Boot hineinpasste, während mehrere andere sich an der Bordwand festklammerten. Vor Erschöpfung ließen zwei der U-Bootfahrer los und trieben ab, zwei andere wurden in die Schrauben der SWANSEA gesaugt. Die übrigen Besatzungsangehörigen von U-845 waren durch Geschützfeuer gefallen.

Nach dem Festmachen in Londonderry »sahen wir beschämt«, schrieb Jones, »wie ihr mit verbundenen Augen auf die Pier geführt wurdet.« Als die Kanadier beobachteten, dass die irischen Wachen recht ruppig mit den U-Bootfahrern umgingen, schrien sie jene an: »Lasst das. Diese deutschen Seeleute sind echte Kämpfer!«[4]

Zuletzt wurde Hermann mit weiteren U-Bootfahrern in das Kriegsgefangenenlager McCain im Staate Mississippi verlegt, wo er Baumwolle pflückte und als Dolmetscher eingesetzt wurde. 1948 kehrte Frubrich in seine Heimatstadt Hamm zurück. Dort übernahm er die Aufgaben des Hafenmeisters der Stadt und gründete und unterstützte Gruppen von U-Bootveteranen. Nach seiner Pensionierung baute sich Hermann ein kleines Reisebüro auf und bot mit seinem Ausflugsdampfer DORIS Fahrten auf der Weser an. Dies empfindet er als seinen »Traumberuf«.

Im Rückblick auf seine Kämpfe auf See erklärt Hermann: »Wann auch immer ich im Kriege auf einen sogenannten Feind traf, empfand ich keinen Hass, denn jeder Seemann trug die blaue Uniform mit den drei weißen Streifen am Kragen – ein Symbol, das uns verband.«[5]

8 Hermann Wien, U-180

Hermann wurde 1916 in München geboren und trat als Achtzehnjähriger in die damalige Reichsmarine ein. Dort gehörte er auf zwei Torpedobooten der Schiffstechnischen Division an. Nachdem der Bau von Unterseebooten Deutschland 1937 wieder gestattet worden war, begann Wien die Ausbildung zum U-Bootfahrer auf U-2 und U-7, die beide 1935 gebaut und in Dienst gestellt worden waren. Die alten Boote, auf denen man die Geschütze entfernt hatte, waren mit drei Torpedorohren im Bug ausgerüstet und liefen aufgetaucht knapp dreizehn Knoten.

Anfang 1943 wurde Wien auf einen »völlig neuen Bootstyp mit neuntausend Pferdestärken« versetzt. U-180, ein neunzig Meter langes Boot, galt mit seinen einundzwanzigeinhalb Knoten als eines der beiden schnellsten U-Boote der Kriegsmarine. »Diese hohe Geschwindigkeit verlieh uns einerseits einen großen Vorteil, wenn es galt, den Flugzeugen mit ihren neuartigen Radargeräten zu entkommen. Andererseits aber stießen die Dieselmotoren dicke schwarze Qualmwolken aus, wenn wir auf Höchstfahrt gingen. Das war gefährlich – man könnte auch sagen, beinahe nicht mehr akzeptabel.« (Der Feind konnte die Abgasfahne bereits aus weiter Entfernung erkennen.)

Einsatzbereit für eine geplante Feindfahrt im Januar, war U-180 für einen Geheimauftrag in einem weit entfernten Seegebiet ausgewählt worden. Als das Auslaufdatum bekannt gegeben wurde, begann die Besatzung zu spekulieren, wohin die Reise wohl gehen werde. Dann aber wurde der Auslauftermin wieder verschoben. »Endlich teilte der Stab uns mit: ›Morgen laufen Sie endgültig aus‹, aber auch dieser Termin wurde abgesagt. Wir ahnten schon, dass sie etwas ganz Besonderes vorbereiteten.« Die Besatzung vermutete, ihr Auftrag würde sie irgendwohin in den Fernen Osten, wahrscheinlich nach Japan oder Singapur, führen.

Als endgültiger Auslauftermin wurde der 9. Februar festgesetzt, wobei der Bestimmungsort Korvettenkapitän Werner Musenberg erst zur Kenntnis gelangte, wenn er in See den versiegelten Umschlag öffnete.

»Als Obermaschinist unterstand mir der Dieselabschnitt. Die Nacht vor dem Auslaufen verbrachte ich auf Wache an Bord.« [Der Rest der Besatzung war von Bord gegangen, denn es handelte sich um einen Geheimauftrag. Aus

Hermann Wien

der Anwesenheit der gesamten Besatzung hätte der feindliche Nachrichtendienst sonst folgern können, wann genau das Boot ausliefe.]

»So gegen 21.00 Uhr meldete der Posten an Oberdeck, dass ein Privatwagen auf der Pier vorgefahren war. Ein Offizier des Flottillenstabes kam mit mehreren Koffern an Bord, wies sich aus und befahl uns, sein Gepäck ohne großes Aufsehen in dem Boot zu verstauen.«

Als die Besatzung früh am nächsten Morgen an Bord kam, machte Wien im Maschinenraum die Dieselmotoren seeklar, warf sie an und ließ sie warmlaufen. Der Flottillenchef hielt vor den Familienangehörigen und Freunden auf der Pier eine kurze Abschiedsrede, alle winkten sie und brachten Hurras aus, während U-180 ablegte. »Dabei ereignete sich nichts Besonderes – es handelte sich um ein ganz normales Auslaufen«, erinnerte sich Hermann. »Als wir die Innenförde verließen, konnten wir an unserer Steuerbordseite Laboe erkennen. Dort stoppten wir mitten im Fahrwasser die Maschinen, und ein Motorboot kam längsseits. Daraus kletterten zwei Männer zu uns an Bord.«

Wenige Minuten später nahm U-180 wieder Fahrt auf und ließ die Förde hinter sich. »Wir alle fragten uns: ›Was hat das zu bedeuten? Wer sind diese beiden Männer?‹« Hermann und seine Freunde hatten den Eindruck, dass es sich um Ausländer handeln müsse. Das waren keine Deutschen, denn ihr Teint hatte eine leicht gelblich-braune Färbung. Sie trugen dunkle Kleidung und Hüte. »Außerdem trugen sie dunkle Hornbrillen und kamen uns recht geheimnisvoll vor.«

Als Wien um 12.30 Uhr von Wache abgelöst wurde, hatte sich im Boot schon das Gerücht verbreitet, dass diese beiden Männer U-Boot-Fachleute seien. Beide trugen jetzt die »gleiche Kleidung wie wir auch«: grau-grüne Lederhosen und -jacken sowie Offiziersmützen. Einer der beiden war etwa ein Meter siebzig groß, kräftig und stämmig, der andere klein und feingliedrig.

Während U-180 auf Nordkurs ging, trafen deutsche Geleitfahrzeuge ein und eskortierten das Boot durch die dänischen Inseln bis nach Christiansand an der Südspitze Norwegens. Nach dem Anlegen teilte der Kommandant der Besatzung mit, dass keiner von ihnen an Land gehen dürfe. »Daraufhin brachten wir die wildesten Gerüchte in Umlauf. Einer meiner Freunde verriet mir: ›Ich bin mir ganz sicher, einen dieser Männer vor kurzem auf einem Foto in einer Illustrierten gesehen zu haben, er besuchte damals Hitler. Er ist der Adolf von Indien.‹ Der Kommandant setzte uns in Kenntnis, dass beide speziell ausgebildete Ingenieure seien, die mit uns fahren und in Norwegen ausgeschifft werden, um U-Bootbunker zu bauen.«

Am nächsten Tag verlegten sie nach Bergen, und wieder durfte niemand das Boot verlassen. »Auch die Gäste machten keinerlei Anstalten, wieder von Bord zu gehen. Am nächsten Morgen setzten wir unsere Fahrt zum ersten Mal seit langer Zeit ohne Geleitschutz fort. Als wir Norwegen hinter uns gelassen hatten, nannte Musenberg uns die wahre Identität unserer beiden Gäste und den Zweck unserer so geheimnisumwitterten Reise.«

Der Kommandant gab bekannt, dass es sich bei den geheimnisvollen Männern um den indischen Freiheitskämpfer Subhas Chandra Bose und seinen Adjutanten Abid Hassan, einen Führer arabischer Nationalisten, handle. »Wir haben den Auftrag, die beiden unversehrt in das Seegebiet von Madagaskar zu bringen. Da sollen wir uns mit dem japanischen U-Boot I-29 treffen und die beiden dort an Bord geben. Damit sollen die beiden dann weiter nach Indien oder an die Front in Burma gebracht werden.«

1941 war Subhas Bose, der Führer der Forward Bloc Party und Verfechter eines gewaltsamen Sturzes der britischen Regierung, aus seinem Hausarrest entkommen und getarnt über Afghanistan nach Moskau geflüchtet. Von dort floh er nach Berlin, wo Hitler ihn willkommen hieß und ihm half, Radiosendungen nach Indien auszustrahlen, in denen er zur Gewalt aufrief. Sein Hilfeersuchen in Europa ließ ihn die Sympathien zahlreicher in Deutschland und anderen Ländern lebender Inder gewinnen. »Er erhielt auch die Unterstützung zahlreicher in den britischen Streitkräften dienender indischer Soldaten, die in Nordafrika von Rommels Streitkräften gefangen genommen und nach Deutschland gebracht worden waren. Gleichzeitig schuf er mit Unterstützung der Wehrmacht eine von den Deutschen ausgebildete Elitetruppe.« Diese bezeichnete Bose als »The Legion of Free India«, mit der er eines

Subhas Chandra Bose, der Führer einer Rebellengruppe in Indien, fährt heimlich auf U-180 in den Indischen Ozean.

Tages nach Indien zurückzukehren und gegen die britische Kolonialregierung zu Felde zu ziehen hoffte.[1]

Hitler begrüßte Boses Verschwörungstheorien. Er hoffte, dass England im Falle eines Aufstands in Indien gezwungen wäre, größere europäische Truppenkontingente zur Unterstützung der Briten dorthin zu entsenden.

Bose hatte vor, sich nach Burma durchzuschlagen, um dort mit Hilfe der südostasiatischen Bevölkerung Streitkräfte aufzustellen. Das sicherste Transportmittel, um unerkannt dorthin zu kommen, war nun einmal das U-Boot. Die Besatzung von U-180 erfüllte ihren Auftrag, Bose und Hassan an das Ziel zu bringen, auch wenn die Überfahrt für ihre Passagiere eine Vielzahl von Problemen bereithielt.

Nach Verlassen der norwegischen Küstengewässer steuerte das Boot zunächst einen nördlichen Kurs und trat ohne Geleitschutz seine lange Feindfahrt an. Der Seegang nahm immer mehr zu und die Regenschauer häuften sich, während das U-Boot parallel zur Küste lief. »Das war genau das Wetter, das wir uns wünschten, weil die Briten uns kaum ausmachen konnten. Wir aber konnten unerkannt die Positionen ihrer Aufklärungsfahrzeuge passieren, die melden sollten, welche Schiffe aus Deutschland ausliefen. Täglich übten wir Alarmtauchen, sodass uns dieser Vorgang allmählich in Fleisch und Blut überging.«

Im Verlauf der Reise wurden die indischen Gäste immer schweigsamer und verschlossener. »Sie konnten sich gar nicht vorstellen, dass diese Lebensbedingungen an Bord von uns U-Bootfahrern als völlig normal empfunden wurden. Die beiden hingegen litten darunter.« Das Boot war bis zum Rand mit Torpedos und Verpflegung voll gestopft und durch zusätzliche Kisten mit Nachschubgütern für die Japaner belastet. Dadurch wurde der Lebensraum der Besatzung bis zum äußersten eingeschränkt, zumal sie auch die meiste Zeit getaucht fahren mussten. »Wir sahen lange Zeit kein Tageslicht mehr, denn uns war bewusst, dass wir in einem Ernstfall nicht schnell genug tauchen konnten.« Die Belastungen der Tauchfahrt – muffige Luft einatmen und auf engstem Raum leben zu müssen sowie ständig den ohrenbetäubenden Lärm der Maschinen zu ertragen, bereiteten den Ausländern Unbehagen und machte sie depressiv. Die »edlen« Anarchisten hatte der Mut verlassen.

»Das alles sollte noch schlimmer kommen, als wir die Nordspitze Englands erreichten. Dort gingen wir auf einen westlichen Kurs.« Die einzig mögliche Route in den Atlantik führte sie durch die gefährliche Passage zwischen England und den Färöer. Diese wurde aber durch alliierte Schiffe und Flugzeuge schärfstens überwacht, »denn der Feind wusste genau, dass alle Unterseeboote dieses Seegebiet passieren mussten«.

Die immer heftigeren Wetterbedingungen und geringe Sicht brachten U-180 Glück, denn »die feindlichen Wachhunde konnten auch kaum etwas erkennen«. Während die Wogen genau auf das Boot zurollten, steigerte sich der Sturm stetig und erreichte Windstärke Zwölf. In ihrem Ölzeug und mit dem Südwester auf dem Kopf, hatte sich die vierköpfige Brückenwache mit ihren Haltegurten sicher auf der Brücke eingehakt, um nicht von den gewaltigen Brechern, die über dem Boot zusammenschlugen, über Bord gespült zu werden.

»Der Kommandant hatte entschieden, nur nachts aufgetaucht zu fahren, während wir tagsüber bei langsamer Fahrt unter Wasser bleiben sollten. Anhand der Umdrehungen glaubten wir, bereits zweihundertvierzig Seemeilen zurückgelegt zu haben. Tatsächlich waren es aber bei dem Wind und den Wellen nur zweihundert Seemeilen. Das zeigt, wie stark der Seegang uns versetzte.«

Der Erste Wachoffizier, ein schon älterer Mann, der bei der Handelsmarine gefahren war, konnte sich nicht erinnern, in all seinen Jahren auf See jemals schlechteres Wetter erlebt zu haben. Zu ihrem Glück tauchte U-180 irgendwann auf sechzig Meter, wo das Boot ruhig lag und die Fahrt weitaus erträglicher wurde.

»Nach zehn Tagen erreichten wir den offenen Atlantik, und das gefährlichste Seegebiet lag hinter uns. Ganz allmählich besserte sich das Wetter, während wir nun einen südlichen Kurs steuerten.« Ihre beiden Gäste, welche die ganze Zeit in ihren Kojen gelegen hatten und bis jetzt kaum etwas gegessen hatten, wurden nun wieder lebendig. »Sie wirkten sehr glücklich, aßen mit herzhaftem Appetit und mischten sich sogar unter die Besatzung. Sie entwickelten sich während der Fahrt zu guten Kameraden.«

Die Seeleute stellten schnell fest, dass Subhas Bose nur sehr gebrochen Deutsch sprach, und versuchten, sich ihm verständlich zu machen, indem sie langsam sprachen. Aber die Unterhaltung war frustrierend. Bose verbrachte einen Großteil der Zeit mit Schreibarbeiten, und Abid Hassan erzählte Hermann, dass Bose an einem Buch mit dem Titel »Mein Kampf für Indiens Freiheit« schrieb.

Hassan sprach etwas besser Deutsch, er hatte einen Berliner Dialekt. Nach einem Studium in Oxford hatte der Achtundzwanzigjährige in Deutschland Straßenbau studiert. »Ich sprach häufig mit ihm, denn er schlief in der Koje über mir. Man könnte ihn auch ein Witz-Erzähler nennen, und er kannte eine Menge über das Dritte Reich. Davon konnte er viele erzählen und hielt sich damit auch nicht zurück.« Abid berichtete Hermann, dass die britische Regierung auf ihn und Bose eine Belohnung von jeweils eintausend Pfund ausgesetzt habe. Er erklärte auch, dass Bose in Indien größeres Ansehen besitze als Mohandas Ghandi, aber sie vertraten unterschiedliche Vorstellungen. Ghandi glaubte daran, die Briten mit friedlichen Mitteln zum Abzug bewegen zu können, wohingegen Bose sich für militärische Gewalt stark machte.

Auf seinem südlichen Kurs geriet U-180 erneut in ein Schlechtwettergebiet, wodurch das Boot mehr Kraftstoff als berechnet verbrauchte. Der Kommandant sah sich gezwungen zu stoppen und Kraftstoff zu übernehmen. Sie trafen mit U-462 zusammen und übernahmen Dieselkraftstoff und zusätzlichen Proviant. Von nun an stieg die Temperatur mit jedem Tag. Auch innerhalb des Bootes wurde es immer wärmer, je näher sie dem Äquator kamen. »Wir im Maschinenraum spürten die Hitze am meisten, besonders dann, wenn wir häufig tauchen und wieder auftauchen mussten. Auf unserer Station erreichte das Thermometer 60° C, während es in der Zentrale nur 40° C anzeigte. Aber der gute alte Petrus, unser Wettergott, zeigte gelegentlich ein Einsehen mit uns und schickte uns einen kräftigen Schauer.«

Der Kommandant beschloss, trotz der Bedrohung durch feindliche Flugzeuge die Überquerung des Äquators traditionell zu feiern. »Wir mussten uns alle diesem Ritual unterziehen und waren anschließend von Kopf bis Fuß gesäubert.« Das Leben auf einem U-Boot sah kein Baden vor, bei diesem Anlass aber hatte sich jeder Einzelne einer gründlichen Taufe zu unterziehen, bei der sich eimerweise Wasser über ihn ergoss und er mit Bürsten gründlich geschrubbt wurde. »Selbst unsere Gäste mussten diese Tortur über sich ergehen lassen und ertrugen sie mannhaft.«

Da Musenberg Anweisung hatte, die beiden außergewöhnlichen Passagiere sicher an ihr Ziel zu bringen, durfte er weder Einzelfahrer noch Geleitzüge angreifen. Sobald das Boot sich den Inseln Ascension und St. Helena näherte, wo sich feindliche Stützpunkte und Flugplätze befanden, mussten sie »aufpassen wie Schießhunde«.

Dann allerdings hatten sie Pech. Der Frischwassererzeuger fiel aus, und sie führten keine Ersatzteile mit. Aber zu aller Erleichterung gelang es einem der Schiffstechniker, ein kleines Stück anzuschweißen und das Gerät wieder instand zu setzen. Das Boot benötigte Frischwasser zum Trinken und zum Auffüllen der Batterien.

Die Tage vergingen ohne bemerkenswerte Geschehnisse, bis einer der Besatzung einen Hai fing. »Wir befestigten den Schwanz des Hais als unseren Glücksbringer am Turm«, sagte Hermann. Das Boot umrundete das Kap der Guten Hoffnung und lief mit nordöstlichem Kurs in den Indischen Ozean hinein. Dort in der endlosen Weite des Ozeans kreuzte ein britisches Schiff ihren Kurs. »Es handelte sich um den Tanker CORBIS, der mit Heizöl beladen Kapstadt ansteuerte. Wir versenkten ihn am 18. Mai 1943 in einem nächtlichen Überwasserangriff.« Wien erzählte, dass sie nach dem zweiten Torpedotreffer erkennen konnten, wie die Flammen gen Himmel schossen und einige Besatzungsangehörige sich in die Beiboote retteten. Die Männer ruderten auf das U-Boot zu und kamen längsseits. »Wir gaben ihnen, was immer wir entbehren konnten. Auch wenn es nicht viel war, so konnten sie zumindest überleben.« U-180 konnte diesen Angriff gefahrlos wagen, denn zu diesem Zeitpunkt war der Indische Ozean nahezu frei von alliierten Flugzeugen.

»Jetzt richteten unsere Ausgucks ihre ganze Aufmerksamkeit auf das Zusammentreffen mit dem japanischen Unterseeboot. Am Abend des 20. April, an Führers Geburtstag, meldete der Funker Geräusche und klassifizierte sie als Schiffsdiesel. Wir tauchten auf und erkannten vor dem schwarzen Horizont ein Objekt, das mit der See langsam von Backbord nach Steuerbord wechselte. Ohne erkannt zu werden, liefen wir darauf zu.« Sie schauten in die Seekarte und stellten fest, dass sie auf der vorgegebenen Position östlich Madagaskars standen. Nach Größe und Form des Bootes zu urteilen, musste dies der japanische U-Kreuzer I-29 sein.

»Dessen Besatzung konnte uns weder sehen noch hören, denn der Turm ragte viel zu hoch aus dem Wasser. Was für ein Glück für die Söhne Nippons, dass wir Achsenpartner waren.«

Um ganz sicher zu gehen, tauchten sie erneut und warteten bis Tagesanbruch. Dann tauchten sie auf und entdeckten I-29 drei Seemeilen entfernt. »Mit unseren Winkerflaggen tauschten wir Erkennungszeichen aus, um festzustellen, ob es sich auch wirklich um das richtige Boot handelte. Das war aber reine Formsache, denn wir waren uns ganz sicher, I-29 vor uns zu haben.«

Beide Boote versuchten, so nahe wie möglich einen Parallelkurs zu steuern. Allerdings behinderte die kabbelige See das Manövrieren, sodass die Übergabe der Männer und der sperrigen Kisten verschoben werden musste. Zwei Tage lang folgte U-180 dem größeren Boot auf einem nördlichen Kurs, bis sich die See und der Wind hinreichend beruhigt hatten.

Endlich waren die Bedingungen günstig. »Der Wettergott stand uns bei, und alles klappte problemlos.« Zunächst begannen sie mit der Übergabe der in seltsam geformten Kisten verstauten wertvollen Fracht. Sie setzten alles mit dem Schlauchboot über, wobei einige der größeren Kisten sogar durch die Torpedorohre entladen werden mussten. »Wir übergaben völlig neue Waffen, neuartige technische Konstruktionen und technische Unterlagen.«

Einige der deutschen U-Bootfahrer fuhren hinüber und besuchten die Japaner, während gleichzeitig Japaner an Bord kamen, um sich U-180 anzusehen. »Anschließend führten wir untereinander heftige Diskussionen über die Frage, ob das japanische Boot genau so gut wie unseres sei. Auf alle Fälle aber biete es der Besatzung erheblich mehr Platz.« Als die gesamte Ausrüstung übergeben war, kam auch der Augenblick der Trennung von den geheimnisvollen Gästen. »Sie trugen bereits ihre Schwimmwesten, als sie sich von uns verabschiedeten. Beide kletterten sie in das Schlauchboot und setzten auf das japanische Boot über, wobei sie uns noch einmal zuwinkten.«

Auf der Rückfahrt brachte das Schlauchboot zwei japanische Schiffbauingenieure an Bord, die Fregattenkapitäne Emi und Tomonaga. Die beiden sollten mit nach Deutschland kommen, um dort U-Bootbau zu studieren und weitere technische Unterlagen zu beschaffen.

Nach erfolgreichem Abschluss dieser Unternehmung brachte die Besatzung von U-180 drei Hurras aus, dann trennten sich die Boote. »Wir waren bis zum Rand voll mit allem, was man sich nur vorstellen kann. Neben den riesigen Kisten und unförmigen Behältern hatten wir noch fünfzig Barren Gold übernommen. Jeder einzelne davon bestand aus reinem Gold und wog vierzig Kilogramm. Die Barren lagerten jeder für sich schimmernd und glänzend in einem versiegelten Hartholzkasten und waren in einer schweren Kiste verstaut.« Diese wog zwei Tonnen und stellte für ein Unterseeboot eine äußerst gefährliche Fracht dar, denn es würde schwierig werden, das Boot auszutrimmen. Aber nach eingehender Betrachtung fand der Leitende Ingenieur auch hierfür eine praktische Lösung. Auf seine Anweisung verteilte die Besatzung den Goldschatz überall im Boot und verstaute die Hartholzkästen einzeln im Unterkunftsbereich und in der Bilge, wodurch ihnen jetzt noch weniger Raum zur Verfügung stand.

U-180 fuhr jetzt aufgetaucht etwa in der Höhe von Durban in Südafrika, als aus der Sonne heraus plötzlich ein feindliches Flugzeug direkt auf das Boot zusteuerte. »Es war zu spät zum Tauchen. Blitzschnell besetzte einer unserer Seeleute das 20-mm-Geschütz und traf den Angreifer. Mit einer schwarzen Rauchwolke trudelte er in die See. Mit Alarmtauchen gingen wir auf Tiefe und liefen so schnell wie möglich ab.«

Die beiden japanischen Offiziere schauten sich mit offensichtlichem Interesse alles in dem Boot an, besonders aber die neuartigen Motoren und die übrige Ausstattung im Maschinenraum. »Ihr Wissensdurst konnte überhaupt nicht gestillt werden«, beobachtete Wien. In ihren Gesprächen mit der Besatzung berichteten die Japaner bescheiden über ihre Kriegserlebnisse auf Schiffen und ihre Erfahrungen bei Pearl Harbor.

Befehle aus dem Hauptquartier wiesen U-180 an, sich mit dem Versorgungsboot U-463 zu treffen, das aber nie den Treffpunkt erreichte. Mehrere Wochen später erst erfuhr die Besatzung, dass U-463 durch einen britischen Bomber versenkt worden war. Es gab keine Überlebenden. »Mein Bruder Eberhard fuhr als Obermaschinist auf diesem Boot«, sagte Wien.

Da U-180 dringend Kraftstoff benötigte, traf sich das Boot mit U-530. Dieses befand sich leicht beschädigt auf dem Rückweg nach Frankreich. »Da es nur noch mit geringer Geschwindigkeit laufen konnte, benötigte es auch weniger Kraftstoff. Dadurch konnten wir eine geringe Menge übernehmen. Wir kehrten nur mit Mühe zurück.« Aus Sicherheitsgründen fuhr U-180 nur noch unter Wasser und tauchte lediglich nachts zum Aufladen der Batterien auf. Je weiter sie nach Osten vorstießen, desto häufiger sichteten sie Flugzeuge, sie kamen bei Tag und bei Nacht. »Einige Male wurden wir fast wahnsinnig, denn es war ganz schwierig, genügend Saft in die Batterien zu laden.«

Eines Nachmittags, als sie aufgetaucht ihre Batterien aufluden, hätte es sie fast erwischt. Unerkannt griff sie aus der Sonne heraus ein zweimotoriger Bomber an. U-180 hatte keine Möglichkeit mehr zu tauchen. Die Geschütze funktionierten nach der langen Seefahrt auch nicht mehr zuverlässig. »Der Bomber flog direkt auf uns zu, und der Kommandant schrie dreimal durch den Lautsprecher: ›Höchste Maschinenleistung!‹ Ich hatte gerade Wache im Maschinenraum und brachte alle sechs Dieselmotoren auf höchste Drehzahl und schaltete auch noch die beiden Elektromotoren zu. Dadurch lief das Boot nun zwanzig Knoten. Eine derartige Geschwindigkeit hatte der Bomberpilot wohl nicht erwartet.«

Das Flugzeug raste hinter dem U-Boot vorbei und warf seine Bomben in die leere See. »Oh Gott, dachte ich, wie schön wäre es, wenn die mit ihren Bordwaffen den gleichen Ärger hätten wie wir mit unseren.« Als U-180 dann mit Hartruderlage nach Steuerbord drehte, konnte die Besatzung Maschinengewehrfeuer hören. »Die Geschosse verfehlten das Boot nur um etwa einen Meter und klatschten in die See.« Bevor aber der »große Vogel« wenden konnte, schoss das Boot in einhundert Meter Tiefe hinab, und der Leitende ließ noch tiefer gehen. Sie hörten keine Bombendetonationen mehr und waren überzeugt, dass das Flugzeug nun Schwierigkeiten hatte, sie zu orten. »Der liebe Gott hatte seinen dicken Daumen zwischen die Maschine und uns gehalten.«

Im Juli 1943 steuerte U-180 die Biskaya an und begann die letzte Etappe der Heimreise. Immer auf der Suche nach feindlichen Flugzeugen, schlich das Boot zurück, aber »Görings Luftwaffe ließ unsere U-Boote im Stich. Wir erhielten keinen Geleitschutz durch eigene Flieger, und überall lagen Minen.« Einen Tag später sichtete die Besatzung mit Erleichterung einen deutschen Zerstörer, der ihnen entgegenlief. »Wir glaubten, das galt hauptsächlich unserer wertvollen Fracht und unseren beiden japanischen Gästen, denn normalerweise war es nicht möglich, Geleitschutz zu bekommen. Wir waren alle glücklich, als wir endlich am 9. Juli 1943 die Gironde-Mündung erreichten.«

U-180 stand bei diesem Geheimauftrag fünf Monate ununterbrochen in See und legte dabei fünfzehntausend Seemeilen zurück. »Ich glaube, viele von uns waren insgeheim dankbar dafür, wieder zurück zu sein.« Während das Boot mit eigener Kraft flussaufwärts seinen Stützpunkt ansteuerte, durfte sich ein Großteil der Besatzung an Oberdeck aufhalten, um nach langer Zeit endlich wieder Land zu sehen. Der Koch bereitete aus den Resten der Verpflegung ein ausgezeichnetes Festmahl. Er servierte Schnitzel und Koteletts. Danach kehrten, wie Hermann es ausdrückte, »unsere Lebensgeister so langsam wieder zurück«.

Als sie in dem Bunker festmachten, wurden sie mit einer Musikkapelle und einer mitreißenden Rede begrüßt. Um die äußerst wichtige Fracht zu sichern, überwachte eine Kette aus Gestapoangehörigen und Feldjägern den Bereich engmaschig, während spezielle Loren bereit standen, um die Ladung zu übernehmen. »Alles rannte durcheinander. Dann aber war plötzlich der Teufel los. Ein Goldbarren fehlte. Nachdem sie alles auf den Kopf gestellt hatten, fanden sie ihn schließlich im Ölschlamm der Bilge im Maschinenraum verborgen.«

Siebenundvierzig Jahre später nahmen mehrere Besatzungsangehörige von U-180 Verbindung zueinander auf. Von den ursprünglich einundsechzig Männern lebten noch fünfzehn. »Es hat lange gedauert, bis wir herausfanden, wer noch am Leben war«, schrieb Hermann. »Jedes Jahr kommen etwa zehn, manchmal auch mehr, an ganz unterschiedlichen Plätzen zusammen – gelegentlich im Norden an der See, dann wieder im Süden in den Bergen. Die Kameradschaft und die gemeinsamen Erlebnisse im Kriege halten uns U-Bootfahrer zusammen.«[2]

9 *Otto Dietz, U-180, U-505*

An einem kühlen Nachmittag im Oktober 1990 gingen Otto und ich am Ufer eines entzückenden kleinen Sees in der Nähe von Klagenfurt in Österreich spazieren. Gefesselt von der schönen Aussicht auf die Alpen in der Ferne und den Segelbooten auf dem blauen Wasser, konnte ich kaum ertragen, was Otto mir berichtete. Seine Erlebnisse auf den U-Booten und während der Kriegsgefangenschaft klangen wie ein frei erfundener Bestseller. Aber jedes Wort war wahr. Ich habe mich mit ihm mehrmals getroffen, um möglichst viele Einzelheiten seiner Kriegserlebnisse festhalten zu können. Vier Jahre später hörte ich, dass Otto am 6. Mai 1994 verstorben war.

Im Alter von siebzehn Jahren meldete Dietz sich 1939 zur Kriegsmarine und begann seine Ausbildung an der Marinesanitätsschule Wilhelmshaven. Bei Ausbruch des Zweiten Weltkriegs trat er seinen Dienst als Apothekergast im Sanitätsbereich des Marinestützpunktes an. Dort »erlebte ich ein paar Tage später den ersten Luftangriff auf Wilhelmshaven«. Der Leichte Kreuzer EMDEN war durch Bombentreffer schwer beschädigt worden, sodass viele verwundete Seeleute in dem Sanitätsbereich behandelt wurden.

Otto war dort bis 1940 tätig und wurde anschließend auf ein Instandsetzungsschiff für Unterseeboote, das ehemalige Motorschiff KAMERUN, versetzt. Man hatte es in eine schwimmende Werft umgebaut. »Seine Besatzung bestand aus Werftarbeitern, die man einfach in eine Uniform gesteckt und denen man lediglich das Grüßen beigebracht hatte.« Als das Deutsche Reich im Frühjahr 1940 Norwegen besetzte, verlegte das Instandsetzungsschiff nach Bergen und diente dort als ein kleiner U-Bootstützpunkt. »Dort verbrachte ich bei einigen norwegischen Freunden eine glückliche Zeit. Es war wunderbar.«

Dieses Leben langweilte den jungen Matrosen allerdings rasch, und er sehnte sich nach Kampf und Abenteuer. »Daher meldete ich mich im September 1941 freiwillig zu den U-Booten.« Dietz wurde auf U-180 versetzt, sein Kommandant war Korvettenkapitän Werner Musenberg und Harald Lang der Erste Wachoffizier.

»Wir erprobten damals einen völlig neuen Hochgeschwindigkeitsmotor von Mercedes und fuhren ihn ein. Im Februar 1943 liefen wir mit streng geheimem Auftrag zu einer Feindfahrt aus.« Otto berichtete, dass zwei »sehr be-

Otto Dietz

deutende Persönlichkeiten« mit ihnen fuhren – Subhas Chandra Bose und Dr. Abid Hassan.

»Gerade als wir bei gewaltigem Seegang England umrundeten, übertrugen deutsche Rundfunksender Interviews mit Bose, Hassan und Hitler. Angeblich sollte es sich dabei um Liveübertragungen handeln. Die Gespräche aber waren vorher aufgezeichnet und später gesendet worden, um den Anschein zu erwecken, die beiden seien noch in Deutschland.« Otto unterhielt sich mit Bose und stellte dabei fest, dass dieser nach seinem Zusammentreffen mit Hitler nicht mehr glaubte, dass die Deutschen den Krieg gewinnen werden.

»Am 23. April 1943 erreichten wir den Treffpunkt mit dem japanischen U-Kreuzer I-29 unter dem Kommando von Fregattenkapitän Mokuri Yoichi. Ohne jegliche Schwierigkeiten übergaben wir das geheime Rüstungsmaterial. Dabei handelte es sich um neuartige Konstruktionen wie die V-2-Rakete und die modernste Düsenturbine. Wir nahmen drei kleine Einmann-U-Boote, sogenannte ›Kamikaze-U-Boote‹, an Bord.« Außer den Mini-Unterseebooten übergaben die Japaner U-180 eine Menge Gold für die japanische Botschaft in Deutschland.

»Anschließend steuerten wir wie befohlen unseren neuen Stützpunkt Bordeaux in Frankreich an. Unterwegs bot sich uns keine Möglichkeit, ein Schiff zu versenken, denn die neuen Diesel entwickelten eine Rauchfahne wie ein alter kohlebeheizter Dampfer und hätten dringend überholt werden müssen.«

Mit Rückkehr in den Stützpunkt nahm Ottos Laufbahn eine schlimme Wendung. »Nach der langen Unternehmung versuchten wir alle, das Leben in vollen Zügen zu genießen. Weil ich aber betrunken das tägliche Probetauchen verpasste, wurde ich sehr schwer bestraft.« Ein Kriegsgericht steckte Dietz für einige Tage in ein Militärgefängnis und schickte ihn anschließend an die Front nach Russland. Das war die übliche Bestrafung bei schweren dienstlichen Vergehen. »Dort waren wir lediglich Kanonenfutter.«

Nachdem ein Scharfschütze ihm in die Brust geschossen hatte, wurde Otto in ein Frontlazarett geflogen. Dort blieb er bis Ende 1943. Im Januar durfte er endlich wieder zu der U-Bootwaffe zurückkehren, wenn auch nur auf einen langweiligen Dienstposten. »Ich musste in dem Krankenrevier der 9. U-Flottille in Brest leichte Tätigkeiten verrichten. Was war das bloß für eine Umstellung!«

Zu dem Zeitpunkt ging U-505 unter seinem Kommandanten Harald Lange, dem ehemaligen Ersten Wachoffizier von U-180, zu Reparaturarbeiten nach Brest in die Werft. Eines Tages besuchte Lange auch den Sanitätsbereich, um »einer der Schwestern nachzustellen«, wie Otto berichtete. In Wahrheit aber hatte Langes Boot sechsunddreißig Überlebende eines deutschen Torpedoboots aus der Biskaya gerettet, von denen einige in dem Sanitätsbereich behandelt wurden. Zumindest kannte der Kommandant Dietz noch von seiner Zeit auf U-180 und fragte ihn, wo er denn jetzt stecke. Als Otto den Wunsch äußerte, wieder auf einem U-Boot zu fahren, bot Lange ihm die Stelle eines Apothekergasten auf U-505 an.

Das vom Pech verfolgte U-Boot lief im Februar 1944 zu seiner letzten Fahrt in das Einsatzgebiet vor Westafrika aus. Vier Wochen lang suchten sie das Seegebiet vor der Goldküste ab, ohne ein Schiff zu versenken. Als sie die Heimfahrt antraten, hörten sie das *Ping* des Radarwarngerätes. Das bedeutete, dass ein Flugzeug oder ein Schiff sie mit dem Radar aufgefasst hatte. Sobald sie diesen *Ping* auffassten, tauchten sie unverzüglich und blieben immer längere Abschnitte unter Wasser. Es schien, als könnten sie dieser äußerst ärgerlichen Radarortung nicht mehr entgehen. Lange schloss daraus, dass ganz in der Nähe ein Flugzeugträger mit seinen Suchflugzeugen operierte. Langsam wurde die Lage im Boot verzweifelt, denn die Batterien waren fast völlig leer, und sie verfügten nur noch über einen geringen Sauerstoffvorrat.

Eines Nachmittags hörten die Männer die Schraubengeräusche eines sich nähernden Zerstörers. Lange ließ auf Seerohrtiefe gehen und Gefechtbereitschaft herstellen. Das wurde ihnen zum Verhängnis, denn der Feind sichtete das Sehrohr und deckte das Boot mit einem Hagel von Wasserbomben ein, die es kräftig durchschüttelten. »Wir überlebten 164 Wasserbomben, aber alles war ausgefallen, alle Anzeigegeräte, auch die Beleuchtung.« U-505 sackte mit beängstigender Geschwindigkeit in die Tiefe des Ozeans. Nahezu alle Bedienungsanlagen, auch die Ruderanlage, funktionierten nicht mehr.

»Lediglich die Pressluftanlage arbeitete einwandfrei. Der Kommandant befahl, alle Tauchzellen anzublasen, worauf das Boot außer Kontrolle geriet und wie ein Korken nach oben schoss.« Als U-505 an die Oberfläche kam, griffen Flugzeuge aus allen Richtungen an und beschossen das Boot mit Maschinengewehren. Auf dem Turm fiel ein Artillerist, während Lange einen Steckschuss im Knie erhielt. Die gesamte Besatzung sprang von dem langsam weiterlaufenden Boot. Der Kommandant folgte, nachdem er die Flutventile hatte öffnen lassen. Die angreifenden amerikanischen Zerstörer CHATELAIN und JENKS ließen ein Beiboot für einundzwanzig Personen zu Wasser, in das Otto und die anderen Lange hinein hoben. Mit Ausnahme des Artilleristen retteten die Zerstörer am 4. Juni 1944 die gesamte Besatzung von U-505.

Ein neunköpfiges Enterkommando des amerikanischen Geleitzerstörers PILLSBURY ging an Bord von U-505, stoppte die Maschinen, drehte die Flutventile dicht und konnte unter gewaltigen Anstrengungen ein Sinken des Bootes verhindern. Anschließend nahm der Geleitträger GUADALCANAL, das Führungsschiff der U-Jagdeinsatzgruppe, das deutsche Unterseeboot, auf dessen Turm nun eine große amerikanische Flagge wehte, in Schlepp und brachte es zu den Bermudas. Die amerikanische Marine hatte eine ihrer wertvollsten Prisen aufgebracht.

An Bord der GUADALCANAL half Otto dem Schiffsarzt bei der Pflege der Verwundeten. »Der jüdische Arzt dachte gar nicht daran, Langes Knie zu behandeln. Die Kugel steckte immer noch darin. Dadurch entzündete sich während der zweiwöchigen Überfahrt auf die Bermudas das Gelenk so stark, dass das Bein amputiert werden musste.« Otto erinnerte sich, dass der Doktor die U-Bootoffiziere zutiefst hasste, während er sich ihm gegenüber sehr freundlich verhielt, sodass sie schließlich Freunde wurden.

Auf den Bermudas wurde die deutsche Besatzung in großen Zelten untergebracht. Ihre salzarme Verpflegung verursachte bei vielen schmerzhafte Magenprobleme. Nach vier oder fünf Wochen nahm ein Zerstörer die Überlebenden von U-505 nach Norfolk, Virginia, mit. Von dort aus fuhren sie mit der Bahn weiter nach Ruston, Louisiana, einer kleinen Stadt in der Nähe von Monroe. »Die Zugfahrt dauerte zwei Tage. Obwohl es sehr heiß war, hatten die Amerikaner aus Furcht, wir könnten entfliehen, die Fenster vernagelt. Auch wusste daheim niemand, dass wir noch lebten.« Die amerikanischen Streitkräfte hielten die Kaperung des U-Bootes streng geheim, weshalb die Kriegsmarine den Angehörigen der Besatzung von U-505 mitteilte, dass das Boot mit der gesamten Besatzung versenkt worden war.

Das riesige Kriegsgefangenenlager in Ruston war nach Teilstreitkräften in mehrere Abschnitte eingeteilt. Otto Dietz und seine achtundfünfzig Kameraden bewohnten ganz alleine einen für tausend Gefangene ausgelegten Ab-

Amerikanische Marineangehörige heißen die amerikanische Flagge auf U-505. Das Boot wurde am 4. Juni 1944 gekapert und später im »Museum of Science and Industrie« in Chicago ausgestellt. (Bundesarchiv, Koblenz)

schnitt. Nach seinem viermonatigen Krankenhausaufenthalt stieß auch Lange wieder zu ihnen, wodurch die Besatzung vollzählig war. »Wir durften keinerlei Verbindung zu den anderen Kriegsgefangenen aufnehmen und auch unseren Eltern nicht schreiben. Für uns gab es keine Arbeit. Allerdings schmeckte das Essen ausgezeichnet. Die Kantine zahlte uns täglich achtzig Cent aus, das reichte bequem, um eine Dose Coca-Cola für fünf Cent und ein Falstaff-Bier für fünfzehn Cent und Zigaretten für zehn Cent zu kaufen.«

Mehrfach bereiste eine Kommission des Roten Kreuzes in Genf die Vereinigten Staaten, um die Gefangenenlager zu inspizieren. Sobald eine dieser Kommissionen in Ruston erwartet wurde, verlegte der Lagerkommandant Otto und seine Kameraden in das benachbarte Lager Livingston. Drei oder vier Tage später wurden sie dann nach Abschluss der Inspektion wieder zurücktransportiert. »Wir wussten genau, warum sie das taten«, meinte Otto.

Nach Kriegsende 1945 musste die Besatzung von U-505 Baumwolle pflücken – neunzig Pfund täglich. Regnete es während der Woche, wurde die Arbeit am Sonntag nachgeholt. »Die französischen Farmer in Louisiana hassten uns Deutsche. Es war schrecklich. Um die Baumwollfelder herum hatten sie Wachposten aufgestellt, obgleich der Krieg doch längst beendet war.«

Schließlich trennte man die Besatzung. Otto wurde mit der Eisenbahn in das Lager Mexia in der Nähe von Dallas in Texas verlegt, wieder in ein »Baumwoll-Lager«. Dort waren die Bedingungen viel schlimmer, denn sie erhielten so gut wie keine Verpflegung. »Sie nahmen uns sogar den Mais ab, den wir in unseren Taschen versteckten. Deshalb waren wir gezwungen,

Spatzen zu fangen und zu essen. Das ist die Wahrheit.« Otto erklärte, wie sie die kleinen Vögel fingen. Sie bauten Fallen aus Bindfäden und Ziegelsteinen, unter die sie Brotstückchen als Köder legten. »Wir kochten sie in Salzwasser und aßen sie. Sie schmeckten gut.« Sie erhielten auch keine Zigaretten. So kamen ihnen die drei oder vier Monate in Mexia wie eine Ewigkeit vor.

Täglich mussten die Gefangenen einhundertfünfunddreißig Pfund Baumwolle pflücken, ganz gleich, wie lange sie dafür brauchten. »Wir mussten auf den Feldern warten, bis auch der Letzte sein Soll erfüllt hatte, selbst wenn es zehn Stunden dauerte.«

Eines Tages heckten Otto und ein Freund einen Plan aus, wie sie dem verhassten Baumwollpflücken ein für alle Mal entkommen könnten. »Wir warteten, bis es dunkel wurde und machten uns auf den Weg, auch wenn der gesamte Bereich eingezäunt war. In der Nähe des Wachturms entdeckten wir eine mit hohem Gras bewachsene Fläche, wo wir mit Hilfe eines Bretts die Drähte des Zauns auseinanderdrückten und um unser Leben liefen.« Die beiden rechneten damit, dass man etwa zwei oder drei Tage brauchte, um sie wieder einzufangen. Anschließend kämen sie dann in ein Militärgefängnis und brauchten nie mehr auf den Baumwollfeldern zu arbeiten.

»Sie fingen uns nach drei Tagen. Nachts waren wir auf Eisenbahnschienen marschiert. Gerade als wir eine Brücke über einen Sumpf überquerten, näherte sich ein Zug, und wir mussten uns unter der Brücke festklammern.« Am nächsten Morgen teilte Otto seinem Freund mit, dass er die Nase voll habe und nur noch dem Highway folgen wolle. Genau das taten sie. Bei Tagesanbruch beobachteten sie mehrere Flugzeuge, die suchend auf und ab flogen. Schon wenig später tauchten wie erwartet die Gesetzeshüter auf: etwa fünfzig Streifenwagen der Texas Highway Patrol rasten mit heulenden Sirenen heran.

Als sie die Polizeiautos sahen, rannten die in ihre gestreifte Gefangenenkluft gekleideten Flüchtlinge in ein Feld. »Hände Hoch!«, hörten sie die Rufe der Gesetzeshüter. Bereit, sich gefangen nehmen zu lassen, hoben die beiden ermüdeten Deutschen weisungsgemäß die Arme und gingen auf die Straße zurück. Otto und sein Freund wurden auf den Vordersitz eines Polizeiautos neben den Fahrer gesetzt, sodass ein zweiter Beamter vom Rücksitz seine Waffe auf sie richten konnte. »Sie sind ein richtiger Held«, bemerkte Otto, »Sie haben zwei Nazis gefasst.«

Die fünfzig Streifenwagen fuhren mit ihren beiden Gefangenen in einer eindrucksvollen Parade nach Mexia zurück. Im Lager aßen Otto und sein Kumpel dankbar ein paar belegte Brote, ehe sie in das Militärgefängnis in das nahe gelegene Lager Hearne gesteckt wurden, in dem auch eine Anzahl internierter Japaner untergebracht waren. »Da der Krieg mit Japan immer noch andauerte, behandelten die Wachen diese wirklich übel. Uns gegenüber verhielten sie sich allerdings recht freundlich, denn der Krieg gegen Deutschland war beendet.«

Nach der zweiwöchigen Haft in dem Militärgefängnis begann der Matrose Dietz, in der Lagerbibliothek zu arbeiten. »Kein Baumwollpflücken mehr«, brüstete er sich.

Endlich wurde die Besatzung von U-505 mit der Eisenbahn nach Long Beach in Kalifornien transportiert und ging dort an Bord des Truppentransporters ERNIE PYLE. »Das war ein großes Schiff, auf dem vier- oder fünftausend Kriegsgefangene eingeschifft wurden. Man sagte uns, wir kämen nach Hause, nach Bremerhaven.« Jetzt endlich durfte der Oberleutnant zur See Lange seiner Frau schreiben und mitteilen, dass er und auch die übrige Besatzung noch am Leben seien und alle nun heimkehrten. Frau Lange schrieb Briefe an die anderen Familien und teilte ihnen diese wundervolle Botschaft mit.

Als Otto und die Besatzung den Panama-Kanal passierten, hörten sie gerüchteweise, sie sollten alle in französischen Kohlebergwerken landen. Otto, den diese Vorstellung sehr beunruhigte, äußerte einem Freund gegenüber: »Ernst, wir werden in Colón abhauen.« Der schwarze Koch aus der Kombüse sagte ihnen, er glaube, sie könnten aus dem großen Bullauge seiner Kabine kriechen, sobald das Schiff festgemacht habe. Als Otto aber beim Einlaufen die vielen Wachen auf der Pier entdeckte, gaben sie ihr Vorhaben auf.

Als die ERNIE PYLE nach dem Auslaufen aus Colón langsam dem Atlantik zusteuerte, wurde sie von einem Hurrikan heimgesucht. Die verheerende Wucht des Orkans und die schwere See rissen alle Rettungsboote von Bord, und einige der Kriegsgefangenen erlitten Knochenbrüche. Danach musste die ERNIE PYLE wieder nach Colón zurücklaufen. Das Schiff machte aber dort nicht fest, sondern ließ die Verletzten mit Motorbooten an Land bringen, was wiederum den Plan der beiden Freunde durchkreuzte.

»Während die ERNIE PYLE mit langsamer Fahrt noch in der Bucht kreuzte, ließen wir uns eines Nachts bei hellem Mondschein an einer Leine die Bordwand hinab ins Meer gleiten. Wir hatten keine Schwimmwesten angelegt und trugen nur unsere Hosen. Etwa zwei Meilen entfernt lag ein Boot vor Anker, wir brauchten nur dorthin zu schwimmen, um uns ein wenig auszuruhen. Allerdings wussten wir nicht, dass es in diesem Gewässer Haie gab.«

Als die beiden in die See sprangen, tauchten sie sogleich unter, um nicht von den Wachen an Bord entdeckt zu werden. Sie wussten nicht, dass die Ebbe eingesetzt hatte, und wunderten sich, dass sie überhaupt nicht vorankamen, so verzweifelt sie auch zu schwimmen versuchten. »Als wir nach etwa einer Stunde beobachteten, dass das Schiff wieder auf uns zusteuerte, waren unsere Lungen bereits voller Seewasser. Ich schrie ›Help!‹ Zu diesem Zeitpunkt konnte ich meinen Freund nirgends entdecken und glaubte, er sei wahrscheinlich von den Schiffsschrauben erfasst worden.«

Auf einmal hörte Otto von der ERNIE PYLE den Schrei »Mann über Bord!« und das Schrillen von Alarmklingeln. Die Besatzung setzte bei rauer See ein

Beiboot aus, in das Otto dankbar hineinkletterte. Als er wieder an Deck stand, waren alle erstaunt, einen deutschen Kriegsgefangenen vor sich zu haben. Sie hatten nämlich geglaubt, einen der amerikanischen Besatzungsangehörigen verloren zu haben. Dietz erklärte das so: »Ich hatte das englische Wort ›help‹ gebraucht. Hätte ich aber ›Hilfe‹ gerufen, hätten sie mich mit Maschinengewehren erschossen, da sie flüchtende Kriegsgefangene töten sollten. Ich dachte, es sei das Beste, auf Englisch zu rufen, und hatte Glück.«

Die nächsten zwei Wochen verbrachte Otto in der Arrestzelle im Heck des Schiffes direkt über den Schrauben. »Dieses Geratter war ein Höllenlärm. Sie gaben mir meinen Seesack, nahmen mir aber die Zigaretten ab.« Am Ende dieser zwei Wochen machte das Schiff in Liverpool fest, und »wir waren glücklich, als wir erkannten, dass wir nicht in Frankreich gelandet waren«. Schwer bewacht wurden die Kriegsgefangenen in einen Zug gesetzt und fuhren in das Lager Sheffield. Dieses riesige Lager, in dem sie sich endlich frei fühlten, konnte zehntausend Gefangene aufnehmen. Sie durften in die Stadt gehen, um Coca Cola zu kaufen und sich Filme anzuschauen. Mit großem Vergnügen arbeiteten sie in einem nahe gelegenen Frauenlager, wo sie die Aschenbecher leerten und die Böden fegten. »Wir hatten eine sehr gute Zeit«, lächelte Otto. »Weil wir arbeiteten, durften wir in der Kantine die für die Streitkräfte bestimmten gelben Kuchen und unbegrenzt Kaffee kaufen, auch so viele Zigaretten, wie wir wollten.«

Aus dem Lager Sheffield wurde Dietz in das Lager Hartford Grange verlegt. Dort wohnte er in einer Nissenhütte und arbeitete auf einem Bauernhof in der Nähe. »Die Familie mochte mich. Aber ich erinnere mich auch, wie die Bauersfrau eines Tages äußerte: ›Ich kann mir gar nicht vorstellen, wie Menschen wie ihr Coventry zerstören konnten.‹ ›Und ich verstehe nicht, dass Menschen wie ihr Dresden zerstören konnten‹«, erwiderte Otto.

Drei Jahre nach Ende des Zweiten Weltkriegs kehrte der Apothekergast Dietz im April 1948 nach Deutschland heim. Neunundzwanzig Jahre später fuhr er denselben Weg zurück nach England und versuchte, die Familie ausfindig zu machen, die sich damals seiner angenommen hatte. Nach der Fährüberfahrt von Hamburg reiste Dietz nach London und von dort mit der Bahn weiter nach Yorkshire. »Ich fand das alte Gefangenenlager wieder, allerdings waren die alten Nissenhütten zusammengebrochen. Auch den Bauernhof besuchte ich. Der alte Bauer war inzwischen gestorben, er hatte wohl zu viel geraucht. Seine Frau und sein Sohn lebten dort noch immer, sie hatten den Hof auf Rinderzucht umgestellt.« In jener Nacht feierte das ganze Dorf Ottos Besuch, man trank Bier und hatte sich viel zu erzählen. »Die Großmutter weinte vor Glück. Das kleine Mädchen war inzwischen erwachsen und hatte selber Kinder.«

Im Jahr 1984 begann Professor Matthew Schott aus Lafayette in Louisiana, für sein Buch *Bayou Stalags: German Prisoners of War in Louisiana* Nachforschungen über die Gefangenenlager des Zweiten Weltkriegs anzustellen. Auf seiner Suche nach Augenzeugen besuchte er die Standorte aller ehemaligen Lager. Anhand der Belegungslisten nahm er Verbindung zu den Gefangenen auf, die in Deutschland noch am Leben waren. Nach einer Reise durch Deutschland organisierte Professor Schott für eine Gruppe ehemaliger Gefangener einen Besuch in den Vereinigten Staaten. Zwei Wochen lang bereisten diese die Südstaaten. Otto Dietz gehörte zu den siebzehn Teilnehmern dieser Fahrt und erklärte im Anschluss, dass sie wie Staatsgäste behandelt wurden.

In zehn mit deutschen und amerikanischen Flaggen geschmückten Mietwagen fuhren Otto und die übrigen ehemaligen Kriegsgefangenen in einem Autokorso durch die Straßen von Ruston. Zum Abschluss überreichte der Bürgermeister ihnen sogar den Schlüssel der Stadt. Ein Fernsehteam war anwesend und filmte dieses Ereignis für die Nachrichten. »Bäume hatten unser altes Kriegsgefangenenlager völlig überwuchert«, erinnerte sich Dietz. »Man konnte kaum noch erkennen, wo es einmal lag. Es stand auch nur noch eine einzige Baracke.«

Von Ruston aus fuhr die Wagenkolonne langsam über den Highway und hielt in jeder Stadt. »Wo wir auch immer hinkamen, begrüßte uns der Sheriff.« Otto und seine Freunde fuhren weiter nach Memphis und besuchten anschließend die Weltausstellung in New Orleans. »Der deutsche Konsul war auch anwesend. Er und die Polizei der Stadt führten uns durch die Ausstellung. Wir fuhren sogar auf dem alten Raddampfer NATCHEZ. Unterwegs sollte ein weiterer U-Bootfahrer und ich auf die Brücke kommen und mit dem Kapitän sprechen. Er berichtete uns, dass im Golf von Mexiko ein deutsches U-Boot versenkt worden war.« (U-166 südlich von Houma.) Otto empfand das alles als »sehr angenehm, auch die Dixieland-Band, die an Bord für uns spielte«.

Ottos nächstes Reiseziel war Chicago, wo er sich sechs Wochen aufhielt und die Annehmlichkeiten Amerikas genoss. Ein Zeitungsreporter machte ihn ausfindig und schrieb eine Reportage, welche die *Chicago Tribune* mit Ottos Bild abdruckte. Sie trug die Überschrift »Otto Dietz, 59, aus Fürth in Deutschland.« Seine Erlebnisse gingen vielen Menschen so nahe, dass er nach seiner Rückkehr nach Fürth zweihundert Briefe von Amerikanern erhielt, die ihn einluden, sie zu besuchen.

»Ich wählte mehrere Leute aus und besuchte sie. Zunächst flog ich nach Buffalo und hielt mich auf Einladung einer Dame eine Woche lang auf ihrer großen Farm auf. Ein anderer hatte mich nach San Jose in Kalifornien eingeladen und zeigte mir eine Woche lang San Francisco und Umgebung.« Anschließend reiste Otto nach Slidell in Louisiana weiter und blieb dort die dritte Woche. Fast vierzig Jahre zuvor hatte Otto hier Baumwolle gepflückt und Spatzen gegessen, nun machte man ihn zu einem Helden.[1]

10 Tom Poser, U-222

»Als ich am Sonntag, dem 27. Januar 1924, zur Welt kam, schneite es in Bremen, und wir machten in Deutschland schwere Zeiten durch«, schrieb Tom. Seine Eltern Friedrich (»Fritz«) Poser und seine Frau Alice tauften ihr Baby auf den Namen Heinrich Friedrich Karl. Jedoch verkündete das Kind im Alter von vier Jahren, er wolle zukünftig »Tom« genannt werden. Von da an hieß er Tom. Der kleine Tom war immer für einen Scherz zu haben, auch wenn ihn seine Späße wie das Aussetzen von Junikäfern im Klassenzimmer häufig in Schwierigkeiten brachten. »Als wir aber unter dem Sitz unseres Lehrers einen nassen Schwamm versteckten, schickten mich meine Eltern im Alter von zwölf Jahren auf die Kadettenschule in Potsdam.« 1936 besuchte Hitler eines Tages die Jungen. Poser hat den Eindruck niemals vergessen, den der Diktator auf ihn machte. »Ich lehnte ihn längst ab, denn unsere Familie hatte den Kaiser unterstützt. Aber in seinen Augen lag eine gewaltige Kraft. Wenn er mir befohlen hätte, eine Waffe zu nehmen und mich zu erschießen, hätte ich es getan.«[1]

Im »reifen« Alter von sechzehn Jahren meldete sich Tom Poser freiwillig für den schiffstechnischen Dienst der Kriegsmarine. Bereits seine Vorfahren väterlicherseits, die Welfen, hatten als Offiziere in dem Heer des Königs von Hannover gedient. Nach einer kurzen Grundausbildung wurde er an die Marineschule Mürwik versetzt, um für seine Laufbahn in der U-Bootwaffe ausgebildet zu werden.

Eines Tages teilte ihm seine Mutter mit, dass sie nach Gotenhafen unterwegs sei, um sich mit seinem Vater zu treffen, der in Kürze mit dem neuen Schlachtschiff BISMARCK auslaufen sollte. Da er unschlüssig war, was er tun sollte, besprach er sich mit seinen Ausbildern und dem Schulkommandeur. Diese meinten übereinstimmend, dass die Mitteilung ihn wohl auffordern sollte, sich mit ihr in Gotenhafen zu treffen, auch wenn der Standort des Schiffes streng geheim gehalten wurde. (Die BISMARCK und ihr Schwesterschiff, die TIRPITZ, galten als die beiden kampfkräftigsten Schlachtschiffe der Welt.)

Mit einer Sondererlaubnis fuhr Tom in dem BdU-Zug nach Ostpreußen. In Gotenhafen angekommen, erkundigte er sich auf den verschiedenen Schiffen erfolglos nach seinem Vater. Anschließend suchte er das Geschäftszimmer des Stützpunktkommandeurs auf und zeigte dem wachhabenden Offizier den

Tom Poser

Brief seiner Mutter. Plötzlich betrat Herr Poser, ehemals Kapitän eines Luxusdampfers des Norddeutschen Lloyds, den Raum. Als er seinen Sohn erkannte, wies Poser ihn unverzüglich an, nach unten in die Vorhalle zu gehen, wo er sich später mit ihm treffen würde. »Während ich auf meinen Vater wartete, wurde mein Vater befragt, ob irgendjemand in seiner Familie wüsste, auf welchem Schiff er fuhr. Er verneinte das, denn noch nicht einmal sein Bruder, ein Korvettenkapitän, hatte Kenntnis davon.« Daraufhin verbrannte der wachhabende Offizier Frau Posers Brief, während Fritz Poser aus dem Zimmer stürzte. »Er machte mir die Hölle heiß«, meinte Tom, »und erst am Nachmittag begriff ich, warum er derartig aus der Fassung geriet.«

Einige Stunden später ging Tom in die Pension, in der seine Eltern untergebracht waren, und fragte die Vermieterin, wo er diese finden könnte. Sie teilte ihm mit, dass sie in einem ganz bestimmten Gang in der Nähe des Hafens auf ihn warteten. Sobald Poser seinen Sohn erblickte, gab er ihm zwei Ohrfeigen und schrie ihn an: »Du hast hier nichts zu suchen!« Tom konnte den gewaltigen Zorn seines Vaters gar nicht verstehen. Erst im Gespräch mit ihm erfuhr er dann, dass er vermutete, die Marinebehörden hätten Tom vernommen, um herauszufinden, ob Poser irgendwelche Geheimnisse verraten habe. »Ich will, dass Du mit dem ersten Zug zurück nach Flensburg fährst. Deine Fahrkarte bezahlst Du selbst«, schnauzte Poser seinen Sohn an. Nach wenigen Minuten beruhigte er sich wieder und versicherte Tom, dass er einen Tag bleiben dürfe und er ihm die Hälfte der Fahrkosten erstatten wolle.

»Tags darauf fuhr ich mit meiner Mutter nach Danzig, um meine Fahrkarte zu kaufen. Ich war erschüttert, als mein Vater uns den Rat gab: ›Schaut Euch in Danzig um, seht Euch alles gut an, denn wer weiß, ob wir die Stadt jemals wieder sehen werden. An Bord haben die Offiziere bereits heftig darüber debattiert, dass offensichtlich jedermann Kenntnis von der Anwesenheit der BISMARCK hat. Wir sind zutiefst beunruhigt.‹« Poser bat seinen Sohn, sich um seine Mutter zu kümmern, falls ihm nach dem Auslaufen etwa zustoßen sollte.

Am 19. Mai 1941 lief das gewaltige, schnittige und »unsinkbare« Kriegsschiff, Hitlers Stolz und Augenweide, aus Gotenhafen zum Handelskrieg gegen England aus. Nachdem sie den britischen Schlachtkreuzer HOOD vernichtet hatte, wurde die unbesiegbare BISMARCK entdeckt und bis zu ihrer Versenkung von britischen Kriegsschiffen und Flugzeugen gejagt. Die gesamte Besatzung von 2200 Mann (mit Ausnahme von 100 Überlebenden) ist gefallen. So bewahrheitete sich Fritz Posers Vorahnung einer nahenden Katastrophe.[2]

Tom wurde an die U-Bootschule in Pillau in Ostpreußen versetzt. Das erfüllte ihn »mit großem Stolz«, denn der Einsatz auf Unterseebooten war nur einer kleinen Elite vorbehalten. »Als sie aber feststellten, dass ich nicht voll kriegsverwendungsfähig war, versetzten sie mich erneut. Sie stellten plötzlich eine Verletzung fest, nachdem meine Mutter der Admiralität geschrieben und gebeten hatte, mich in einer anderen Laufbahn zu verwenden. Ich sei ihr einziger Sohn, und der Vater bereits gefallen.« Diese Hiobsbotschaft bedeutete eine große Enttäuschung für den jungen Poser, der sich mit Leib und Seele als U-Bootfahrer fühlte.

Wie es gelegentlich im Krieg geschieht, meinte das Schicksal es gut mit ihm. Denn Posers Leben wäre frühzeitig zu Ende gegangen, wäre er bei der U-Bootwaffe geblieben. Sein Boot, U-222, kollidierte im Februar 1942 bei einer Ausbildungsfahrt unter Wasser mit einem anderen U-Boot. Dabei kam die gesamte Besatzung von U-222 ums Leben.

Frisch auf den Frachter OST versetzt, kam Tom im Geleitzugdienst in der Ostsee zwischen Finnland, Lettland und Estland zum Einsatz. Die Marine hatte diese Gruppe ehemaliger Frachter übernommen und zu schwer bewaffneten Artillerieträgern umgebaut. Wenn im Winter große Teile der östlichen und nördlichen Ostsee zufroren, »verlegten diese Boote in den Englischen Kanal und hatten dort viel zu tun«.

»Als wir eines Abends in der Dämmerung in einen Sturm gerieten, meldeten die Ausgucks plötzlich, dass uns russische Schnellboote verfolgten. Wir gingen auf Gefechtsstation und feuerten in die angegebene Richtung. Wenig später stellten wir dann fest, dass wir einen finnischen Leuchtturm beschossen, der uns im Sturm wie Boote vorkam.«

Einige Monate später wurde der Geleitzug erneut von russischen Schnellbooten und Flugzeugen angegriffen. Dabei »wurde unser Schiff versenkt und einige Mannschaften und mehrere Offiziere fielen«. Zwei Frachter retteten Tom und die übrigen Besatzungsangehörigen und brachten alle nach Lettland in das Marinelazarett.

Nachdem seine Splitterverletzung am Kopf ausgeheilt war, stürzte Tom sich mit Begeisterung in seine neue Verwendung als Funker im Fernmeldedienst der Marine. Poser wurde umgeschult und nach Paris versetzt. Dort kam er im Admiralstab der Besatzungstruppen zum Einsatz und verschlüsselte Funksprüche an Überwassereinheiten und Unterseeboote in See oder entschlüsselte den eingehenden Fernmeldeverkehr. »Das war alles geheim [sie verwendeten die Enigma-Schlüsselmaschine]. Die Funksprüche leiteten wir nach Berlin weiter. Es gelang uns allerdings auch, einige britische Funksprüche zu entschlüsseln.«

»Bei den Feldjägern des Heeres in Paris, den ›Kettenhunden‹, waren wir wegen unseres ungezwungenen Auftretens nicht sonderlich beliebt. Uns war es zum Beispiel verboten zu marschieren, wenn wir in kleinen Gruppen in die Stadt gingen, um dort etwas zu erledigen. Aber wir ärgerten doch die Kettenhunde so gerne.« Stets marschierten Tom und seine Freunde daher durch die Straßen und »sangen schöne alte Marinelieder, was die Burschen vom Heer und von der SS überhaupt nicht mochten«.

Oft wurden sie von einer Viermannstreife angehalten, die den Namen des jeweiligen Vorgesetzten festhielt und weiterleitete. Aber Posers Kommandeur griff stets ein und verhinderte weiteren Ärger. »Mein Onkel, Hans Poser, der in der meteorologischen Abteilung des Stabes Dienst tat, fand das allerdings überhaupt nicht lustig.«

Damals hatten die deutschen Soldaten in Frankreich strikte Anweisung, sich vorbildlich zu verhalten. Als Tom mit einem Freund eines Tages durch die Straßen bummelte, ging ein Soldat vorüber und grüßte sie. »Plötzlich hörten wir ein Mädchen schreien, und schon tauchten wie aus heiterem Himmel die Feldjäger auf. Sie fragten die junge Französin, was geschehen sei. Sie mochte offensichtlich uns Deutsche nicht und sagte aus, der Soldat hätte sie in den Po gekniffen. Der arme Kerl wäre sofort verhaftet worden, weswegen wir versicherten, er habe uns gegrüßt und könne das gar nicht getan haben.«

Tom hörte eine Geschichte über zwei Matrosen eines U-Boots, die auf der Fahrt in den Heimaturlaub in Paris umsteigen mussten. Im Zug hatten sie sich bereits einige Bierchen gegönnt. Um die Wartezeit zu überbrücken, gingen sie in die Stadt und suchten ein Lokal auf, in der sie sich noch ein oder zwei weitere genehmigen wollten. »Aus Sorge, die Seeleute könnten Ärger mit den Feldjägern bekommen, sagte der Barkeeper den beiden, sie sollten nun doch besser nichts mehr trinken. Aggressiv zog einer von ihnen seine Pistole und forderte ihn auf, sich nicht querzustellen. Unterdessen rief eine Bardame die Kettenhunde herbei, die auch sofort hereinstürmten.« Als sie die Pistole des Seemanns auf dem Tresen entdeckten, zerrten die Feldjäger die beiden Seeleute vor die Tür und erschossen sie. Anschließend schrieben sie auf ein Blatt Papier den Hinweis, dass sich deutsche Soldaten im Ausland korrekt zu verhalten haben, und klebten es über die toten U-Bootfahrer in das Fenster des Lokals.

Poser und seine Freunde genossen die Amüsements der Stadt in vollen Zügen und verbrachten viele Abende in den Folies Bergères. Dort spendierten sie der Bedienung »eine Menge Zigaretten« und durften dafür in der Loge sitzen. Bei einem der Auftritte stolzierten achtundzwanzig Revuetänzerinnen eine Rampe herab und ließen Regenschirme rotieren, auf denen jeweils ein Buchstabe zu lesen war. Die Zuschauer sollten nun erraten, welchen Namen sie darstellen wollten. Der Gewinner durfte dann auf die Bühne steigen und einem Mädchen einen Kuss geben. »Ich habe es nicht erlebt, dass jemals ein deutscher Soldat nach oben kam, so sehr sie sich das auch wünschten. Immer war es ein Franzose. Wir aber haben es geschafft.« Sie hatten einen Kellner bestochen, um auf diese Weise den Namen der jungen Dame zu erfahren. Auch schickten Tom und seine Kumpel den Tänzerinnen kleine Zettel und baten sie, sich nach der Vorstellung mit ihnen an einer ganz bestimmten Stelle zu treffen. »Wir rannten wie der Teufel, um den Kettenhunden zu entkommen, und haben uns immer großartig amüsiert.«

Bei Tom im Hauptquartier arbeiteten viele attraktive deutsche Frauen für die Wehrmacht. Eine mochte er besonders gerne, denn sie leistete hervorragende Arbeit. »Eines Tages bat mich ein Freund und Offizierkamerad, vorsichtig zu sein. Es gab bereits einige im Stab, die behaupteten, ich hätte ein Verhältnis mit ihr, was strengstens verboten war«, erläuterte Tom. »Da das nicht stimmte, fragte ich ihn, was ich dagegen unternehmen sollte. Er riet mir, ich solle bei ihr ein wenig härter durchgreifen.«

Als Tom dann das nächste Mal Wache hatte, stauchte er sie wegen eines unbedeutenden Fehlers zusammen, worauf sie in Tränen ausbrach. »Da geschah etwas völlig Unerwartetes. Mein Kommandeur hielt sich im Raum nebenan auf, dessen Tür einen Spaltbreit offen stand. So erlebte er mit, was nun geschah. Als die junge Frau anfing zu schluchzen, legte ich den Arm um sie, um sie zu beruhigen.« Das genügte. Der Oberst platzte herein und Tom stand stramm. Sein Vorgesetzter erklärte ihm schroff, dass er nie ein guter Offizier werden würde und deshalb als »Frontschwein«, als gemeiner Soldat, eingesetzt werde.

»Nun war es heraus. Ich stand wie erstarrt und erwiderte, das könne er ruhig machen und mich gleich an die russische Front schicken. Zu meiner Überraschung standen mehrere meiner Männer auf und verlangten, gleich mitgeschickt zu werden. Das konnte man beinahe als Meuterei bezeichnen.« Tom berichtete, dass es ihm damit ähnlich erging wie einem U-Bootkommandanten. Dieser war degradiert und nach Russland an die Front geschickt worden, weil er sich aus Sorge um die Sicherheit seiner Besatzung geweigert hatte, zu einer undurchführbaren Feindfahrt auszulaufen. Wie in Posers Fall entschied sich die gesamte Besatzung dafür, ihrem Kommandanten zu folgen, obgleich ihnen bewusst war, dass sie in der Sowjetunion nur den Tod zu erwarten hatten.

Innerhalb kürzester Zeit wurden Tom und mehrere seiner treuen Untergebenen nach Hungerburg in Estland in Marsch gesetzt. »Wir bestiegen den Militärtransport, der uns über Reval an die russische Grenze bringen sollte. Von Paris aus fuhr der Zug zunächst nach Hannover, wo sich meine Mutter und Großmutter mit uns trafen. Ich schenkte den beiden eine ganze Menge Kaffee, was sie sehr zu schätzen wussten.«

Unterwegs zu ihrem nächsten Halt fragten einige der Männer Tom, ob sie dort aussteigen dürfen, um ihre Familien zu begrüßen, die sie so lange nicht mehr gesehen hatten. »Ich erklärte ihnen, ich würde schon einen Weg finden, das zu ermöglichen. Sie aber mussten mir ihr Ehrenwort geben, tags darauf wieder zurückzukehren, was sie auch versprachen.« Als sie nachts in Berlin eintrafen, wurde die Stadt von einem verheerenden Luftangriff heimgesucht. Tom versicherte seinen Kameraden, dass sie ihre Angehörigen besuchen durften. Allerdings sollten sie unbedingt den Feldjägern aus dem Weg gehen, denn die würden sie als Deserteure festnehmen.

»Während ihrer Abwesenheit machte ich mich auf den Weg und besuchte ein paar Freunde. Am nächsten Tag trafen wir uns wie abgesprochen alle wieder. Einigen fiel es wegen der Bombenschäden recht schwer, pünktlich zurückzukehren. Dann bestiegen wir gemeinsam den Zug nach Russland.«

Die Fahrt quer durch Polen und durch einige Gebiete Russlands bis hinauf nach Estland kam ihnen endlos vor. Schon seit eineinhalb Jahren kämpfte Hitlers Wehrmacht in Russland auf verlorenem Posten. Sie hatte in dem zurückliegenden Winter schwere Verluste hinnehmen müssen, als die Soldaten gezwungen waren, das mörderisch kalte Wetter ohne geeignete Bekleidung, Verpflegung oder Ausrüstung zu überleben. Unter dem Befehl von General Friedrich Paulus begann nun die letzte Großoffensive auf Stalingrad, in deren Verlauf die entsetzlichen Kämpfe auf beiden Seiten schwere Verluste verursachten.[3]

»Der Krieg gegen Russland dauerte noch nicht sehr lange [November 1942], und die Fahrt war sehr abwechslungsreich. Manchmal musste unser Zug anhalten, um von der Front zurückkehrende Züge passieren zu lassen. Die waren vollgestopft mit Gefangenen und vielen Zivilisten. Jedes Mal, wenn wir einen Zug mit unseren zurückkehrenden Frontsoldaten stehen sahen, gingen wir hinüber und versorgten sie mit Zigaretten und allem, was wir entbehren konnten.«

Nach ein paar Tagen kamen sie in Hungerburg an und erhielten Befehl, zu einem Stützpunkt in der Nähe von Leningrad weiterzufahren. Dort sollten sie als Marinefernmelder Morsesprüche absetzen und empfangen. »Sie wiesen uns Quartiere in der ehemaligen Sommerresidenz des Zaren zu, einem sehr schönen alten Schloss. Gerade als wir dort eingezogen waren, setzte schwerer Beschuss durch russische Schlachtschiffe und Küstenartillerie ein. Er erfolgte stets so regelmäßig, dass wir unsere Uhr danach stellen konnten.«

Poser und seine Kameraden waren für den Einsatz auf See ausgebildet worden und hatten niemals zuvor den Krieg an Land erlebt. Sobald der Beschuss einsetzte, rannten sie in einen nahe gelegenen Luftschutzbunker, wo sie in Sicherheit waren und auch über Funkgeräte verfügten. »Wir lernten schnell, zu laufen und Deckung zu suchen. Das erste Mal waren wir nur froh, auf unserem Weg in den Bunker nicht getroffen worden zu sein.«

Die Marinefernmeldegruppe schaffte es, allen Widerständen zum Trotz zwei Jahre lang am Leben zu bleiben, bis im Januar 1944 die alliierte Gegenoffensive einsetzte. Der deutsche General Ferdinand Schörner und seine Verbände, die südwestlich von Leningrad nahe der Ostseeküste kämpften, sahen sich plötzlich von sowjetischen Divisionen eingekesselt. »Der General ließ mich rufen und befahl mir, eine Signalstelle aufzubauen. Darüber wollte er Lagemeldungen empfangen, um den Angriffsschwerpunkt für den Ausbruch festlegen zu können. Ich meldete ihm, dass es wohl das Beste wäre, ein tragbares Funkgerät auf einem Lastkraftwagen beweglich zu machen. Der Betrieb einer ortsfesten Funkstation wäre tödlich, denn die Angreifer würden unsere Position rasch einpeilen.« Schörner reagierte ungehalten: »Wir sind vom Heer, Sie von der Marine, und Sie werden genau das tun, was wir befehlen. Sie beziehen eine feste Stellung.«

Poser führte die Anweisungen des Generals aus und errichtete eine ortsfeste Fernmeldestelle. Bereits dreißig Minuten nach deren Inbetriebnahme hatten die Sowjets sie eingepeilt und begannen, sie zu beschießen. »Wir erhielten mehrere Volltreffer durch Stalinorgeln. Von meinen fünfzehn Männern waren noch vier am Leben, wir Überlebenden waren alle verwundet und bewusstlos. Als ich wieder zu mir kam, lag ich in einem sowjetischen Feldhospital.«

»Sie steckten immer zwei von uns in ein Bett. Die Füße des einen lagen am Kopf des zweiten. Hatte jemand einen gebrochenen Arm, amputierten sie ihn. Sollte ein Arm tatsächlich amputiert werden, taten sie es nicht und ließen den Verwundeten sterben. Ich wurde fast hysterisch, als mein Bettnachbar starb, denn ich wusste, dass sein Leichnam meine Bauchverletzung infizieren könnte.«

Als Tom und seine drei Männer sich einigermaßen erholt hatten, überführten die Sowjets sie zur Vernehmung in ein Gefängnis in Leningrad. »Sie hatten herausgefunden, dass ich als Marinefernmelder auch nachrichtendienstlich tätig gewesen war. Nun wollten sie wissen, welche Informationen ich besaß. Wir hatten uns abgesprochen, keinerlei Aussagen zu machen. Als wir ihnen dies erklärten, meinten sie nur: ›Nun, wenn Du nicht mit uns zusammenarbeitest, werden wir Dich in diesen Raum stecken.‹«

Der Wachposten schob Tom in eine Kiste, aus der nur sein Kopf durch eine Öffnung oben herausragte und ließ jede Minute einen Wassertropfen auf seinen Kopf rinnen. »Das kannst Du ewig so machen«, sagte Poser, »ich werde doch nichts verraten.« Eine Stunde lang fielen die Tropfen auf seinen Kopf, dann »brach ich zusammen«. Poser beantwortete ihre immer wiederkehrenden Fragen: »Hattest Du hiervon Kenntnis, war Dir jenes bekannt?« Er antwortete nur noch »ja«, ganz gleich, ob es ihm bekannt war oder ob er es nicht wusste. »Es war mir gleichgültig. Ich sagte, was sie hören wollten.«

Einige Gefangene ertrugen diese chinesische Folter stundenlang, bis sie den Verstand verloren. »Mit uns verhörten sie auch einen SS-Mann und einen Luftwaffenoffizier, die beide wahnsinnig wurden, weil sie das zu lange erduldeten. Sie wurden erschossen.«

Die Russen kannten noch eine weitere Spezialbehandlung für diejenigen, die sich weigerten auszusagen. Sie führten den Gefangenen in eine winzige Zelle mit grellen Scheinwerfern. Sobald sie ihn an einem Stuhl festgebunden hatten, ließen sie aus mehreren Rohren heißes Wasser einströmen. Wenn der Wasserspiegel seinen Hals erreichte, ließen sie das Wasser ablaufen und füllten den Raum mit kaltem Wasser. So ging es dann im Wechsel weiter. »Das Wasser stieg niemals so hoch, dass man ertrinken konnte«, erzählte Tom. Sollte der Gefangene sich auch nach mehrfacher Wiederholung noch weigern zu reden, kamen die Wachen herein, legten ihm Schraubzwingen an und quetschten seine Handknöchel, bis er schließlich zusammenbrach.

Nach Abschluss der Vernehmung wurden die Deutschen in eines der vielen über die gesamte Sowjetunion verteilten Arbeitslager für Strafgefangene, in einen Gulag, abgeschoben. Es lag zwischen Leningrad und Moskau. Seit den zwanziger Jahren hatte das kommunistische System systematisch ein gewaltiges Netz von Straflagern errichtet, in denen hunderttausend russischer Regimekritiker, Dichter, Schriftsteller, Straftäter sowie andere Personengruppen und auch Kriegsgefangene Schwerstarbeit verrichten mussten. Überall in den Lagern waren die Lebensbedingungen so unmenschlich, dass die Gefangenen mit hoher Wahrscheinlichkeit starben. Auf der Fahrt in das Lager rannten viele russische Dorfbewohner unter Missachtung der Bestimmungen an den Zug, warfen den Gefangenen Lebensmittel zu und verschwanden wieder. Als sie in dem Lager ankamen, sprachen die dortigen Insassen sie an. »Noch seht Ihr wirklich gut aus. Wartet noch ein paar Monate, dann werdet Ihr genau so aussehen wie wir.« Tom ahnte nicht, was noch vor ihm lag. Er glaubte, schlauer zu sein als die anderen und es weitaus besser machen zu können als sie.[4]

Die Männer wurden in Arbeitsbrigaden zu jeweils hundert Personen eingeteilt. Da sich einige von ihnen bereits von Leningrad her kannten, kamen sie gut miteinander aus. »Nun denn, wir werden herausfinden, wie wir mit den Russen auskommen können.« Schon früh am Morgen wurde die Brigade auf einen Acker geführt, wo ein Teil der Männer Lehm aushob, den die übrigen dann zu Ziegeln formten. Danach wurden die Ziegel auf kleine Züge verladen, die auch in Kohlebergwerken genutzt wurden. »Anschließend mussten wir die Ziegel wieder abladen und in großen Stapeln so aufschichten, dass der Wind sie trocknen konnte. Wir hatten täglich eine bestimmte Norm zu erfüllen, um überhaupt etwas zu essen zu bekommen. Schafften wir etwas mehr, gab es auch mehr Verpflegung.«

»Es dauerte gar nicht lange, bis wir einen guten Plan ausheckten. Einige von uns begannen sich mit dem Posten zu unterhalten und ihn mit ihren Witzen fröhlich gelaunt zu stimmen. Wir konnten uns ja in gebrochenem Russisch und mit vielen Handzeichen einigermaßen verständlich machen.« Unterdessen legten Tom und seine Freunde rasch einige Bretter auf den Boden der Loren und luden die Ziegel darauf. »Das klappte ganz gut, denn der Posten registrierte unser höheres Arbeitspensum, sodass wir von nun an auch mehr zu essen bekamen. Dann aber übertrieben wir es.«

In der Zwischenzeit hatte der Lagerkommandant die Berichte sorgfältig studiert und war hoch erfreut, dass hier so viele Ziegel hergestellt wurden. Er sah sich bereits auf dem besten Wege zu einem deutlich höheren Dienstposten. Eines Tages beschloss der Kommandant, sich mit einigen seiner Kommissare die Ziegelproduktion anzuschauen. Als sie dort auftauchten, wussten die Gefangenen, dass das Spiel aus war. »Zum Glück gelang es uns noch, die Bretter geradewegs unter die Loren zu schieben, während sie da herumstanden.« Es dauerte aber gar nicht lange, bis die Kommissare herausfanden, dass irgendetwas nicht stimmte. Die Anzahl der Ziegel, die wir vermeintlich fertigten, stimmte nämlich nicht mit den wenigen Stapeln überein, die da vor ihnen trockneten. »Sie schrien ›Sabotage, Sabotage‹ und steckten uns für vierzehn Tage in den Bau, wo wir nur eine wässrige Suppe zu essen bekamen. Nach einiger Zeit begannen wir, den übrigen Gefangenen immer ähnlicher zu werden.«

»Warum habt Ihr uns so hintergangen«, fragte uns der Kommissar. »Ihr solltet glücklich sein, für uns zu arbeiten, denn wir schenken der Welt das Glück.« Im Stillen fragte Tom sich: »Was zum Teufel meinst Du damit?« »Ihr wurdet alle mit silbernen Löffeln im Mund geboren«, fuhr der Kommissar fort. »Ihr esst mit silbernen Löffeln und Gabeln, die Eure Zunge verbrennen. Deshalb werden wir Euch Holzbestecke geben, damit Ihr nicht sagen müsst: ›Oh, das ist viel zu heiß.‹« Poser und alle anderen waren sprachlos über diese vermeintliche Logik.

Kurze Zeit danach wurden Tom und einige andere in ein Gefängnis nach Moskau verlegt und mussten dort bei dem Bau der Untergrundbahn mithelfen. Monatelang verrichteten sie wahre Knochenarbeit, hoben Erde aus und befestigten Marmorplatten. »Diese berühmte U-Bahn ist mit Hilfe vieler deutscher Kriegsgefangener gebaut worden. Das ist sicher der Grund dafür, dass sie heute noch funktioniert.« Nirgendwo in der Welt gibt es Vergleichbares mit einer derartig üppigen Dekoration – elegante Kronleuchter, Marmorbänke und farbenprächtige Gemälde, auf denen Kinder Stalin Blumen überreichen.

»Eines Tages sollte Stalin an einer öffentlichen Festveranstaltung teilnehmen. Auf einmal fuhr eine Kolonne von dreißig Autos vor, die alle völlig gleich aussahen. In jedem saß ein Chauffeur und auf dem Rücksitz ein Passagier, der Stalin zum Verwechseln ähnlich sah. Nach Beendigung der Veranstaltung fuhren die Autos wieder in alle verschiedenen Richtungen davon.« So hätte mit Sicherheit kein Attentäter sagen können, welches Auto er in die Luft sprengen sollte.

Toms nächster Einsatzort war eine Kupfermine im fernen Ural. »Der Zug brauchte viele Tage, um uns dorthin zu transportieren. Wir fuhren in Güterwagen, in denen viele unterwegs starben. Bei der Mine hausten wir in alten verfallenen Baracken und hatten nichts zu essen als Suppe mit verrotteten Kartoffeln und alten Käse. Wir fingen Ratten, grillten und aßen sie. Deshalb esse ich heutzutage auch stets meinen Teller leer.«

Eines Tages arbeiteten die Gefangenen draußen in der Kupfermine und bauten das Erz mit Spitzhacken und Bohrern ab. »Das scheint mir doch eine ziemlich törichte Arbeitsmethode zu sein«, äußerte Tom gegenüber einem jungen Offizier. »Was meinst Du damit?«, fragte der Russe. »Man kann doch auch eine Maschine einsetzen. Die schafft die Arbeit von dreihundert Gefangenen, denn wir sind ja sehr langsam«, erwiderte Poser. Der Posten macht ihm klar, dass sie aus Furcht vor Sabotage keine Maschinen im Kupferbergbau einsetzten. »Sollten dreihundert Arbeiter vorhaben, diese Maschine zu zerstören, würden wir einhundert von ihnen an die Wand stellen, und die übrigen müssten deren Arbeit mit erledigen«, meinte der Offizier.

Am Ende eines mörderischen Tages blieb einer der Lastkraftwagen auf dem Rücktransport der Gefangenen in das Lager liegen. Da es recht kalt war und es schnell gehen sollte, sprang Tom vom Wagen, sah sich den Motor an und erkannte sofort das Problem. Er ging zum Fahrer hinüber und flüsterte ihm zu, dass der Vergaser ein bestimmtes Ersatzteil benötigte. »Ich sprach ganz leise, damit der Hauptmann, der in ihrer Nähe auf und ab ging, davon nichts mitbekam. Sonst hätte er womöglich den Fahrer erschossen, weil der nicht wusste, was defekt war.«

»Da uns langsam immer kälter wurde, während wir da herumsaßen, fragte ich den Hauptmann: ›Warum halten Sie denn keines der Militärfahrzeuge an?‹, worauf er mir antwortete: ›Die würden sowieso nicht anhalten.‹« Tom drängte ihn, es doch wenigstens zu versuchen. Tatsächlich stieg der Hauptmann aus und fing an, den vorbeifahrenden Autos Handzeichen zu geben. Die Fahrer winkten lediglich zurück und brausten vorbei. Endlich fuhr einer der Lastwagen an die Seite, und ein Feldwebel erklärte sich bereit, die Gefangenen und den russischen Fahrer ins Lager mitzunehmen. »Er setzte einen Posten zu uns auf die Ladefläche, damit wir nichts von dem Wagen stehlen konnten.«

Jeden Tag mussten die Gefangenen die zermürbende Fahrt zu den Minen ertragen, bei der sie, abhängig von Schnee und Eis auf der Straße, zwei oder drei Stunden auf den ratternden und rumpelnden Fahrzeugen zubrachten. »In vier Monaten verringerte sich unsere Zahl von zehntausend auf viertausend. Sechstausend Mann starben wie die Fliegen.« Die Verpflegungsrationen reichten vorne und hinten nicht, und eine medizinische Versorgung gab es nicht. Dennoch überlebte Tom eineinhalb Jahre in dem Lager.

»1948 durften die ersten das Lager verlassen, weil die Russen mit dieser netten Geste ein Zeichen setzen wollten. Sie entließen einige. Allerdings handelte es sich um diejenigen, die ohnehin kaum noch gehen konnten. Alle mussten in Güterwagen fahren.«

In dem Lager lebte auch Hans Noble, ein Amerikaner deutscher Abstammung aus Pennsylvania. Er und seine Eltern waren kurz vor Ausbruch des Krieges nach Deutschland gereist, um seinen kränkelnden Großvater zu besuchen. Anschließend durften sie nicht wieder ausreisen und wurden interniert. Nach Kriegsende ließen die Amerikaner die Eltern Noble frei und verhafteten Hans. »Als die Russen Ostdeutschland besetzten, steckten sie Millionen deutscher Zivilisten in russische Lager, wo die meisten umkamen. Ich habe entsetzliche Berichte über tausende von Insassen gehört, die alleine in einem einzigen Lager starben.«

Auch amerikanische und britische Soldaten waren in Posers Gulag eingesperrt. »Nach unserer Freilassung durften wir niemandem erzählen, wer mit uns dort lebte. Einige waren auch spurlos verschwunden.« Die zurückbleibenden Lagerinsassen schrieben kleine Notizen an ihre Angehörigen und gaben diese den Heimkehrern mit. So konnten sie ihnen mitteilen, dass sie noch am Leben waren und hofften, die Nachricht werde sie erreichen. Allerdings hatten die Wachen allen verboten, Briefe aus dem Lager zu schmuggeln, und durchsuchten jeden Heimkehrer. Sollten sie irgendeinen damit erwischen, steckten sie ihn erneut in das Lager. »Deshalb verschluckten die Gefangenen die Papiere. Aber auch die Russen waren nicht dumm und kamen sehr schnell dahinter. Die Wachen verabreichten ihnen Rizinusöl und fanden auf natürlichem Wege die Zettel rasch wieder.«

Anschließend versuchten die heimkehrenden Gefangenen, sich Namen und Städte in Erinnerung zu rufen. »Es war völlig sinnlos, sich an Straßennamen zu erinnern, weil vieles zerstört worden war. Deshalb prägte man sich, sagen wir, ›Ingrid Poser, Bremen‹ ein. Damit konnten die Suchdienste dann feststellen, wo die Eltern oder nahe Angehörige wohnten.« Die Russen transportierten sie in Güterwagen zurück, und die Fahrt dauerte viele Wochen. Fanden die Russen einen Verstorbenen, warfen sie den Toten einfach aus dem Wagen.

»Im Dezember 1948 wurde ich entlassen und trat die Heimreise wie bereits alle anderen vor mir in einem Güterwagen an. Die Fahrt dauerte fast einen Monat. Unterwegs starben etwa vierzig bis fünfzig Prozent von uns an Kälte und Hunger. Sie gaben uns lediglich eine dünne Suppe und altes Brot zu essen.«

Im Nachkriegsdeutschland unternahmen die Bürger große Anstrengungen, um das Leben in den zerschlagenen, ausgebrannten und verwüsteten Städten zu normalisieren. Es gab nur wenig Wohnraum und kaum etwas zu essen. »Anfangs starben noch viele Menschen, denn die Lebensmittelkarten reichten nicht aus. Wenn ihre Angehörigen heimkehrten, fütterten ihre Familien sie mit riesigen Essensportionen. Daran waren ihre Körper gar nicht mehr gewöhnt, sodass sie sofort starben.« Als Tom heimkam, wiesen die Briten ihn und die übrigen in ein Krankenhaus ein und fütterten sie wie Babys, um sie wieder an ein normales Leben zu gewöhnen.

Als Tom wieder zu Kräften gekommen war, hatte er das Glück, als Volontär bei der A.G. Weser und Vulkan-Werft in Bremen arbeiten zu können. Anschließend arbeitete er für die Neptun-Reederei, ließ sich zum Ingenieur ausbilden und fuhr auf norwegischen Schiffen wieder zur See. Aus seinen Einkünften finanzierte er ein Magister-Diplom und gewann ein Stipendium in den Vereinigten Staaten. Mit einunddreißig wanderte er nach Amerika aus.

Fragte man ihn, wie er das Martyrium in den russischen Gulags überlebt habe, erklärte er, dass die meisten, die starben, entweder ziemlich alt oder sehr jung waren. »Sie haben im Krieg nicht das erlebt, was wir durchmachen mussten. Seien wir ehrlich, Onkel Adolf hat uns hart ausgebildet, und wir waren schwerste Bedingungen gewöhnt. Ich war jung, ich aß, was keiner essen würde, und ich habe überlebt.«[5]

11 Wolfgang von Bartenwerffer, U-536

Vor dem Haus der von Bartenwerffers in Essen belebte ein japanischer Kirschbaum mit seinen rosafarbenen Blüten das Straßenbild. Dass mein Besuch mit dessen kurzer Blütezeit zusammenfiel, wertete ich als positives Vorzeichen. Während der zwei Tage, in denen ich ihren Mann interviewte, servierte Frau von Bartenwerffer selbstgebackenen Aprikosenkuchen, Tee und viele köstliche Mahlzeiten. Mit Hilfe von Wolfgangs bewundernswertem Englisch und meinem bisschen Deutsch schrieben wir gemeinsam die Geschichte seiner bemerkenswerten Fahrt nach Kanada. Als wir anschließend seinen Sohn und dessen Familie besuchten, schaukelte Herr von Bartenwerffer und seine dreijährige Enkelin um die Wette, um herauszufinden, wer am höchsten kam.

Spätestens ab September 1943 sahen die deutschen U-Boote einer trostlosen Zukunft entgegen: das deutsche Metox-Radarwarngerät vermochte die Radargeräte der angreifenden Flugzeuge nicht mehr aufzufassen. Gleichzeitig stieg die Zahl der alliierten Trägergruppen, Korvetten und Bomber rasch an. Selbst im mittleren Atlantik vernichteten Flugzeuge nun die U-Boote, auf denen ab sofort Ärzte eingeschifft wurden. Im Sommer dieses Jahres versenkten patrouillierende Flugzeuge in der Biskaya drei von fünf Booten. Schlimmer hätten die Bedingungen gar nicht sein können, als U-536 seine Langstreckenfeindfahrt antrat.

»Anfangs war uns nicht bekannt, wohin die Unternehmung gehen sollte. Das wusste nur unser Kommandant Rolf Schauenburg, denn er war in Berlin mit Dönitz zusammengetroffen«, erinnerte sich von Bartenwerffer, der damalige Erste Wachoffizier von U-536. Admiral Dönitz hatte dem Boot kurz zuvor einen Rettungseinsatz befohlen, es sollte den »Tonnage-König« Otto Kretschmer und einige andere U-Bootkommandanten an der Küste Kanadas abholen. Kretschmer und seine Mitgefangenen hatten einen Tunnel gegraben, um aus dem Kriegsgefangenenlager Bowmanville bei Ontario auszubrechen. Sie hatten die Absicht, sich an die ferne Ostküste durchzuschlagen, wo U-536 sie an Bord nehmen sollte. Als im Herbst 1943 die Alliierten die Seeherrschaft erlangten, gab es für Dönitz gute Gründe, Kretschmer

Wolfgang von Bartenwerffer

erneut einzusetzen, der bereits zweieinhalb Jahre in Gefangenschaft saß und seinem Land nicht mehr helfen konnte.

Korvettenkapitän Kretschmer hatte als Kommandant der Unterseeboote U-23 und U-99 die erstaunliche Anzahl von vierundvierzig Schiffen mit 266 629 Bruttoregistertonnen versenkt, ehe U-99 im März 1941 selbst versenkt wurde. (Im weiteren Verlauf des Krieges erzielte kein anderer Kommandant derartige Erfolge.) In Kanada war Kretschmer noch immer Vorgesetzter seiner Männer und stellte eine Gruppe von U-Bootfahrern zusammen, die sogenannte Spionageeinheit Lorient, die gemeinsam aus dem Lager Bowmanville ausbrechen wollte. Da ihm genaues Kartenmaterial fehlte, half Kretschmer sich mit einem Schulatlas, um einen geeigneten Treffpunkt ausfindig zu machen. Er entschied sich für Maisonette Point an der Westküste von Neubraunschweig, der durch den St. Lorenz-Golf angesteuert werden konnte.[1]

Als sie den mittleren Atlantik erreicht hatten, wies Schauenburg seine Besatzung in ihren Auftrag ein. »Ich war sehr froh, eine derartige Aufgabe durchführen zu dürfen«, erklärte von Bartenwerffer. »Wir empfanden es als eine ganz besondere Auszeichnung, Kretschmer und seine Kameraden retten zu dürfen.« Vor dem Auslaufen aus ihrem U-Bootstützpunkt im September hatte U-536 ein motorgetriebenes Schlauchboot an Bord genommen. »Das war ungewöhnlich, wir fanden dafür auch keine Erklärung und versuchten zu erraten, warum wir das mitnehmen sollten.«

Schauenburg stellte auch klar heraus, dass sie mit Chaleur Bay ein gefährliches Seegebiet ansteuerten. Die Wassertiefe betrug dort zwischen fünfundzwanzig und vierzig Meter. Daher bliebe dem U-Boot nur wenig Platz zum Manövrieren, um sich der feindlichen Ortung entziehen zu können. Es könnte deshalb leicht gekapert oder versenkt werden. »Im Falle einer Kaperung wäre es als Torpedooffizier meine Aufgabe gewesen, das Boot zu sprengen, ehe es in Feindeshand fallen konnte. Natürlich erst, nachdem die Besatzung das Boot verlassen hatte.« U-536 war auf das Schlimmste gefasst.

Im Lager Bowmanville hatte die Gruppe der Ausbrecher inzwischen von Dönitz die Zusicherung erhalten, dass am 27. oder 28. September 1943 ein Unterseeboot auf sie warten und sie abholen würde. Diese Mitteilung erhielten sie über den ganz normalen Briefwechsel mit ihren Angehörigen. Darin hatte die Kriegsmarine den »Irland-Code« versteckt, ein kompliziertes Schlüsselsystem, welches auf der Basis von Morsebuchstaben und Buchstabentausch arbeitete.

Die U-Bootmänner kamen bei dem Bau ihres hundert Meter langen Tunnels gut voran. Während sie fieberhaft gewaltige Erdbewegungen durchführten, knackte allerdings der kanadische Marinegeheimdienst den Irland-Code und entdeckte ihren Ausbruchsversuch. Gleichzeitig hatte das kriminaltechnische Labor bei der Durchsicht einiger Bücher, die den Gefangenen durch das deutsche Rote Kreuz zugeschickt wurden, einen erstaunlichen Fund gemacht. Die Beamten entdeckten eine Karte mit der kanadischen Ostküste und einige andere Dinge, die in dem Einband eines der Bücher versteckt waren. Im Besitz dieser Karte, die Hinweise auf den Treffpunkt mit dem U-Boot lieferte, traf die kanadische Marine nun die nötigen Vorbereitungen, um U-536 unbeschädigt erbeuten zu können. Allerdings stellten sie ein wenig später fest, dass dieses Vorhaben wenig realistisch sei, und erteilten den Befehl, das Unterseeboot zu vernichten.[2]

U-536 lief um den 16. September in den St. Lorenz-Golf ein. Gespannt sah seine Besatzung dem Treffen mit den Ausbrechern in der Chaleur Bay am 26. September entgegen. »Wir liefen in die Bucht ein, ohne ein einziges Schiff zu sichten. Unser Auftrag lautete, nachts vor der Küste zu kreuzen und nach den Gefangenen Ausschau zu halten, wobei wir hofften, Kretschmer und die übrigen sehr rasch zu entdecken. Dönitz hatte Schauenburg noch im Juli erklärt: ›In Bowmanville haben sie begonnen, einen Tunnel zu graben. Wenn alles klappt, könnten zwanzig, dreißig oder vielleicht fünfzig Mann ausbrechen.‹«

»Unsere Befehle lauteten, vor Maisonette Point zu kreuzen und nach einem Lichtsignal Ausschau zu halten. Hatten wir dieses erkannt, sollten wir mit einem Lichtsignal antworten und das Schlauchboot aussetzen, um die Männer an Bord zu nehmen. Gelänge uns das nicht, sollten die Gefangenen versuchen, ein Fischerboot aufzutreiben und zu dem Unterseeboot hinauszurudern.« Als sie am Samstag, dem 26. September, den verabredeten Treffpunkt erreichten, beobachteten sie das Gebiet durch das Sehrohr. »Wir konnten Autos herumfahren sehen, Häuser, sogar Menschen, und gewannen den Eindruck, dass alles sehr friedlich war.«

In dieser Nacht suchten sie sorgfältig den Uferstreifen ab, ohne dass ihnen etwas Außergewöhnliches auffiel. »Wir sahen lediglich Straßenlaternen, die Lichter in den Häusern und den Leuchtturm bei Maisonette Point. Seit Passieren der Cabotstraße hatten wir auf dem Wasser nichts entdeckt. Die gesamte Bucht war wie ausgestorben – wir sahen keine Fischkutter, keine Kriegsschiffe und auch keine Handelsschiffe. Das Seegebiet lag seltsamerweise völlig verlassen vor uns.« Etwa gegen 22.30 Uhr überzog das helle Nordlicht den Himmel. Um von der Küste aus nicht entdeckt zu werden, mussten sie tauchen und abwarten, bis es wieder richtig dunkel wurde.

»Wir waren gerade von der Oberfläche verschwunden, als wir plötzlich Schraubengeräusche auffassten. Das überraschte uns sehr, denn bisher war alles so ruhig gewesen.« Die Schraubengeräusche schienen gar nicht hierher zu passen, denn es gab keinerlei Anzeichen für die Anwesenheit eines feindlichen Schiffes. »In seiner demokratischen Einstellung rief Schauenburg alle Offiziere in die Messe. Er fragte jeden Einzelnen, wie wir die Lage beurteilten. Wir antworteten: ›Da ist etwas faul. Wir haben ein ungutes Gefühl, denn das sieht wie eine Falle aus.‹« Wie von Bartenwerffer berichtete, warteten sie einige Stunden und gingen dann wieder auf Sehrohrtiefe. Auch wenn das Nordlicht nicht mehr so hell leuchtete, entschieden sie, die Suche nach den Ausbrechern einzustellen.

»Wir besaßen eine sehr gute Seekarte von der Chaleur Bay, woraus wir entnahmen, dass die durchschnittliche Wassertiefe nur etwa fünfundzwanzig Meter betrug. Es gab aber auch ein etwa vierzig Meter tiefes Gebiet. Da wir mindestens dreißig Meter benötigten, um unerkannt zu bleiben, entschlossen wir uns, das Boot in dem tieferen Bereich auf Grund zu legen und abzuwarten.«

In der Frühe des 27. September gingen sie wieder auf Sehrohrtiefe, und Schauenburg suchte das Seegebiet ab. »Er erkannte acht oder zehn Kriegsschiffe überall am Horizont. Sie hatten uns abgeriegelt, und wir saßen gefangen in der Chaleur Bay. Nun mussten wir versuchen, unbeschädigt zu entkommen.«

Sofort tauchte U-536 und legte sich auf den Meeresboden. Plötzlich vernahmen sie Schraubengeräusche und die Detonationen von Wasserbomben.

»Das war unser Glück, denn die Wasserbomben zeigten uns, dass sie von unserer Anwesenheit innerhalb der Bucht wussten.« Am nächsten Morgen konnte Schauenburg erkennen, dass die Schiffe nach ihnen suchten. Deshalb legten sie sich erneut auf Grund und blieben dort bis zum Morgen des 29. September. »Wieder gingen wir auf Sehrohrtiefe und sahen, dass sich nichts geändert hatte. Wir hatten kaum noch Frischluft im Boot. Die brauchten wir aber dringend, denn ohne Sauerstoff würde die Besatzung immer schläfriger und würde schließlich sterben. So beschlossen wir an diesem Morgen, den Ausbruch aus der Bucht zu wagen.«

Bei knapp dreißig Meter Wassertiefe kroch das Boot kaum einen Meter über Grund dahin. »Mit bloßen Ohren konnten wir die Schrauben der über uns laufenden Schiffe hören und glaubten schon, dass in den nächsten Sekunden Wasserbomben detonieren und uns versenken oder beschädigen würden. Aber nichts geschah. Wir standen in der Messe – der Zweite Wachoffizier, der Schiffsarzt und ich – und waren uns einig, dass unser letztes Stündlein geschlagen hatte.«

Als die feindlichen Korvetten genau über U-536 hinweg liefen, hielt die Besatzung den Atem an, denn sie fürchteten, jeden Augenblick zerfetzt zu werden. Auf wundersame Weise wurden sie nicht entdeckt und angegriffen und entkamen letztlich der tödlichen Falle.

Nun hatte das Boot den St. Lorenz-Golf erreicht. Während sie getaucht fuhren, »blieb alles sehr ruhig. Plötzlich aber hörten wir über uns das laute Geräusch einer Winsch.« U-536 hatte sich in einem Fischernetz verfangen, und der Trawler versuchte nun, das U-Boot einzubringen. »Er glaubte wohl, ihm sei ein großer Fisch ins Netz gegangen. Aber dieser dicke Fisch waren wir. Später fanden wir die Hälfte des Netzes um unseren Turm gewickelt. Davon konnte sich jeder von uns zur Erinnerung ein Stück abschneiden.«

Einige Tage später entdeckte Schauenburg noch im Bereich der Cabotstraße (vor der Südküste Neufundlands) morgens vier oder fünf Kilometer entfernt Schatten am Horizont. »Wir schossen zwei Torpedos in einem Fächer und tauchten, denn es wurde langsam hell. Es handelte sich um zwei Zerstörer. Auch wenn wir deren Untergang nicht beobachten konnten, glaubten wir, sie versenkt zu haben, denn wir hörten die Detonationen der Torpedotreffer.«

Unmittelbar nach Verlassen des St. Lorenz-Stroms meldete Schauenburg in einem Funkspruch dem BdU, dass sie ihren Auftrag mit dem Decknamen »Kiebitz« nicht ausführen konnten. Kretschmers Plan war ja ganz offensichtlich von den Kanadiern entdeckt worden. Das Hauptquartier quittierte die Meldung und wies in seiner Antwort U-536 an, in den Atlantik vorzustoßen und den feindlichen Seeverkehr zu bekämpfen. »Genau das machten wir von Anfang Oktober bis zu unserer Versenkung im November.«

»Unser einziger Erfolg war ein Liberty-Schiff mit neuntausend Tonnen. Dann aber gingen uns langsam Kraftstoff, Schmieröl und die Verpflegung aus, sodass wir nach Lorient zurück befohlen wurden. Plötzlich aber stießen wir auf dem Rückmarsch auf einen großen Geleitzug von Gibraltar nach Liverpool.« Nachdem sie die Position dieser gewaltigen Masse an Schiffen gemeldet hatten, befahl der BdU U-536 und zwei weiteren Booten, sich zu vereinen und in einer Linie unmittelbar vor der herannahenden Armada auf die Lauer zu legen. Diese Formation, der sogenannte »Streifen«, ermöglichte es den Booten, sich gegenseitig zu verteidigen und gleichzeitig den Geleitzug gemeinsam anzugreifen. Da die deutschen U-Bootverluste im Herbst 1943 dramatisch anstiegen, hatte man neue Taktiken entwickelt.

»Als mittlere Gruppe innerhalb von drei U-Bootsuchstreifen hatten wir uns etwa einen Tagesmarsch entfernt vor dem Geleitzug aufgestellt. Wir verfügten nur noch über einen Torpedo, als am Abend des 19. November ein Seefernaufklärer der Luftwaffe die genaue Position des Geleitzugs funkte. Daraus entnahmen wir, dass wir mit unserem Boot genau vor dem Zentrum des Konvois standen.« Während dieser genau auf sie zulief, warteten sie geduldig ab. »Schließlich tauchten wir auf eine Tiefe von etwa vierzig Meter, um ihn anzugreifen.« Vor dem Geleitzug lief eine Unterstützungsgruppe aus zwei Korvetten und einer Fregatte und suchte den Seeraum nach deutschen Unterseebooten ab.

Bei zehn bis fünfzehn Knoten Fahrt entdeckten die drei Geleitfahrzeuge auf ständig wechselnden Suchkursen gegen 22.00 Uhr das getaucht fahrende U-Boot. »Wir konnten die auftreffenden Sonarstrahlen deutlich hören – *tinc tinc tinc tinc tinc*. Die Unterstützungsgruppe hatte uns geortet und begann, Wasserbomben zu werfen.« U-536 hatte bisher in vierzig Meter Tiefe gelauert und tauchte unverzüglich auf einhundertachtzig Meter. »Die Detonationen kamen immer näher und näher, bis kurz nach Mitternacht eine ganze Serie von Einschlägen ganz dicht an unserem Boot lag. Wir hatten immer geglaubt, dass einhundertachtzig Meter eine sichere Tiefe sei. Aber zu diesem Zeitpunkt im November 1943 setzten die Briten Wasserbomben ein, die in zweihundert Metern detonierten.« Die Druckwellen der Detonationen unterhalb des Bootes waren weitaus gefährlicher als die über dem Boot. »Es war für uns völlig neu, dass die Wasserbomben so tief eingestellt werden konnten.«

U-536, ein großes Boot vom Typ IX C, verfügte an Oberdeck über wasserdichte Druckbehälter für zusätzliche Reservetorpedos. Aufgrund der heftigen Wasserbombendetonationen liefen diese nun voll Wasser. Dadurch wurde das Heck zunehmend schwerer, bis das Boot nahezu senkrecht stand und schnell auf zweihundertzwanzig Meter durchrauschte. »Um seine Besatzung zu retten, brachte der Kommandant das Boot nach Mitternacht zurück an die Oberfläche und tauchte genau zwischen den drei Geleitschiffen auf. Denen lagen wir nun wehrlos gegenüber. Schließlich befahl der Kommandant: ›Alle Mann von Bord. Boot versenken.‹«

Er hatte kaum den Befehl gegeben, da setzte heftiger Beschuss ein. »Die Fregatte und die Korvetten eröffneten mit Geschützen und Maschinengewehren das Feuer auf uns und stellten es auch nicht ein, so lange das Boot noch schwamm. Die meisten Besatzungsangehörigen versuchten, so schnell wie möglich von Bord zu springen, wobei viele getötet wurden. Ich selbst verließ das Boot ein wenig später.« Der Leitende Ingenieur traf in der Zentrale die letzten Vorbereitungen zur Selbstversenkung und öffnete die Flutventile. »Als das Boot immer tiefer sackte und das Oberdeck in die See tauchte, sprang auch ich in das Wasser.«

Von Bartenwerffer trug keine Schwimmweste, denn die hatte er einem der jungen Matrosen gegeben, der seine eigene vergessen hatte. »Ich musste versuchen, zur SNOWBERRY hinüber zu schwimmen. Das fiel mir aber sehr schwer, denn es herrschte heftiger Seegang und ich trug lediglich eine Bluse, Hose und Socken. Unsere Stiefel hatten wir mit Beginn der Wasserbombenangriffe ausgezogen, um so wenig Geräusche wie möglich zu machen.« Nach dreißigminütigem Kampf gelang es von Bartenwerffer, die SNOWBERRY zu erreichen, war aber zu schwach, um über das Kletternetz an Bord zu gelangen. Zwei kanadische Matrosen kletterten herunter, packten ihn unter den Armen und hoben ihn an Deck. »Ich fühlte gar nichts mehr«, erinnerte er sich. »Ich war nicht wütend, ich war nur froh, überlebt zu haben.«

Als von Bartenwerffer sich auf der SNOWBERRY umsah, fand er dort bereits elf Mann seiner Besatzung vor. Sie riefen ihm zu: »Da kommt auch unser Erster Wachoffizier.« Die Kanadier gaben jedem ein Handtuch, eine Zigarette, einen Schluck Cognac und ein kleines Päckchen mit Arbeitszeug. »Als ich mich aufgewärmt und ein wenig beruhigt hatte, baten mich die Kanadier, die Namen der Besatzungsangehörigen aufzulisten, die sich an Bord der Korvette befanden. Das tat ich gerne und fügte auch den Dienstgrad und den Heimatort der Männer hinzu. Das war für die Briten bestimmt, welche die Namen der Gefangenen über die Rundfunksender bekannt geben würden.«

Die deutschen Offiziere wurden getrennt von den übrigen Besatzungsangehörigen untergebracht. Noch in der Nacht kam ein Boot mit einem Geheimdienstoffizier längsseits, der die Gefangenen über das Unterseeboot befragen sollte – welche Nummer, woher es kam, Bestimmungsort und so weiter. »Wir sagten nicht aus. Ich erklärte ihm, dass ich mich als deutscher Offizier dazu nicht äußern werde.«

In der nächsten Nacht durchstieß die SNOWBERRY einen weiteren U-Bootstreifen. Mehrfach gab es an Bord Alarm, als die U-Boote versuchten, den Konvoi und seine Unterstützungsgruppe anzugreifen. »Wir hörten Wasserbombendetonationen und Geschützfeuer. Die U-Boote konnten kein einziges Schiff versenken, weil die Geleitfahrzeuge gute Arbeit leisteten. Es war sehr schwierig, zu einem Angriff anzusetzen, denn die Sicherungskräfte bestanden aus zahlreichen Zerstörern und Schlachtschiffen. Sogar ein Flugzeugträger operierte in der Nähe. Die Sicherung war so stark, dass es für ein U-Boot nahezu unmöglich war, in den Geleitzug einzudringen.« Von Bartenwerffer erinnerte sich noch gut, dass die U-Boote noch 1941 und 1942 viel ungehinderter operieren konnten und dass dieser Geleitzug der erste war, den U-Boote seit Mai 1943 vor sechs Monaten angegriffen hatten.

Nachdem die SNOWBERRY in Plymouth festgemacht hatte, wurden die deutschen Überlebenden unter Bewachung in ein Vernehmungslager gesteckt. »Während meiner Anwesenheit dort stellte ich fest, dass die Briten über unsere Feindfahrt sehr gut Bescheid wussten. Sie kannten Schauenburgs Namen und kannten seinen Werdegang bis zur Übernahme des Kommandos auf U-536. Sie wussten die Nummer unseres Bootes und wann wir aus Lorient ausgelaufen waren. Alle Einzelheiten waren ihnen bekannt. Auch wussten die Briten, dass wir ein Liberty-Schiff versenkt und in dem St. Lorenz-Golf zwei Zerstörer torpediert hatten. Allerdings war ihnen verborgen geblieben, dass wir es auf Kretschmer abgesehen hatten, zumindest erwähnten sie es nicht.«

In dem Londoner Vernehmungslager kam von Bartenwerffer in einem kleinen Raum in Einzelhaft, wo man ihn für das Verhör »weich kochen« wollte. »Wir konnten uns mit niemandem unterhalten. Damit wollten sie uns entmutigen, sodass wir mehr Einzelheiten preisgaben. Aber ich habe keinerlei Aussagen gemacht.«

»Einige Wochen später wurden Schauenburg und ich in ein Gefangenenlager im Norden Englands eingewiesen. Allerdings konnten die Briten nicht alle Gefangenen ausreichend verpflegen, sodass sie einige Tausend von uns nach Kanada schickten.

Unser Leitender und der Schiffsarzt waren bei dem Untergang des Bootes gefallen, der Zweite Wachoffizier war am Knie verwundet und von der SNOWBERRY auf ein Schiff mit einem Arzt abgegeben worden.«

Schauenburg und von Bartenwerffer wurden im Februar 1944 nach Kanada gebracht und blieben ein Jahr in dem Lager Grand Ligne bei Montreal. Anschließend überführten die Kanadier alle jüngeren Wehrmachtsoffiziere in ein zwischen Banff und Calgary in den Rocky Mountains gelegenes Lager. »Es war sehr angenehm, uns in die Berge zu verlegen. In dem kleinen Lager gefiel es uns sehr, denn wir wohnten zu acht in winzigen Hütten. In dem Zug von Montreal nach Calgary trafen wir zufällig Kretschmer und die Gefangenen, die in dem Lager Bowmanville den Tunnel gegraben hatten. Nun steckte man uns alle gemeinsam in ein Lager. Sie berichteten uns alle Einzelheiten von ›den Ausbrechern, die nicht ausbrechen konnten‹, wir erzählten ihnen die Geschichte von unserer Fahrt in die Chaleur Bay, um sie dort an Bord zu nehmen.« Kretschmer und seine Freunde erklärten, dass sie geglaubt hatten, U-536 sei in der Chaleur Bay versenkt worden. Sie hatten keine Ahnung, dass das Boot auf der Rückfahrt nach Frankreich bei den Azoren vernichtet worden war.

Einundfünfzig Jahre nach der Versenkung seines Bootes flog Wolfgang von Bartenwerffer nach Kanada, um in Erfahrung zu bringen, was aus seinem alten Gefangenenlager bei Calgary geworden war. Er schrieb: »Ich hatte den besten Eindruck von Kanada, das Wetter war herrlich, wir erlebten einen typischen Altweibersommer. Sieben Tage lang fuhren wir mehr als dreitausend Meilen quer durch British Columbia, bis wir endlich mein altes Lager Seebe erreichten. Das Lager selbst gab es nicht mehr, es standen aber noch ein Wachturm und die Unterkunft des Lagerkommandanten.« In diesem kleinen Raum entdeckten von Bartenwerffer und seine Freunde noch einige Erinnerungsstücke an die Kriegszeit: ein Modell der alten Lagerunterkünfte, einige Fotografien, Buddelschiffe, Briefe, Zeitungsartikel und ein paar Dinge mehr. »Für mich war das hochinteressant, und ich machte viele Fotos.«

Die Erfahrungen seiner Marinezeit fasste Wolfgang kurz zusammen: »Ich habe nur gute Erinnerungen an meine Zeit bei der Kriegsmarine. Die Anforderungen an einen Offizier haben mir später auch im Zivilleben geholfen – Ansprüche wie Pflichtgefühl, Zuverlässigkeit, Ausdauer, Loyalität und Kameradschaft.«

Nach dem Krieg kehrte Wolfgang in seine Heimatstadt Essen zurück, ließ sich zum Ingenieur ausbilden und arbeitete fünfunddreißig Jahre lang für die große Baufirma Hochtief AG.[3]

12 *U-682 und U-735*

Gegen Mitternacht des 28. Dezember 1944 flog eine Welle von Bombern über den Oslofjord und warf zweihundert Bomben auf U-682 und ein zweites Unterseeboot, U-735. Da Herbert Wodarz, ein ehemaliges Besatzungsmitglied von U-682, annahm, es hätte sich um amerikanische Flugzeuge gehandelt, schrieb er mich an. Er wollte gerne zu der Staffel Verbindung aufnehmen, die damals diesen massiven Bombenangriff flog. »Unsere U-Bootkameradschaft beabsichtigt, einige der amerikanischen Piloten anlässlich unseres Treffens im Mai einzuladen und ihnen zu danken, dass sie so schlecht gezielt hatten«, erläuterte er. Die Dokumente der amerikanischen Luftwaffe bewiesen aber, dass in jener Nacht keine amerikanischen Maschinen an Bombenangriffen über dem Oslofjord beteiligt waren. Später erfuhr Wodarz, dass es sich um eine britische Staffel handelte. Im Frühjahr 1994 flogen mehrere recht nervöse ehemalige Piloten der Royal Air Force, der britischen Luftwaffe, mit ihren Ehefrauen nach Deutschland, wo sie sich mit ihren früheren Gegnern treffen wollten. In Zeltingen-Rachtig, einem malerischen Dorf an der Mosel, erwartete sie eine herzliche Begrüßung. Beide Seiten berichteten über ihre spannenden Erlebnisse, verglichen Kartenmaterial, brachten Trinksprüche aus und ließen die erstaunliche Geschichte dieses Luftangriffes über Norwegen im Dezember 1944 noch einmal aufleben.

Gegen Ende des Jahres 1944 wurden die deutschen U-Boote so häufig aus der Luft angegriffen und durch Bomben versenkt, dass die Kriegsmarine begann, die Boote mit einem Schnorchelsystem auszurüsten. Es war ein verzweifelter Versuch, um die Boote überhaupt noch einsetzen zu können. Damit konnten sie nahezu unbegrenzt getaucht fahren, wobei die Dieselmotoren gleichzeitig die Batterien aufluden. Das war sicher ein ausgezeichneter Einfall, er kam aber zu spät.

Am 23. Dezember 1944 stach U-682 unter Geleitschutz gegen Mitternacht von Kiel aus in See und steuerte zunächst Frederikshavn in Dänemark an. Das Boot verfügte über Radar, um feindliche Flugzeuge rechtzeitig orten zu können. Zu diesem Zeitpunkt war die Luftverteidigung des Reiches bereits zusammengebrochen, sodass Alliierte Bomber in Deutschland Stadt für Stadt in Schutt und Asche legten. Zwei Tage später lief das Boot wieder aus Frederikshavn aus und steuerte Horten am Westufer des gewaltigen Oslofjordes an. Seit 1941 hatte Deutschland rund um Norwegen kleinere Marinestützpunkte errichtet, sodass die U-Boote in dem tiefen Wasser der Fjorde Tauch- und Fahrübungen durchführen konnten. U-682 unter seinem Kommandanten Oberleutnant zur See Sven Thienemann erreichte Horten einen Tag nach Heiligabend und ankerte gegen 22.20 Uhr auf Reede vor Horten.

Am 27. Dezember übten Thienemann und seine Besatzung den ganzen Tag lang den Gebrauch des Schnorchels und versuchten, sich mit diesem recht komplizierten Gerät vertraut zu machen. Wie ein Sehrohr ragte der Schnorchel aus dem Turm heraus. Bei jedem Untertauchen des Schnorchelkopfes erzeugten die Diesel einen plötzlichen Unterdruck in dem Boot, sodass die Männer meinten, ihr Kopf würde explodieren und ihre Trommelfelle platzen. Dennoch gelang es nach einigen Probeläufen, dieses Ärgernis zu überwinden.

Am gleichen Abend ging U-682 gegen 19.30 Uhr auf Reede neben mehreren deutschen Handelsschiffen und einem weiteren Unterseeboot, U-735, vor Anker. Als die Luftschutzsirenen in Horten losheulten, sichtete die Brückenwache auf U-632 in einiger Entfernung zwei oder drei Flugzeuge auf einem nördlichen Kurs. »Wir brauchten nicht zu schießen, denn die Entfernung war viel zu groß«, schrieb Thienemann in das Logbuch. Sie hörten aber die Abschüsse deutscher Flugabwehrgeschütze an der Küste.

Wieder heulten die Sirenen, während einzelne Flugzeuge außer Reichweite der Geschütze von U-682 vorbeiflogen. Da diese Maschinen aber bereits etwas dichter herankamen, befahl Thienemann der Bedienung des 37-mm-Geschützes, sich bereit zu halten. Um 21.00 Uhr »sichteten wir zweimal viermotorige Flugzeuge, wahrscheinlich [amerikanische] ›Fliegende Festungen‹«, hielt der Kommandant in dem Logbuch fest. »Wir konnten aber nicht feststellen, dass sie Bomben abwarfen. Daraus schloss ich, dass diese Flugzeuge sich auf dem Rückflug von einem Angriff auf Oslo befanden.«

Erneut gaben die Sirenen Fliegeralarm. Um 23.28 Uhr flogen mehrere Maschinen das Boot aus vier oder fünf Kilometer Entfernung an. »Ich vermutete ..., sie beabsichtigten, die auf Reede vor Hortenfjord verankerten Schiffe anzugreifen. Deshalb entschloss ich mich, Anker zu lichten und mit langsamer Fahrt dicht unter der Küste in westlicher Richtung abzulaufen.«

Nun brummten die ersten Bomber in Reichweite der Geschütze über das U-Boot hinweg. »Wir haben es mit mehreren Flugzeugen zu tun. Um unsere Anwesenheit nicht zu verraten, schießen wir nicht.« Die Kriegsmarine hatte in einem ständigen Befehl alle U-Boote angewiesen, erst dann das Feuer auf Flugzeuge zu eröffnen, wenn sich diese über ihnen oder im Abflug befanden. Erkannten die Piloten dabei das Mündungsfeuer der Flak, war es bereits zu spät für den Abwurf der Bomben.

Plötzlich standen Leuchtbomben zur Zielmarkierung am Himmel. Sie trieben lautlos durch die Dunkelheit und warfen ein beängstigendes Licht auf die See und die Schiffe. »Der gesamte Fjord ist fast taghell erleuchtet ...«, hielt Thienemann fest. Dröhnende Bombendetonationen folgten. »Eine Bombe schlägt an Steuerbordseite ganz dicht am Bug ein.« Eine weitere Detonation an Backbord schleuderte Tonnen von Wasser über das Deck und den Turm. »Unser Bug liegt mit etwa fünf Grad Schlagseite tief im Wasser.«

Schadensmeldungen aus allen Abteilungen des Bootes besagten, dass Wasser in den Bugtorpedoraum eindrang und die Tauchzelle Fünf beschädigt wurde. »Ich befehle, den Anker zu slippen. Da der Mechanismus verbogen ist, müssen wir den Anker einnehmen.« Nachdem alle Bemühungen gescheitert waren, das lästige Anhängsel an Bord zu hieven, schleppte sich U-682 mühsam auf westlichem Kurs dahin und zog den Anker und vierzig Meter Kette hinter sich her.

Rund um das Boot schlugen nun die Bomben ein und schüttelten es kräftig durch. »Sie zielen wahrscheinlich auf einen 500 Meter entfernten Tanker an Steuerbord ... Störung an dem 37-mm-Flakgeschütz. Ich lasse Einzelfeuer schießen.« Nachdem alle Geschütze ausgefallen waren, begann die Besatzung, die Schlauchboote aus den Oberdeckbehältern zu holen und für ein mögliches Verlassen des Bootes bereitzulegen.

An dieser Stelle konnte Thienemann erkennen, dass der Tanker sank und mehrere Schlauchboote in seiner Nähe im Wasser trieben. Weitere Bomben schlugen an der Untergangsstelle ein. »Wir sehen nun keine Überlebenden mehr«, schrieb er. Gerade als sie dachten, das Bombardement sei beendet, schlug ein neuer Bombenteppich ein. Einige Einschläge lagen sehr dicht an dem Boot. Während die Bomben herabregneten und überall die See aufwühlten, ließ Thienemann das 20-mm-Flakgeschütz auf die Flugzeuge über dem Boot schießen. »Wir finden Bombensplitter auf der Brücke und dem Turm und vermuten, sie stammen von 500-Kilogramm-Bomben.« Er hatte recht.

Thienemann vermerkte in dem Logbuch, dass die Besatzung sich in dem Gefecht recht gut geschlagen hatte. Sie hatten etwa einhundert Schuss des Hauptkalibers und sechshundert Schuss aus den 37-mm- und 20-mm-Geschützen verschossen und mehrere Flugzeuge getroffen.

Um 00.20 Uhr kehrte endlich Ruhe ein. Als deutsche Rettungsboote in der mit Wrackteilen übersäten See nach Überlebenden suchten, begann die Besatzung von U-682, das Oberdeck aufzuklaren. Versuche, Verbindung zu U-735 aufzunehmen, das an diesem Tag zu Schnorchelübungen ausgelaufen war, blieben erfolglos. U-682 hatte schwere Schäden erlitten und war zu schnellen Ausweichmanövern nicht mehr in der Lage. Der Kommandant ließ den Anker mit einem Schweißgerät entfernen und lief den Hafen an.

Zwei Stunden später machte das U-Boot in Horten fest, und der Kommandant ließ die Schäden ermitteln: vier bis fünf Tonnen Wasser drangen stündlich in den Bugtorpedoraum ein, die Torpedorohre Eins bis Fünf waren völlig dejustiert und leckten, und die Tauchzelle Fünf an Backbord war von oben bis unten aufgerissen. Zumindest befanden sich aber die Antriebsmaschinen und die Batterien in einem ziemlich guten Zustand.

Als U-682 die nächsten Tage zu Reparaturarbeiten im Trockendock lag, gab das Boot sein funktionsfähiges Sehrohr an das neue Boot U-1018 ab und erhielt im Austausch dessen defektes, denn Thienemanns böse zugerichtetes Boot sollte in den Heimatstützpunkt zurückverlegen. Am 3. Januar 1945 stach U-682 mit verbogenem Bug und defektem Sehrohr in See. Drei entschärfte und ein scharfer Torpedo steckten noch in ihren Rohren, den nicht benötigten Kraftstoff hatte man abgegeben. Dankbar, überlebt zu haben, machte die Besatzung am 5. Januar gegen Mitternacht ihr Boot in Kiel fest. Zwei Monate später wurde U-682 im Dock der Hamburger Howaldtswerft bei einem schweren Luftangriff zerstört.[1]

Während es U-682 gelang, aus Norwegen zu entkommen, erlitt das zweite U-Boot im Oslofjord ein ganz anderes Schicksal. »Wir lagen in Horten ..., um unseren neuen Schnorchel zu erproben«, erinnerte sich Herbert Hermann von U-735. Sein Kommandant war Oberleutnant zur See Hans-Joachim Börner. »Am Morgen des 28. Dezember liefen wir zu einer Probefahrt aus. Gegen 18.00 Uhr kehrten wir zurück und suchten lange nach einem geeigneten Ankerplatz. Diese lange Verzögerung wurde uns zum Verhängnis.«

Bei der Erprobung des Schnorchels hatte U-735 seinen Pressluftvorrat erheblich verringert. Während Hermann und weitere Besatzungsangehörige noch damit beschäftigt waren, die Pressluftflaschen wieder aufzufüllen, gingen zehn seiner Kameraden an Land, um eine Pause einzulegen. Dieser Ausflug sollte ihnen das Leben retten.

Die Bemühungen der Besatzung, den Pressluftvorrat des Bootes aufzufüllen, wurden durch einen Defekt des Dieselkompressors behindert. Dieser zwang die Techniker, einen leistungsschwächeren Elektrokompressor zu nutzen. »Es dauerte etwa drei Stunden, bis wir die Pressluftflaschen hinlänglich gefüllt hatten. Diese Arbeiten dauerten bis 21.30 Uhr, als wir plötzlich die Luftschutzsirenen hörten.«

»Nun musste alles sehr schnell gehen. Der Kommandant ließ ankern, um nicht noch den letzten Pressluftvorrat aufzubrauchen.« Als Börner dem Leitenden befahl, die Diesel zum Anwerfen vorzubereiten, verhinderte dies der zu geringe Anlassluftdruck. Gleichzeitig hörten wir in noch großer Entfernung das Dröhnen der Flugzeuge. Zu guter Letzt ließ der Leitende Ingenieur Pressluft aus den Torpedos in die Anlassluftflaschen der Antriebsdiesel strömen, sodass die Maschinen um 23.30 Uhr angelassen werden konnten.

Unterdessen meldete der Funker ununterbrochen zahlreiche Bomber über dem Fjord und über Horten. Der Kommandant befahl, ankerauf zu gehen und ließ die Geschützbedienungen die Waffen besetzen. »Wir alle standen auf unseren Gefechtsstationen und erwarteten die weiteren Befehle«, berichtete

Squadron Leader John Whiteley, Staffelchef und Pilot der Royal Air Force

Hermann. »Dieses Mal war ich in der Zentrale eingesetzt und konnte miterleben, was sich nun ereignete.«

Als die Dieselmotoren liefen und U-735 das Ufer des Fjordes ansteuerte, detonierten um sie herum die ersten Bomben. Börner ließ sofort einen Zick-Zack-Kurs steuern. Gerade als das Boot andrehte, detonierte ganz dicht neben ihnen eine Bombe und schleuderte einen Schwall Wasser über das Boot, den Turm und durch das Turmluk. Dabei wurde auch einer der Artilleristen über Bord gespült, worauf der Kommandant herunterrief, der Tiefenrudergänger solle dessen Platz einnehmen.

»Ich übernahm sofort die Aufgabe des Tiefenrudergängers, aber nur für einen kurzen Augenblick. Denn plötzlich schleuderte mich eine gewaltige

Detonation gegen die Turmverkleidung. Ich verlor zwar nicht das Bewusstsein, erlitt aber Prellungen. Mein erster Gedanke war, dass das Boot einen Volltreffer erhalten hatte, was sich auch bestätigte.«

Heinz Meier, ein Antriebsmechaniker, wankte schwer verwundet in die Zentrale und schrie: »Wassereinbruch im Maschinenraum!« Durch den Bombentreffer im Bereich der Dieselmotoren aufgerissen, sackte das Heck rasch immer tiefer ab, denn die Lenzpumpen konnten die Wassermassen nicht mehr bewältigen. Als der Kommandant die Hoffnungslosigkeit der Lage erkannte, befahl er alle Mann aus dem Boot und von Bord.

»Alle sprangen wir von Bord, denn dass Boot sank nun sehr rasch. Das alles dauerte nur eine Minute. Mein erster Gedanke war, mich von dem sinkenden Boot fernzuhalten, um nicht von dem Sog in die Tiefe gezogen zu werden.«

»Ich war sehr warm angezogen, denn ich trug einen Rollkragenpullover, dicke Unterwäsche, das Lederzeug und hatte meine Schwimmweste angelegt. Ganz wichtig war jetzt, keine Schwimmbewegungen zu machen, denn dann würde das eiskalte Wasser mich rasch bis auf die Haut durchnässen. Als ich von Bord sprang, blieb meine Uhr stehen, sodass mir die Zeit im Wasser schier endlos vorkam. Ich schätze, ich schwamm dort etwa dreißig Minuten.«

Während er in der eisigen See trieb, glaubte er keinen Augenblick daran, sterben zu müssen. Er war fest davon überzeugt, dass rechtzeitig Hilfe käme. Inzwischen fielen auch keine Bomben mehr, es herrschte Totenstille und totale Finsternis. »Ich sah auch keine Leuchtbomben oder Zielmarkierungen mehr, ich hörte nur die Rufe und Hilfeschreie in der Dunkelheit.«

Während er bewegungslos im Wasser trieb, sah Hermann in der Ferne Scheinwerfer aufleuchten und kreisförmig die Wasseroberfläche anstrahlen. »Jedes Mal, wenn ein Strahl über mich hinweg strich, hob ich meinen Arm, bis ein Lichtkegel mich erfasste.« Endlich tauchte eines der deutschen Suchfahrzeuge auf, dessen Besatzung Hermann aus dem Wasser zog. Er war der einzige Besatzungsangehörige, den man lebend bergen konnte.

Nach dem Luftangriff bargen Taucher sechsundzwanzig Tote aus dem Unterseeboot. Zwölf Mann wurden vermisst, und zehn waren an Land geblieben. Kurz darauf wurden am 5. Januar 1945 die Gefallenen von U-735 auf dem Soldatenfriedhof in Oslo beigesetzt, genau an dem Tag, als U-682 sich nach Kiel zurückschlich.[2]

Als Herbert Hermann und einunddreißig Besatzungsangehörige von U-682 ein halbes Jahrhundert später ihre Gäste von der britischen Luftwaffe in Empfang nahmen, lernten sie die Geschichte des Luftangriffs aus britischer Sicht kennen. John Whiteley konnte sich noch gut daran erinnern.

»Ich war damals auf dem Luftwaffenstützpunkt Strubby stationiert, einem Flugplatz für Bomber Mablethorpe. Das ist ein kleiner Badeort an der Ostküste. Am Nachmittag des 28. Dezember erfuhr ich, dass ich zusammen mit

Herbert Hermann

vier anderen Besatzungen in dieser Nacht einen Einsatz fliegen sollte.« Whiteley, selbst Pilot und Chef der mit Lancaster-Bombern ausgestatteten Staffel PG-H, versammelte seine Männer um 15.00 Uhr in dem Einsatzraum, um letzte Anweisungen entgegenzunehmen. Aus dem Umstand, dass nur wenige Flugzeuge mit einem ganz bestimmten Typ panzerbrechender Bomben zum Einsatz kamen, folgerte er, dass es sich um einen Spezialauftrag handelte.

Der Flugplatzkommandeur zog den Vorhang vor einer großen Landkarte auf und zeigte auf ihr Ziel: der Oslofjord bei Horten, zwanzig Meilen südlich von Oslo. Zunächst erläuterte er, dass siebenundsechzig Lancaster-Bomber, geführt von Zielbeleuchtern, eingesetzt werden. Anschließend legte er die Kurse zu dem Ziel und zurück fest und beschrieb die erforderlichen taktischen Verfahren. Eine kurze Einweisung durch den Nachrichtenoffizier vermittelte den Besatzungen spärliche Informationen über die deutsche Flak, Scheinwerferstellungen oder mögliche Nachtjäger. Der Meteorologe sagte einen wolkenlosen Himmel über der Nordsee voraus und erklärte, dass mit Wolken erst über Norwegen zu rechnen sei. Mit ihren Radargeräten sollten die vorausfliegenden Zielbeleuchter die unsichtbaren Ziele orten und farbige Leuchtbomben werfen, um damit für die Besatzungen der nachfolgenden Lancaster-Bomber das Zielgebiet zu markieren.

»Unser Hauptziel bei diesem Einsatz über Horten war die Vernichtung des Leichten Kreuzers KÖLN, den wir im Oslofjord vermuteten, dessen genaue Position wir aber nicht kannten«, erzählte Whiteley. In ihrem Bestreben, den Kreuzer wegen seiner gefährlichen Vorstöße in den Atlantik auszuschalten, hatte die britische Marine die Luftwaffe aufgefordert, die KÖLN außer Gefecht zu setzen. Sollten die Piloten dieses Schiff nicht ausfindig machen können, sollten sie jedes deutsche Handelsschiff bombardieren, das sie dort erkannten.

Drei Stunden vor dem Start holten sich die Flieger große Thermoskannen voll Kaffee und einen Vorrat an belegten Broten sowie Gürtel mit Geld und einen Tornister mit einer Notausrüstung für den Fall, dass sie abgeschossen wurden und fliehen mussten. R. E. N. Porrett, ein Besatzungsmitglied einer der Pfadfinder-Maschinen, sagte, dass sein Tornister Verpflegung, Angelsehne, winzige Kompasse, Signalstreichhölzer, Aufputschmittel, Zigaretten, Landkarten und kleine Mappen mit Hinweisen für die Flucht enthielt.[3]

»Ich startete um 19.50 Uhr und flog dreihundertfünfzig Meter über der Nordsee auf nordöstlichem Kurs bis kurz vor die norwegische Küste. Damit vermieden wir, von den deutschen Radargeräten aufgefasst zu werden«, fuhr Whiteley fort. Etwa zehn Minuten, bevor der Verband das Südufer des Fjords erreichte, stieg Whiteleys Gruppe mit dreihundert Metern pro Minute auf ihre Einsatzhöhe von dreitausend Meter. »In den nächsten fünfundzwanzig Minuten flogen wir auf der Suche nach der KÖLN erfolglos über dem Fjord hin und her. Als wir Horten an Backbord liegen hatten ... erkannten wir an der nicht übermäßig freundlichen Begrüßung, dass deutsche Schiffe in dem Hafen liegen mussten.« Die Geschosse der Flugabwehr detonierten um sie herum, verfehlten aber glücklicherweise Whiteleys Maschine.

In einer der vorausfliegenden Pfadfinder-Maschinen erkannte der Bombenschütze Porrett auf seinem Radarschirm Horten. Als sie dichter heranflogen, entdeckte er auf dem Radar zwei kleine Lichtpunkte, die zwei recht große Schiffe anzeigten. Möglicherweise handelte es sich um die Kreuzer KÖLN und EMDEN. Porrett wusste, dass seine Zielmarkierungen sehr genau geworfen werden mussten und konzentrierte sich auf den genauen Zeitpunkt, denn bereits wenige Sekunden können alles zunichte machen. Dem Hauptverband blieben nur drei Minuten Zeit, um das Ziel anzugreifen. »Bomben los!«, schrie Porrett und drückte auf den Knopf, der die Leuchtbomben löste. Er sah, wie die Zielmarkierungen auf die dicke Wolkenschicht unter ihnen zu flogen. »Plötzlich erhellte blendend roter Lichtschein die Wolken ..., wir zogen in einer steilen Kurve hoch, um uns über die anfliegenden Lancaster-Bomber zu setzen. Ihre Silhouetten hoben sich deutlich gegen die hell beleuchteten Wolken ab. Sie stellten hervorragende Ziele für die Nachtjäger dar. Das Feuer der Flak wurde immer heftiger, was allerdings bedeutete, dass keine Nachtjäger in der Nähe operierten.«

Der Kommandant des Lancaster-Bombers (Mitte) mit seiner Besatzung. Dazu gehören John Hurst, Jim Garrett, Bill Adams, Jock Joughin, Larry Rigden und Freddy Jones.

Porrett erhob sich aus seinem engen Sitz und stieg in das Cockpit hinauf. Durch die Kanzel sah er ein unvergessliches Schauspiel: »Während unsere Zielmarkierung vom Wind getrieben gemeinsam mit den Markierungen weiterer Pfadfinder langsam niederging, stieß sie helle rote Feuerbälle aus. Eine Kette weißer Blitze führte die anfliegenden Bomber an ihr Ziel. Die ersten Bomben detonierten mit gewaltigen Lichtblitzen, während grelle Feuerbälle die Detonationen der feindlichen Flak-Geschosse erkennen ließen.« Leuchtspurgeschosse schienen uns »wie kleine farbige Lichtkugeln ... langsam anzufliegen. Sobald sie aber unsere Höhe erreichten, wurden sie immer schneller und barsten mit einem gefährlichen Splitterhagel.« Gelegentlich detonierte ein Täuschkörper mit mehrfarbigen Lichtbündeln, er sollte ein Flugzeug darstellen, das brennend abstürzt.

Whiteleys Bombenschütze meldete, er habe ein Schiff gesichtet, und empfahl seinem Kommandanten einen Kurs, der es ihm ermöglichte, dieses Ziel anzuvisieren. Dann ließ er Whiteley die Bombenklappen öffnen und löste genau im richtigen Moment sieben eintausend Pfund schwere Luftminen. Whiteley wendete und flog ein zweites Mal an. Um 23.45 Uhr warf er den Rest seiner Bombenlast ab. »Ich kann mich nicht erinnern, noch eine Lancaster über Horten gesehen zu haben«, bemerkte der Kommandant. Um zu unterschiedlichen Zeiten und nicht als Großverband über dem Ziel einzutreffen, waren die Maschinen in Gruppen geflogen. »Das einzige Geräusch, das ich wahrnahm, war das gleichmäßige Brummen unserer Rolls Royce

Merlin Motoren ..., und bei einer Flughöhe von zweitausendfünfhundert Metern konnten wir die Detonationen weder hören noch fühlen.«

»Nun hatte ich nur noch die Aufgabe, den Luftraum über Horten so schnell wie möglich zu verlassen, denn die Deutschen verhielten sich ausgesprochen unfreundlich!« Im Sinkflug ging er auf dreihundertfünfzig Meter hinab und flog nach Strubby zurück, wo er am 29. Dezember 1944 um 02.30 Uhr landete. »Wir waren sechs Stunden und vierzig Minuten in der Luft gewesen.«

Kurz nach der Landung der Bomber führte ein weiblicher Nachrichtenoffizier die Einsatzbesprechung durch. Sie befragte die Besatzungen nach dem Wetter über Horten, deutschen Nachtjägern, Flak, Scheinwerferstellungen und ob sie beobachtet hätten, dass ein eigenes Flugzeug abgeschossen wurde. »Warum konnte keiner von Ihnen die KÖLN entdecken?«, wollte sie unbedingt wissen. »Haben Sie auch wirklich den Oslofjord gründlich abgesucht?« Zu diesem Zeitpunkt war es drei Uhr morgens. »In Anbetracht der Tatsache, dass ich bereits mindestens eine halbe Stunde vor dem Start und fünfzehn Minuten nach der Landung auf dem Pilotensitz verbracht und die Lancaster sechs Stunden und vierzig Minuten ohne Autopilot geflogen hatte, fühlte ich mich ein wenig gereizt und hungrig«, berichtete der Staffelkapitän. »Als sie dann noch meinen Bombenschützen fragte, ob er die Zahl der Masten auf jedem Schiff erkannt habe, das wir bombardierten, platzte ihm bei dieser ziemlich törichten Frage der Kragen. Seine Antwort lautete in etwa: ›Wenn wir noch vierzig Meter tiefer geflogen wären, hätte ich ihnen die verdammten Namen der Schiffe nennen können!‹«

Für Porrett und seine Besatzung folgte nach der Nachbesprechung des Einsatzes ein gemeinsames Arbeitsessen. »Es gab Steak mit Eiern wie gewöhnlich – eine seltene Delikatesse in jener Zeit«, sagte er. Die Besatzung der Pfadfinder-Maschine betrachtete ihren Auftrag als einen Erfolg, denn sie hatte einen riesigen Lichtschein noch über den Wolken beobachtet, der offensichtlich durch Bombentreffer verursacht worden war.

Fünfzig Jahre später erfuhren Whiteley und die anderen Besatzungsangehörigen zu ihrer Überraschung, dass sich unter den Zielen bei Horten auch zwei deutsche U-Boote befanden. »Bis ich darüber in unserer Geschwaderzeitung vom September 1993 las, wusste ich überhaupt nicht, dass damals U-Boote in dem Fjord lagen.«[4]

Bei dem Treffen der ehemaligen britischen Flieger und der U-Bootfahrer erläuterte Oberleutnant zur See Thienemann den Bomberpiloten, dass sie damals die KÖLN nicht hatten finden können, weil die Kriegsmarine das Schiff in einer entlegenen Einfahrt auf der südlichen Seite des Oslofjordes versteckt hatte. Das Schiffstagebuch der KÖLN gibt Aufschluss darüber. Als der Kreuzer am 13. Dezember auf Reede vor Horten Anker geworfen hatte, machte der Tanker UDVÄR längsseits fest, um Kraftstoff abzugeben.

Ehe sie jedoch damit beginnen konnten, heulten die Luftschutzsirenen auf. Plötzlich beleuchtete das gleißende Licht der Leuchtbomben die beiden Schiffe. Sofort legte die UDVÄR ab, während die KÖLN mit ihren Flak-Geschützen das Feuer eröffnete. Bombe auf Bombe detonierte dicht bei dem Kreuzer, und Maschinengewehrfeuer setzte ein. Der Luftangriff dauerte zwanzig Minuten und führte zu Schäden an den Flak-Geschützen und den Schiffsdieseln. Die Besatzung hatte aber keine Toten oder Verwundeten zu beklagen.

Nach einer zügigen Instandsetzung ging die KÖLN ankerauf und verließ die Reede von Horten. Fünfzehn Tage später, am 28. Dezember, versuchten britische Bomber erneut, den Kreuzer zu vernichten. Diesmal lag das Schiff am nördlichen Ende der Insel Jeløy dicht an dem Horten gegenüberliegenden Ufer des Fjords versteckt. Um 20.00 Uhr, eineinviertel Stunde nach dem Ankern, heulten die Luftschutzsirenen. Die Besatzung beobachtete, wie ein feindlicher Bomber über Horten abgeschossen wurde. Als die Sirenen erneut losheulten, dröhnten zwanzig Lancaster über die KÖLN, die mit ihren Flak-Geschützen das Feuer eröffnete. Rote und grüne Zielmarkierung beleuchteten die See. Die ersten Bomben schlugen ein. Einige detonierten um Horten herum, andere in der Nähe der Insel Jeløy, aber kein Einschlag lag dicht bei dem Kreuzer. Um 23.51 Uhr warf einer der Pfadfinder nur einhundert Meter von der KÖLN entfernt seine Leuchtbomben ab. In dem gleißenden Licht ließ der Kommandant so schnell wie möglich ankerauf gehen und verlegte sein Schiff nach Norden durch die äußerst enge Einfahrt nach Drobak, wo er ankerte.[5]

Als viele Jahre später die fünf Lancaster-Piloten den ehemaligen Kommandanten von U-682 fragten, wie es der KÖLN ergangen sei, zeigte er ihnen auf einer Seekarte aus dem Kriege deren geheime Position. Nachdem sie dieses Rätsel gelöst hatten, setzten sich die ehemaligen Gegner an der Hotelbar zusammen, tranken deutsches Bier und tauschten Erinnerungen über den Angriff vom Dezember 1944 aus. Nach einem gemeinsamen Essen trat einige Tage später, unter dem donnernden Applaus aller, der Lancaster-Pilot Tom Gatfield mit seiner alten ledernen Fliegerhaube und seiner Gasmaske gemeinsam mit Paul Herden von U-682 in seiner alten hautengen Matrosenbluse auf. Zum Abschluss des Abends schauten sich der hoch dekorierte Luftwaffenpilot John Whiteley und der einzige Überlebende des Untergangs von U-753 einige Sekunden lang an und schüttelten sich die Hände.

13 *Oskar Kusch, U-154*

»Ich erinnere mich gut an ihn«, berichtete Paul Otto, ein ehemaliges Besatzungsmitglied von U-154, »Oskar war blond, kräftig gebaut, typisch germanisch, und ein sehr guter Sportler. Er war recht still und ernst, ganz anders als die meisten von uns.« Heinrich Lüdemann erinnerte sich, dass Kusch als Katholik stets ein Kruzifix an der Wand seiner Unterkünfte hängen hatte. Er besaß auch einen Miniaturaltar, der aufgeklappt das Letzte Abendmahl zeigte. Victor-Wilhelm Nonn hat seinen Kommandanten als »einen ruhigen Freund, der seine Meinung sehr klar ausdrücken konnte« in Erinnerung. Heinz Wolff hielt Oskar für hochintelligent, sensibel und niemals reserviert. »Ich schätzte ihn und war sehr traurig über das, was ihm später widerfahren ist.«

Oskar Kusch wurde 1918 in Berlin geboren. Der gut aussehende Junge gehörte einige Jahre der Hitlerjugend an, ehe er als Siebzehnjähriger entschied, aus dieser Organisation auszutreten. 1937 meldete er sich als Offizieranwärter zur Kriegsmarine und ging drei Jahre später zur U-Bootwaffe. Im Februar 1943 hatte er es auf der Karriereleiter bis zum Kommandanten von U-154 gebracht. Auf seiner ersten Feindfahrt von Mai bis Ende Juni dieses Jahres versenkte Kusch vor der Küste Brasiliens zwei Schiffe und torpedierte zwei weitere. Dafür wurde er mit den Eisernen Kreuzen Zweiter und Erster Klasse ausgezeichnet. Sein zweiter Einsatz in den Gewässern vor Französisch-Guayana im November und Dezember verlief erfolglos. Allerdings hatten bereits zu diesem Zeitpunkt die alliierten Zerstörer und Flugzeuge mit ihren Radargeräten die Wirksamkeit der U-Boote weitgehend eingeschränkt. Nur eins von sieben Unterseebooten kehrte zurück.

Zu den Offizieren auf U-154 gehörten Dr. Ulrich Abel als Erster Wachoffizier, Heinrich Meyer als Zweiter Wachoffizier, der Leitende Ingenieur Kurt Druschel und der Schiffsarzt Dr. Nothdurft. Während Kusch niemals der Nationalsozialistischen Deutschen Arbeiterpartei (NSDAP) angehörte, waren einige seiner Offiziere überzeugte Anhänger und beobachteten genau jedes Wort und jede Handlung. Als U-154 nach seiner zweiten Feindfahrt nach Frankreich zurückkehrte, zeigte Ulrich Abel seinen Kommandanten bei den Marinebehörden an. Er sollte »Wehrkraftzersetzung begangen und Feindsender gehört haben«.

Wie jeder Despot forderte Hitler von jedem Mann, jeder Frau und jedem Kind bedingungslosen Gehorsam und blinde Gefolgschaft. Allerdings konn-

Oskar Kusch
(Heinz Kuhlmann)

te sich die Kriegsmarine in den ersten Kriegsjahren noch dem Einfluss der Partei entziehen, sodass die U-Bootoffiziere während der Seefahrt normalerweise ihre Ansicht frei äußern konnten. Unglücklicherweise galt das für Otto Kusch nicht.

In Kuschs nicht öffentlichem Kriegsgerichtsverfahren in Kiel sagten Abel und Druschel aus, dass dieser die beiden unmittelbar nach der Kommandoübernahme gebeten hatte, Hitlers Porträt in der Offiziermesse an einen anderen Platz zu hängen. Er wünschte keinen »Götzenkult«. Kusch verlangte stattdessen, ein von ihm gemaltes Seestück an diesen Platz zu hängen. Das taten die beiden Offiziere, hängten das Bild aber an eine andere Stelle in der Messe.

Die Gespräche in der Offiziersmesse wurden von allen Offizieren sehr sorgfältig beobachtet. Sie sagten aus, Kusch habe sich mehrfach dahingehend geäußert, dass letztlich »nur Hitlers Sturz und die Auflösung der NSDAP dem deutschen Volke Frieden und kulturelle Entfaltung bringen werden«. Weiterhin sagten sie aus, Kusch habe die Ansicht vertreten, das deutsche Volk leide schwer unter dem Druck der Regierung und müsse das Regime stürzen, damit die anderen Staaten mit Deutschland Frieden schließen könnten.

Der Kommandant, so schworen sie, habe eine weitere unentschuldbare und illegale Äußerung gemacht, als er erklärte, dass er nicht an den »Endsieg« glaubte, den Hitler immer wieder verkündete. Er glaube vielmehr, dass die Überlegenheit unserer Feinde ständig wachse, da sie über die größeren Rohstoffquellen verfügen. Dazu äußerte Abel, dass die Deutschen aber an vielen geheimen Projekten arbeiteten, die helfen könnten, den Krieg zu gewinnen. Kusch erwiderte darauf nur: »Das dürfen Sie ruhig glauben, und ich hoffe, Sie haben recht. Ich aber glaube nicht daran.«

Auf der zweiten Feindfahrt unterhielt sich Kusch mit dem Schiffsarzt Dr. Nothdurft. Er fragte ihn, wofür er zu kämpfen glaubte, antwortete aber gleich darauf selbst: »Nur weil dieser Größenwahnsinnige ganz Europa schlucken will. Warum beenden wir nicht endlich diesen Krieg?«

Einmal erzählte Oskar seiner Besatzung einen albernen Witz, den sie ohne sein Wissen in der Bordzeitung veröffentlichten. Vor Gericht wurde er zum Beweis wiederholt: »Frage: Was haben das deutsche Volk und ein Bandwurm gemeinsam? Antwort: Sie sind beide von braunem Zeug umgeben und befinden sich ständig in großer Lebensgefahr.«

Viele Gespräche in der Offiziersmesse, so die Zeugen, drehten sich um Hitler und die NSDAP. Kusch bezeichnete den Führer als einen verrückten Utopisten und berichtete, er habe von Leuten aus Hitlers Umfeld gehört, dass der Führer gelegentlich Anfälle habe, krampfend zu Boden stürze und Vorhänge von den Fenstern reiße. Er war überzeugt, dass der Diktator seit dem Tag der Machtübernahme im Jahre 1933 auf einen Krieg aus war.

Außerdem, so fuhren die Zeugen fort, riet Kusch ihnen, der ständigen Propaganda keinen Glauben zu schenken, sie sollten sich ihre eigene Meinung bilden. Als Beispiel nannte er die gesteuerten Nachrichtensendungen, die berichteten, dass die alliierten Bomber gezielt unschuldige Zivilisten töteten. Kusch jedoch war der Ansicht, sie konnten nicht verhindern, bei den Angriffen auch unbeteiligte Menschen zu treffen. Abel und Drusche waren der Meinung, dass sich die Juden in allen Ländern vereinen und versuchen werden, die Welt zu beherrschen. Sie bezeichneten auch alle Freimaurer als eine Gefahr. Kusch erwiderte ihnen, dass die Macht dieser Gruppen extrem überschätzt werde. Die Radiosendungen des BdU an die U-Boote (mit dem Decknamen »Rose«), die sie bestärken sollten, trotz aller Schwierigkeiten weiter zu kämpfen, hielt Kusch für »die Peitsche eines Sklaventreibers, mit der man uns immer wieder vorwärtstreibt«.

Den U-Bootkommandanten war es gestattet, ausländische Radiosendungen zu empfangen, allerdings nur, um Informationen über die Lage zu erhalten. Es war bekannt, dass Kusch Sender in Mexiko Stadt und New York eingestellt und die Meldungen mit seinen Offizieren besprochen hatte. Dabei äußerte er, dass das, was er dabei gehört hatte, sich ganz wesentlich von den deutschen Nachrichtensendungen unterschied. Dessen sollten sie sich bewusst sein.

Abel und Druschel hinterließen vor Gericht einen ausgezeichneten Eindruck und klangen glaubwürdig. Auch andere sagten gegen Kusch aus. Darunter befanden sich der Zweite Wachoffizier Heinrich Meyer und einige weitere Besatzungsangehörige. Sie betonten, sich noch ganz genau an Kuschs Aussagen erinnern zu können. Oskar Kusch hingegen versicherte, sie hätten seine Aussagen verdreht dargestellt und übertrieben. Ihm kam es darauf an, die Männer nachdenklich zu stimmen und erkennen zu lassen, dass Deutschland in Schwierigkeiten stecke, die es zu beseitigen galt.

Kuschs Verteidiger wies darauf hin, dass dieser ein hervorragender und einsatzbereiter Marineoffizier sei. Er hatte zahlreiche Schiffe versenkt und war mit beiden Eisernen Kreuzen ausgezeichnet worden. »Kuschs Kommentare in der Offiziersmesse zielten ausschließlich darauf ab, die Unterhaltung ein wenig interessanter zu gestalten«, stellte der Verteidiger klar. Er räumte ein, dass der Kommandant gegen zwei Gesetze verstoßen hatte, indem er die militärische Führung kritisierte und ausländische Radiosendungen abhörte. Er hatte seine Ansichten aber stets privat und nie in der Absicht geäußerte, die Moral seiner Besatzung zu untergraben.

Nachdem er beide Seiten gehört hatte, gelangte der Vorsitzende Richter Karl-Heinrich Hagemann zu dem Urteil, dass Kusch sich der Wehrkraftzersetzung und des Abhörens ausländischer Nachrichtensender schuldig gemacht habe. Darüber hinaus hatte er seine Ansichten »öffentlich geäußert, denn ein Unterseeboot war ein öffentlicher Bereich, in dem Kuschs Aussagen von dem Koch oder dem Funker mitgehört werden konnten«. In der Enge des U-Bootes aßen die Offiziere in der im Mittelgang zwischen dem Funkraum und der Kombüse gelegenen Messe.

In seiner Urteilsbegründung schrieb der Richter auch, dass der Beschuldigte als Jugendlicher »liberale Neigungen« gezeigt hatte, als er aus der Hitlerjugend austrat. Als dann später seine Offiziere an Bord versucht hatten, in der Diskussion mit ihm seine Einstellung zu ändern, weigerte sich der Kommandant, davon abzuweichen. Zwar räumte Hagemann ein, dass Kusch als rechtschaffener und erfolgreicher Offizier galt, war aber nicht der Ansicht, dass seine guten Leistungen in der Vergangenheit ihn von seinen schweren Verbrechen entlasteten. Als Strafe für das Abhören von Feindsendern verhängte der Richter ein Jahr Gefängnis und wegen Wehrkraftzersetzung die Todesstrafe. Er sollte auf Lebenszeit alle bürgerlichen Ehrenrechte verlieren.

Als man Kusch die Möglichkeit bot, um Gnade zu bitten, lehnte er ab. Getreu seinem katholischen Glauben und seinen moralischen Grundwerten wählte der mutige Kommandant den Tod. Oskar Kusch wurde am 26. Januar 1944 verurteilt und noch nicht einmal vier Monate später, am 12. Mai, von einem Exekutionskommando erschossen.

Am Tag der Hinrichtung erhielt Oskars Vater Heinz Kusch von dem Gericht einen Brief, der in Großbuchstaben mit dem Wort »Geheim« überschrieben war. Darin hieß es, dass Kusch im Januar wegen seiner »Verbrechen« von einem Kriegsgericht verurteilt und am 12. Mai hingerichtet wurde. »Todesanzeigen oder Nachrufe in Zeitungen, Zeitschriften oder Ähnlichem sind verboten. Gezeichnet, J.A. Meinert, Marinerichter.«

Keine der Lokalzeitungen in Kiel, wo Oskar Kusch hingerichtet wurde, brachte einen Bericht über sein Gerichtsverfahren oder seinen Tod. Es sind auch niemals Aufzeichnungen über Einzelheiten seiner Exekution aufgefunden worden. Am 21. Januar übernahm Oberleutnant zur See Gerth Gemeiner das Kommando über U-154, das auf seiner nächsten Unternehmung versenkt wurde.

»Ich war der Letzte seiner Besatzung, der sich im Januar 1943 von Oskar Kusch verabschiedete«, erinnerte sich Heinz Kuhlmann. »Im Juli 1944 nahm ich an einem Lehrgang in Bremerhaven teil und erfuhr dort, dass Kusch wegen Feigheit vor dem Feind erschossen worden war.« Diese Nachricht erschütterte Kuhlmann zutiefst. »Die gesamte Besatzung, mit Ausnahme der Offiziere, hielt ihn für einen hervorragenden Kommandanten, sowohl als Soldat als auch als Mensch.«[1]

Der Alliierte Kontrollrat erließ im Dezember 1945 ein Gesetz, wonach alle Personen, die sich Kriegsverbrechen schuldig gemacht hatten, bestraft werden sollten. Darin sah Oskar Kuschs Vater eine Grundlage, endlich gegen die Richter des Kriegsgerichts vorzugehen. Am 9. Mai 1946 klagte Heinz Kusch vor dem Landgericht in Kiel den Vorsitzenden Richter Hagemann und seine beiden Beisitzer sowie Abel, Druschel, Dr. Nothdurft und zwei weitere Beamte des Kriegsgerichts wegen Mordes an. Zu Beginn des Prozesses forderte Herr Kusch den Staatsanwalt auf, Hagemann verhaften zu lassen. Diese Forderung lehnte das Gericht mit der Begründung ab, dass der Straftatbestand des Mordes nicht bewiesen sei. Einer der beiden Beisitzer, ein ehemaliger U-Bootkommandant, saß damals noch in britischer Kriegsgefangenschaft, sodass der Prozess sich bis 1947 hinauszögerte. Als das Verfahren endlich vor Gericht eröffnet wurde, lautete das Urteil, dass die drei Richter nicht gegen bestehende Gesetze verstoßen hatten.

Endlich wurde der Vorsitzende Richter Hagemann im Mai 1949 wegen des Vergehens gegen die bürgerlichen Rechte angeklagt, weil er den U-Bootkommandanten Oskar Kusch zum Tode verurteilt hatte. Als Hagemann »nicht schuldig« gesprochen wurde, legte der Staatsanwalt Berufung ein und leitete den Fall an das Oberlandesgericht weiter, wo er im September 1950 erneut aufgerollt wurde. Hagemann gab zu, Kusch verurteilt zu haben. Er wies aber darauf hin, sich an das Militärgesetz gehalten zu haben, wonach ein Soldat jeden Befehl ausführen musste. Darüber hinaus habe Kusch keinerlei Reue gezeigt. Wiederum sprach das Gericht Hagemann aus denselben Gründen »nicht schuldig« mit der Begründung, dass es einem Kommandanten verboten war, die Moral seiner Besatzung zu untergraben. Dieses Gesetz war 1950 immer noch gültig.

Achtzehn Jahre später brachten deutsche U-Bootveteranen von 1968 bis 1970 an den Mauern des U-Boot-Ehrenmals Möltenort kleine Bronzetafeln an. Sie tragen die Namen aller im Zweiten Weltkrieg gefallenen Kommandanten und Besatzungsangehörigen. Oberleutnant zur See Kusch führt als Kommandant die Besatzungsliste von U-154 an. Damit reihte man ihn nicht nur wieder unter seine Kameraden ein, man gab ihm vor der Geschichte auch seine Ehre als tapferer Soldat wieder, der dem Tod mutig entgegentrat.[2]

14 Siegfried Koitschka, U-616

Der Beitrag über U-616 entstand aus dem Schriftverkehr mit Dr. Koitschka, der jeden Brief mit dem Wunsch »Ruhige See und guten Wind, Siegfried Koitschka« beendete. Jeder U-Bootkommandant, der den Zweiten Weltkrieg durchgemacht hat, besitzt sein Leben lang einen Anspruch auf ruhige See. Koitschka wurde 1917 geboren. Seit Oktober 1936 diente er im Reichsarbeitsdienst, ehe er sich 1937 zur Marine meldete. Ende 1940 fuhr er unter dem berühmten Erich Topp zunächst als Zweiter und dann als Erster Wachoffizier auf U-552 und kommandierte danach das Ausbildungsboot U-7. Im Oktober 1942 übernahm Kapitänleutnant Koitschka U-616 und erwies sich auf acht Feindfahrten im Mittelmeer als erfolgreicher Kommandant, zu einem Zeitpunkt, als die Erfolgsaussichten für Unterseeboote bereits sehr gering waren.

Aus seinen sechs Feindfahrten mit Erich Topp ist Koitschka ein Vorfall ganz besonders in Erinnerung geblieben. 1941 traf Topp mit U-552 auf einen »sehr großen Passagierdampfer«. Bei einer Entfernung von etwa zweitausend Metern befand er sich in ausgezeichneter Schussposition. »Topp war ein Meisterschütze«, erläuterte Koitschka, »und feuerte drei Torpedos.« Nachdem alle das Ziel verfehlt hatten, ärgerte sich die ganze Besatzung eine Zeit lang und schrieb die Fehlschüsse ihrem Pech zu. Allerdings waren die deutschen Torpedos zu diesem Zeitpunkt bekannt dafür, sich in vielen Fällen als unzuverlässig zu erweisen.

Nach dem Einlaufen erfuhren sie dann mehr über diesen Vorfall. »Das Schiff hieß ILE DE FRANCE und war mit zweitausend Kindern an Bord auf dem Weg von England nach Kanada.« Es ist nicht bekannt, warum die Briten die Überfahrt nicht bei der zentralen Geschäftsstelle des Roten Kreuzes in der Schweiz angemeldet hatten, worauf das große Schiff auch ohne Geleit sicher hätte fahren können. »Ohne jeden Zweifel waren wir froh darüber, dass unsere Torpedos nicht getroffen hatten. Wir mochten uns gar nicht vorstellen, was da hätte passieren können. Der liebe Gott hatte seinen dicken Daumen zwischen die ILE DE FRANCE und uns gehalten.«

Das Emblem von U-552, ein »ernst dreinschauender roter Teufel mit einer Fackel« sah aus wie ein schlanker, bösartiger olympischer Läufer mit Hörnern, Hufen und einem langen Schwanz. »Als wir U-616 im Oktober 1943 in Dienst stellten, spürten wir bereits, dass wir den Krieg in nicht allzu

Siegfried Koitschka

ferner Zukunft verlieren würden. Es blieb uns nichts anderes übrig, als zynischen Heroismus zu zeigen. Daher erfanden wir unseren eigenen kleinen roten Teufel.« Bewaffnet mit einer großen schwarzen Pistole, war Koitschkas kurzer pummeliger Teufel, der mit anzüglichem Grinsen eine Hand an die Hüfte stemmte, der »Fehltritt einer französischen Prostituierten aus Toulon mit dem herrischen Teufel von U-552«.

Bei seiner zweiten Unternehmung mit U-616 sollte Koitschka aus dem italienischen U-Bootstützpunkt La Spezia im Mittelmeer operieren. Um aber dorthin zu gelangen, musste er sich zunächst durch die schmale Straße von Gibraltar schleichen, die von Kriegsschiffen und Flugzeugen nur so wimmelte. Nach erfolgreicher Durchfahrt dieser schrecklichen Passage lief Koitschka in seinem neuen Stützpunkt in Italien ein. (Zwischen September 1943 und Mai 1944 versuchten siebenundzwanzig U-Boote durch die schwer bewachte Straße von Gibraltar in das Mittelmeer einzudringen. Dies gelang vierzehn Booten, sieben wurden versenkt, die restlichen sechs mussten umkehren.)

Von La Spezia aus stach Koitschka im September 1943 auf der Suche nach den durch schnelle Geleitfahrzeuge gut gesicherten alliierten Geleitzügen in See. Nach drei Wochen erhielt er Befehl, Toulon anzulaufen, einen weiteren U-Bootstützpunkt zwischen Nizza und Marseille. Am 10. Juli landeten die Alliierten auf Sizilien, und Italien kapitulierte am 3. September. Es war an der Zeit, die U-Boote von Italien nach Südfrankreich zu verlegen.

»Als wir eines Morgens früh in der Nähe des Hafens ankamen, herrschte dort dichter Nebel«, berichtete Koitschka, »und wir konnten keinerlei Seezeichen erkennen.« Auf ihrer Fahrt durch das Mittelmeer konnte der Obersteuermann zur Positionsbestimmung weder die Sterne noch die Sonne schießen, da der Himmel bedeckt war und Feindflugzeuge sie häufig zwangen, getaucht zu fahren. So ist die damalige Position des Bootes nur durch Koppelnavigation berechnet worden. »Wind und Strömung führten zu Kursabweichungen. Zudem war unsere Koppelnavigation recht ungenau.«

Nun wartete die Besatzung ungeduldig darauf, dass sich die Nebelbank lichtete, was aber nicht geschah. Plötzlich hörte sie das Dröhnen eines Dieselmotors, und wenige Minuten später tauchte ein Fischkutter auf. »Wir richteten unsere Vierlingsflak auf die Fischer, die ihre Hände hoben und glaubten, ihr letztes Stündlein habe geschlagen. Unser Zweiter Wachoffizier rief sie mit dem Megafon auf Französisch an: ›Wo liegt die Hafeneinfahrt von Toulon?‹ Da endlich entspannten sich die Mienen der Fischer. Sie zeigten in die Richtung, aus der sie gekommen waren, und riefen: ›Dort drüben.‹«

»Wir antworteten sehr höflich ›Vielen Dank, meine Herren!‹ und drehten das Geschütz in Zurrstellung.« U-616 lief nun durch den dicken Nebel weiter und erreichte kurze Zeit später die Hafeneinfahrt Toulons. Anschließend trug Koitschka Einzelheiten dieser Feindfahrt im Marinehauptquartier in Berlin vor. »Der Großadmiral schaute mich halb ernst, halb grinsend an und meinte nur ›Lausige Navigation‹.«

Im September operierte U-616 südlich von Neapel im Golf von Salerno. »Es war eine für das Mittelmeer typische Nacht – dunstig, die See so ruhig wie ein Ententeich. Plötzlich meldete der Funker, dass wir von einem Radargerät aufgefasst worden waren.« Kurz darauf hörte Koitschka etwa dreitausend Meter entfernt in seinem Kielwasser einen Zerstörer, der mit hoher Geschwindigkeit auf sie zujagte. »Wir waren in Sorge, sie würden zu einem Wasserbombenangriff ansetzen und uns alle töten, denn wir befanden uns in einer katastrophalen Situation. Da der Zerstörer genau achteraus fuhr und uns seine schmale Silhouette zeigte, hatten wir keine Möglichkeit, ihn mit einem Standardtorpedo zu treffen. Das bezeichneten wir als ›Lage Null‹.« Dann erinnerten sie sich an einen Torpedo, der vielleicht ihre Rettung bedeuten konnte.

»In Toulon hatten wir einen ›Zaunkönig‹, einen Akustiktorpedo, an Bord genommen, den wir erproben sollten. Er war der erste, und wir setzten kein Vertrauen in ihn. Aber der ›Aal‹ lag schussbereit achtern in Rohr Fünf.« Koitschka befahl »Feuer«, und der Torpedo wurde ausgestoßen. Keiner an Bord hielt einen Erfolg für möglich.

»Vier Minuten und fünfzehn Sekunden später beobachteten wir mehrere riesige Flammenbündel und danach eine zweihundert Meter hohe Rauchsäule.« Völlig verblüfft kam die Besatzung nach einigen Minuten zu dem

Ergebnis, dass ihr Torpedo die scharfen Wasserbomben des Zerstörers gezündet und somit die eigenartigen Flammenbündel und die Rauchschwaden verursacht hatte. »Es war ein schrecklicher Anblick. Bei dem Schiff handelte es sich um den amerikanischen Zerstörer BUCK, auf dem elf Offiziere und einhundertfünfzig Mann von den eigenen Waffen getötet wurden.«

Im Dezember 1943 war Koitschkas Boot ein Gebiet nördlich des Fußzehs vom italienischen Stiefel zugewiesen worden. »Wir operierten in unmittelbarer Nähe des Vulkans Stromboli, der alle paar Minuten eine Rauchsäule ausstieß. Durch das Sehrohr war das eine hübsche Ansicht – der blaue Himmel, die ruhige See und der qualmende Stromboli. Als er dieses ›herrliche Gebiet‹ eine Zeit lang genossen hatte, entschloss sich Koitschka, einen Rundblick durch das Sehrohr zu nehmen. Mir fuhr der Schreck in die Glieder, als ich plötzlich eine graue Wand mit der Nummer H 26 sichtete. Ich fuhr an der Bordwand eines großen englischen Zerstörers entlang.« Durch die Optik konnte Koitschka einen Matrosen erkennen, der an der Reling Kniebeugen machte.

Innerhalb von Sekunden bemerkte auch der Zerstörer seinen freundlichen Begleiter und warf einen Hagel von Wasserbomben. »Wir fuhren aber so dicht nebeneinander her, dass die Fässer über uns hinweg flogen und keinen ernsthaften Schaden anrichteten. Da ich nicht in der Lage war, einen Torpedo zu schießen, ging ich so schnell wie möglich auf Tiefe. Auch der Zerstörer lief so schnell er konnte ab.«

Um die Schrecken des Kampfes vergessen zu lassen und »die Besatzung davon abzuhalten, über die Stränge zu schlagen und Ärger mit den Feldjägern zu bekommen«, griff Koitschka zu dem alten Marineheilmittel und veranstaltete in dem Heimatstützpunkt ein großzügiges Fest. Jeder Besatzungsangehörige hatte dort sauber rasiert und mit korrektem Haarschnitt in seiner besten Ausgehuniform zu erscheinen. »Es gab genügend zu essen«, erzählte der Kommandant, »und natürlich Unmengen von Bier. Damit erreichten wir unser Ziel, denn die Seeleute waren drei Tage lang völlig kaputt. Anschließend war ihr Auftreten zufriedenstellend.«

Nach einem fürstlichen Abendessen führte die Besatzung einmal ein vom Wachtmeister geleitetes Bühnenstück auf. Der Matrose Kasperzak trat als spanischer Stierkämpfer verkleidet auf. Er trug schwarze Hosen wie ein Toreador, einen schwarzen Hut und eine rote Jacke mit goldenen Knöpfen. Bewaffnet mit einer ungeladenen Maschinenpistole, schoss der »Pistolero« eine leere Champagnerflasche von einem Tisch. Dabei nahm er alle möglichen Verrenkungen ein, schoss zwischen seinen Beinen hindurch, über die Schulter und aus anderen völlig unmöglichen Positionen.

Vor dem Vorhang stand der Tisch mit der Flasche, hinter dem Vorhang aber versteckte sich der Wachtmeister. In der einen Hand hielt er eine Spielzeugpistole, in der anderen einen Hammer. Als der »Pistolero« scheinbar auf die leere Flasche auf dem Tisch schoss, feuerte jener seine Spielzeugpistole ab und schlug mit dem Hammer die Flasche durch den Vorhang herunter. Sie fiel allerdings in die falsche Richtung. Diese turbulente Unterhaltung dauerte eine halbe Stunde und wurde von den bierseligen Zuschauern mit lautem Beifall bedacht. Gegen Ende der Vorstellung ereignete sich allerdings ein kleines Missgeschick. »Als der ›Pistolero‹ rückwärts über seine linke Schulter schoss, klemmte er sein Ohr in dem Verschluss der Maschinenpistole ein, sodass Blut floss. Schmerzerfüllt schrie er: ›Stoppt endlich dieses verdammte Scheiß Schießen.‹« Sofort kam der Wachtmeister hinter dem Vorhang hervor, beruhigte ihn, sodass das Stück fortgesetzt werden konnte.

Als Koitschka zu seiner achten Feindfahrt im Mittelmeer in See stach, begannen die alliierten Befehlshaber die »Swamp Operation« – die »Operation Sumpf«. Dabei sollten die U-Boote für einen langen Zeitraum unter Wasser gehalten werden und ihren Sauerstoffvorrat und ihre Batteriekapazität aufbrauchen. Dadurch sollten sie zum Auftauchen gezwungen und dann vernichtet werden. Auf diese Weise wollten sie auch das letzte U-Boot im Mittelmeer versenken.

Manch eine dieser U-Jagdoperationen erforderte eine große Anzahl von Kriegsschiffen, Flugzeugen und viel Zeit. Sie sollten sich allerdings lohnen. Im Rahmen der »Swamp Operation« stellte die gesonderte dreitägige Operation mit dem Decknamen »Monstrous« im Zweiten Weltkrieg einen Rekord auf.

»Als wir im Mai 1944 eines Nachts in dreißig Meter Tiefe vor der afrikanischen Küste fuhren, erfassten wir mit unserer Unterwasserhorchanlage tiefe Töne. Ich ließ auftauchen und war verdammt überrascht, mitten in einem riesigen Geleitzug zu stehen.« In dem hellen Mondschein sahen sie Schiffe voraus, achteraus, an Backbord und an Steuerbord. Unglücklicherweise entdeckten die Ausgucks auf den Schiffen U-616 ebenfalls. Sofort setzte heftiges Geschützfeuer ein. »Was sollte ich tun? Wir mussten so schnell wie möglich verschwinden. Zuvor allerdings feuerten wir zwei Akustiktorpedos, die beide trafen.« Er hatte die G. D. WALDEN und die FORT FIDLER versenkt.

Sieben Zerstörer wurden gemeinsam mit der Fliegerstaffel 400 in Marsch gesetzt, um Koitschka aufzuspüren. Als die Jäger in dem Seegebiet eintrafen, entdeckten sie dort einen weiteren Zerstörer, der bereits Wasserbomben warf. Nun durchpflügte dieser Verband aus acht Kriegsschiffen die See in alle Richtungen und suchte den Tiefseeraubfisch zu fangen, ehe ein Flugzeug einen Radarkontakt dreißig Seemeilen westlich meldete. Bis zu diesem Zeitpunkt waren die Zerstörer hin- und hergejagt, hatten das Seegebiet durchstreift und immer wieder zum Horchen gestoppt. Früh am Abend stellte ein weiteres Flugzeug Radarkontakt her, kennzeichnete die Position für die Zerstörer mit Leuchtkörpern und warf Wasserbomben auf den flüchtenden Fuchs. Die ELLYSON warf einige Wasserbomben und verlor dann den

Kontakt wieder. Am nächsten Morgen allerdings trieb ein Ölteppich an der Oberfläche und zeigte an, dass ihre Beute angeschlagen war.

Die groß angelegte Suche und das ständige Bombardement dauerten zwei weitere Tage und Nächte. Dann entdeckte eines der Flugzeuge Koitschkas Boot etwa dreißig Seemeilen von den Zerstörern entfernt an der Oberfläche. Wiederum jagte der Verband dorthin, fand das U-Boot und richtete einen Scheinwerfer darauf. Nachdem die Zerstörer einige Salven abgefeuert hatten, ging U-616 mit Alarmtauchen auf Tiefe. Vier der Zerstörer warfen die ganze Nacht Bombenteppiche auf Koitschka, der sich schließlich geschlagen gab.[1]

»Unsere Batterien waren erschöpft, die Beleuchtung ausgefallen, das Ende schien nah«, schrieb Koitschka. »Wir tauchten auf und beobachteten, wie die Zerstörer uns umkreisten und wie die Feuerwehr aus allen Rohren schossen.« Innerhalb von Sekunden verließ die Besatzung das Boot. Nur der Leitende Ingenieur Nieke und der Zentralemaat Gruber blieben an Bord und öffneten die Ventile der Tauchtanks, wodurch Wasser einströmte und das Boot sank. Danach sprangen die beiden Männer mit Koitschka über Bord und schwammen zu den übrigen hinüber, die nun im Mittelmeer trieben. Als die Zerstörer erkannten, dass die Überlebenden im Wasser um ihr Leben kämpften und dass das Boot versunken war, stellten sie das Feuer ein.

Die ELLYSON und die RODMAN fischten die gesamte Besatzung aus dem Wasser und gaben sie in Mers El Kebir in Marokko an Land. »Vierzehn Tage später nahm uns das Militärgefängnis in Norfolk als Gäste auf. Anschließend durchliefen wir Lager in Mississippi, Oklahoma, Texas und Arkansas.« Fünfzig Jahre später trafen sich Koitschka und seine Freunde im September 1997 in Atlantic City und Washington erstmalig mit den Besatzungen der Zerstörer RODMAN und ELLYSON. »Wir verbrachten ein paar schöne Stunden mit ihnen und wurden tatsächlich gute Freunde, auf die man sich verlassen kann. Das Gedenken für die gefallenen Besatzungsmitglieder der ELLYSON beeindruckte uns sehr und ging uns mächtig zu Herzen.«[2]

15 Hans Georg Hess, U-995

U-995, eins von weltweit zwei restaurierten deutschen Unterseebooten, liegt als Museumsboot am Strand von Laboe unterhalb des Turms des Marineehrenmals an der Kieler Förde. In der Zentrale erzählt dessen ehemaliger Kommandant einer Gruppe von Freunden von dem Leben auf einem U-Boot. Vor dem Hintergrund seiner sechs Feindfahrten mit U-995 in den Jahren 1944 und 1945 und dem Ritterkreuz für herausragende Leistungen kennt er sich darin bestens aus. Begeistert von seinen Zuhörern, führt Hans Georg die Gruppe durch »sein« Boot und beschreibt die komplizierte Technik, die Maschinenanlage, Torpedorohre und Wohnbereiche. »Jedes Handrad eines Ventils war anders geformt«, betont er, »sodass man es auch in völliger Dunkelheit zuordnen konnte.« Wir folgen seinen Worten gebannt – er ist auch nach fünfzig Jahren immer noch der Kommandant.

Ganz am Anfang seiner Marinelaufbahn fuhr Oberleutnant zur See Hess als Zweiter und als Erster Wachoffizier unter dem Kommando von Kapitänleutnant Gerhard Thäter. Im Sommer 1942, ehe die Luftangriffe sich zu einer schweren Bedrohung entwickelten, nahmen die Männer gelegentlich ein Bad im Atlantik. An einem friedlichen Nachmittag planschten Hess und seine Kameraden in der Nähe der Azoren in dem tiefblauen Wasser, als sie mehrere Meeresschildkröten entdeckten, die unter ihnen schwammen. »Ich dachte, wir sollten eine von ihnen fangen, denn Schildkrötensuppe galt als eine Delikatesse.«

Hans Georg hatte gehört, es wäre wichtig, eine Schildkröte unmittelbar nach Sonnenuntergang zu fangen. Deshalb kletterten die Männer wieder an Bord und warteten den geeigneten Zeitpunkt ab. Als die Sonne unterging, befahl der Kommandant »Langsame Fahrt«, und das Boot schlich im Schneckentempo voran. »Dann stoppten wir die Maschinen in der Nähe der Schildkröten, um sie nicht zu beunruhigen.« Ein Besatzungsmitglied sprang mit einer Leine von Bord und schwamm zu einem der großen Tiere hinüber, drehte es auf den Rücken und band die Leine um ein Bein. Dann zog er die Schildkröte zu dem Boot, wo der Koch sie an Oberdeck ablegte.

»Der Koch hatte noch nie in seinem Leben eine Schildkröte geschlachtet«, fuhr Hess fort, »schaffte es letztlich aber doch und schnitt das Fleisch für die Suppe in kleine Stücke. Einige von uns reinigten unterdessen den Panzer und

Hans Georg Hess

schenkten ihn dem Ersten Wachoffizier, der ihn zur Erinnerung mit nach Hause nehmen sollte.«

Hans Georg übernahm die schwierige Aufgabe, der Besatzung zu erklären, dass Schildkrötensuppe eine ganz besondere Köstlichkeit sei, denn er wusste, seine Männer hatten davon noch nie etwas gehört und würden die Suppe noch nicht einmal kosten wollen. »So ging ich fast wie einst Friedrich der Große von Abteilung zu Abteilung und erzählte ihnen, wie köstlich die Suppe schmecke. Ich nahm einen Löffel voll und drängte, sie sollten doch einmal probieren. Ich musste sie regelrecht überzeugen.«

Anfang 1944 verließ Hess U-466, um an einem dreimonatigen Kommandantenlehrgang in Neustadt und Gotenhafen teilzunehmen. Danach übernahm der schlaksige junge Mann mit gerade einundzwanzig Jahren U-995 als Kommandant. Da er wusste, dass er es mit einer kampferprobten, älteren und recht erfahrenen Besatzung zu tun haben würde, machte er sich Gedanken, wie er sich bei seinen Männern Respekt verschaffen sollte. »Ich werde nicht versuchen, den Kumpel zu spielen«, schwor er sich. Gleichzeitig entschied er sich, einen kleinen Trick anzuwenden und sich völlig korrekt zu kleiden. Traditionell trug ein Kommandant der Vorschrift entsprechend eine weiße Mütze. Allerdings drückten die meisten Kommandanten einen leichten Kniff oben hinein, um schneidiger auszusehen. Nicht so Hess. »Bei meinem ersten Besuch an Bord trug ich meine Mütze genau nach Vorschrift.« Mit dieser Strategie lag er offensichtlich richtig, wie die Erfolge des jungen Vorgesetzten bei fast allen seiner Einsätze beweisen.

Mitte Oktober 1944 hatten Kiel, Stuttgart, München und Innsbruck schwere Luftangriffe hinnehmen müssen. Hamburg lag verwüstet, die Briten waren an den Niederrhein vorgestoßen, die Amerikaner hatten Aachen besetzt. Es bestanden nur geringe Erfolgsaussichten, als U-995 von Narvik aus zu einem Einsatz in der Barentssee nördlich von Norwegen und Finnland auslief. U-995 sichtete einen großen Geleitzug mit Kurs auf Murmansk, einem strategisch wichtigen Hafen im Westen Russlands dicht an der finnischen Grenze. Auf einer gefahrvollen Route transportierten die Briten und die Amerikaner den lebenswichtigen militärischen Nachschub zu diesem Hafen, wo er dann auf die Murman-Bahn verladen wurde. Murmansk war der einzige ganzjährig eisfreie Hafen mit einer Eisenbahnverbindung nach Leningrad.

Hess konnte einen Flugzeugträger in der Nähe des Geleitzugs erkennen und beobachtete eine Anzahl Flugzeuge, die darüber kreisten. Deshalb vermutete er weitere Kriegsschiffe hinter dem Konvoi. Mit dem gebotenen Sicherheitsabstand fuhr er zunächst fünf Seemeilen über Wasser und tauchte dann, um zu versuchen, sich in Schussposition zu manövrieren. Als aber der Zickzack-Kurs den Geleitzug abdrehen ließ, konnte U-995 ihn nicht mehr erreichen. »Für einen kurzen Zeitraum sichtete ich tags darauf Rauchfahnen am Horizont, konnte aber zu dem Konvoi kein zweites Mal Fühlung aufnehmen.«

Zwei Wochen später verfolgte U-995 gemeinsam mit mehreren anderen U-Booten einen Geleitzug. Eines Nachts hörten sie plötzlich das *Ping* eines Sonarstrahls, der ihr Boot traf. Hess ging vorsichtig auf Sehrohrtiefe und blickte durch das Okular. Nur ganz schwer konnte er in etwa zwei Meilen Entfernung die Silhouette eines Zerstörers und wenig später drei weitere Geleitfahrzeuge ausmachen. »Es handelte sich offensichtlich um eine U-Jagdgruppe«, bemerkte Hess. Leuchtraketen der Geleitfahrzeuge schossen durch den Nachthimmel und beleuchteten die Kriegsschiffe wie auf einer Bühne. Es war Mitternacht. Hess feuerte einen »Aal«, kurz darauf einen zweiten. »Als ich mit Höchstfahrt ablief, dröhnte in der Nähe die Detonation eines Torpedotreffers. Der Tiefenrudergänger Alfred Ottine meldete, dass er nur noch die Schraubengeräusche von drei Schiffen höre. Als kurz darauf zwei weitere Detonationen erfolgten, nahmen wir an, dass auch der zweite Torpedo sein Ziel getroffen hatte.« Für den Rest der Nacht musste die Besatzung einen nervtötenden Angriff über sich ergehen lassen, wobei das Boot von den detonierenden Wasserbomben herumgeschleudert und durchgeschüttelt wurde. Kurz bevor der Sauerstoffvorrat in dem Boot aufgebraucht war, liefen die Zerstörer ab, und U-995 tauchte auf.

Als U-995 zum ersten Mal mit Alarmtauchen auf Tiefe ging, hörten sie plötzlich einen unbekannten Lärm in dem Boot. Ein im Bugtorpedoraum an einer Leiter festgebundenes kostbares Fass mit Räucherheringen hatte sich losgerissen und war auf den Torpedorohren zerborsten. Die eingelegten Heringe verteilten sich auf den Kojen, den Lebensmittelvorräten, den Flurplatten – im ganzen Raum. Obwohl die Bewohner das Katastrophengebiet sorgfältigst schrubbten, quälte der Gestank ihre Nasen während der gesamten Unternehmung. »Nie zuvor waren die Torpedorohre derart makellos«, kicherte Hess.

Es waren schwere Zeiten für die deutschen Unterseeboote: ihre Blütezeit war vorüber, die meisten fanden ein feuchtes Grab. Die große Anzahl der Kreuzer und Geleitfahrzeuge der Konvoisicherung erschwerten U-Bootangriffe extrem. Dennoch gelang es Hess am 4. Dezember, ein Handelsschiff in einem Geleitzug zu treffen. Kurz danach feuerte U-995 einen Torpedo, der zu einem der gefürchteten Kreisläufer wurde. Anstatt geradewegs sein Ziel anzusteuern, drehte er und lief auf das U-Boot zu. »Wir hörten das an den Schraubengeräuschen. Nach Verlassen des Rohres wurden sie leiser, um dann plötzlich wieder lauter zu werden. Wir stellten die Maschinen ab und warteten einige grauenvolle Minuten lang mit angehaltenem Atem, ehe wir schließlich hörten, wie der Torpedo in einiger Entfernung detonierte. Wir wollten ihm nicht in die Quere kommen.«

Nur vierundzwanzig Stunden später rammte der junge Kommandant am 5. Dezember einen russischen Fischkutter, auch wenn ein U-Boot dafür nicht konstruiert war. »Wir nahmen dabei in Kauf, unsere Tiefenruder zu beschädigen, hatten aber Glück. Bevor wir zurückziehen konnten, sprang einer der Russen zu uns herüber, und wir erlaubten ihm, auf U-995 zu bleiben.«

Kurz darauf erfasste das Unterwasserhorchgerät vierzig Seemeilen entfernt die Geräusche von Kolbenmotoren auf, und U-995 setzte zur Verfolgung an. In der Dunkelheit torpedierte Hess ein sowjetisches Hilfsminensuchboot. Als das Boot versank, gab er seiner Besatzung bekannt: »Wir werden noch nicht tauchen. Ich möchte wenn möglich die gesamte Besatzung retten. Wir fahren ganz langsam heran, während drei Mann mit dicken Tauen zum Vorschiff gehen.« Der Funker Richard Schwedhelm erinnerte sich, dass sie nur einen Russen bergen konnten, der dicht an dem Boot um sein Leben schwamm. »Unsere Seeleute kümmerten sich rührend um ihn, sodass er sich rasch wieder erholte. Er war gerade einmal siebzehn Jahre alt.« Während seines kurzen Aufenthalts auf dem deutschen Unterseeboot drückte der junge Mann der Besatzung seinen herzlichen Dank aus. Als er und der andere »blinde Passagier« in Tromsø von Bord gegeben wurden, verabschiedete er sich freundlich von der Besatzung. Für seine herausragenden Leistungen am Unterwasserhorchgerät wurde Alfred Ottine das Eiserne Kreuz I. Klasse verliehen.

Am 23. Dezember setzte Hans Georg seine Besatzung in Kenntnis, dass er einer Idee des Ersten Wachoffiziers zugestimmt habe. Schröder hatte vorgeschlagen, die zwei Meilen vor der russischen Küste bei Murmansk gelegene kleine Insel Maliikii zu erkunden. Sollte sie unbewohnt sein, böte die Insel ein ideales Versteck, aus dem man die nach Murmansk laufenden Geleitzüge beobachten könnte. Hess wies Schröder und Bootsmaat Josef Klapf diese Aufgabe zu. »Ich schmückte mich für diesen Einsatz nicht mit meiner ersten Garnitur blau«, erklärte Klapf, »sondern trug mein Lederpäckchen. Mit dem Ersten Wachoffizier ruderte ich in unserem Schlauchboot zur Insel hinüber. Bei dem Gedanken, dort könnten russische Soldaten oder auch wilde Tiere auf uns lauern, fühlte ich ein heftiges Kribbeln im Bauch.« Bei ihrer kurzen Erkundung entdeckten die beiden weder Soldaten noch wilde Tiere auf der trostlosen Insel.

»Es war ein gutes Gefühl zu wissen, dass unser U-Boot dort draußen unter Wasser auf uns wartete. Allerdings war es nicht leicht, dorthin zurückzugelangen. Ich musste das Schlauchboot vom Strand abstoßen und hineinspringen. Bei dem heftigen eisigen Wind kamen wir kaum voran«. berichtete Klapf. »Als wir endlich an dem Boot festmachten, zogen sie uns an Bord. Wir waren steif wie ein Brett und fühlten uns auf dem Unterseeboot wie in einem Palast.«

»Zunächst war ich beunruhigt, denn ich war mir nicht sicher, ob die Insel nicht doch besetzt war«, sagte Hess. »Ich wartete getaucht vor der Küste, denn wir hatten vereinbart, dass die beiden Männer nach zwölf Stunden zurückkehren sollten, was auch geschah.« Hess entschloss sich, auf der Insel keinen Beobachtungsposten einzurichten, und setzte seinen Einsatz fort.

Es war Heiligabend geworden und an der Zeit, ein wenig zu feiern. Hans Georg hielt eine kurze Weihnachtsansprache, und anschließend spielte der Funker Weihnachtslieder über die Bordlautsprecheranlage. Zum Abendessen bereitete der Koch ein Feiertagsmenü und servierte als Nachtisch Berliner und dazu einen Schluck Rotwein. Solche kurzen Festlichkeiten ließen die Männer den Krieg vergessen und boten ihnen für einen Augenblick einhundert Meter unter Wasser ein Gefühl des Friedens in ihrer eisernen Röhre.

Im Verlauf des Februars 1945, drei Monate vor Kriegsende, hatten die Russen den norwegischen Hafen Kirkenes unweit Murmansk erobert. Hess hatte Priens Überraschungsangriff auf Scapa Flow und die Versenkung der ROYAL OAK vor Augen, als er sich entschloss, in diesen neuen russischen Stützpunkt hineinzuschleichen. Nur der Turm schaute noch aus dem Wasser, als sich U-995 am 9. Februar in einer frostigen Nacht getaucht in den noch von den Deutschen verminten Fjord hineinpirschte und sich neben dem Fahrwasser auf Grund legte. Am nächsten Tag steuerte das Boot den Hafen an, als es plötzlich Grundberührung gab. »Wir waren dicht vor der Küste auf einen steilen Felsen aufgelaufen. Es bestand die Gefahr, davon abzurutschen und unsere Schrauben und Tiefenruder schwer zu beschädigen.«

Der Kommandant scheute sich, das Boot zu bewegen und entschloss sich daher, bis Tagesanbruch zu warten. Der Besatzung sprach er Mut zu: »Wenn hier jemand Angst hat, dann bin ich es. Ich mache mir aber auch Sorgen um Sie. Daher brauchen Sie selbst keine Angst zu haben. Es ist besser, tapfer zu sein, als in einem russischen Gefangenenlager trocken Brot essen zu müssen.« Die Besatzung schien nach der Ansprache des Kommandanten wieder Mut zu fassen und überstand die Nacht ohne besondere Vorkommnisse.

Nach zwölfstündigem Warten kam U-995 am nächsten Morgen von dem Felsen frei und ging auf Sehrohrtiefe, damit Hess sich ein Bild von der Lage machen konnte. »Mir wurde ganz mulmig, als ich nur einhundert Meter entfernt von uns ein russisches Wachhäuschen und zwei patrouillierende Posten erblickte. Um mich und meine Männer zu beruhigen, berichtete ich ihnen genau, was ich sah. Es war ganz wichtig, aufrichtig zu sein.« Mit dem fast geräuschlosen Elektroantrieb steuerte U-995 die Ausfahrt des Fjords an. Bevor es allerdings den Hafen verließ, feuerte Hess einen Torpedo auf das einzige Schiff am Kai, den norwegischen Frachter IDEFJORD. »Es gelang uns«, sagte Hess, »auf zweitausend Meter Entfernung das einzige Schiff an der Pier zu torpedieren.« Unerkannt von den Russen erreichte U-995 die offene See und entkam.

Wenige Tage später traf ein Funkspruch der Seekriegsleitung ein, wonach Hans Georg Hess als dem jüngsten Kommandanten der Flotte das Ritterkreuz verliehen worden war. Die letzten Monate des Krieges forderten Rekordverluste unter den deutschen Unterseebooten. Einundzwanzig Boote sanken im Februar und vierunddreißig im März, im April waren es vierundsechzig und einundvierzig im Mai. Hess befand sich unter den wenigen, die überlebten und unter offensichtlich tödlichen Bedingungen sogar noch Erfolge erzielte.

Im März lief U-995 zu seiner letzten Unternehmung aus und versenkte dabei einen sowjetischen U-Jäger und beschädigte den Frachter HORACE BUSHNELL. Um Reparaturarbeiten durchzuführen und einen Schnorchel einbauen zu lassen, musste das Boot den deutschen Stützpunkt in Trondheim anlaufen. Bevor jedoch die Arbeiten abgeschlossen werden konnten, erfuhren sie, dass Deutschland kapituliert hatte. Da das Boot nicht seetüchtig war, wurde dem Kommandanten befohlen, U-995 an der Pier liegen zu lassen und es nicht nach England zu überführen, wo die U-Boote im Rahmen der Operation »Deadlight« den Alliierten ausgehändigt werden sollten. Hess und seine Besatzung blieben noch vier Monate als Kriegsgefangene in Trondheim und wurden anschließend entlassen. »Ich reiste in voller Uniform mit Orden und allem, was dazu gehörte, mit der Bahn von Trondheim nach Oslo. Die Leute wussten überhaupt nicht, was sie mit mir anfangen sollten«, grinste Hess. »Ich genoss das.« Der jugendliche Hess, der Norwegen sehr schätzte, blieb noch für ein Jahr in Oslo und kehrte dann in sein Heimatland zurück.

U-995 lag sieben Jahre an der Pier, ehe es von der norwegischen Marine unter dem Namen KAURA als Schulboot in Dienst gestellt wurde. Anschließend schenkte die norwegische Regierung als Geste des guten Willens das Unterseeboot der deutschen Bundesmarine unter der Bedingung, es zu konservieren und der Öffentlichkeit zugänglich zu machen. Dem Deutschen Marinebund gelang es schließlich unter großen Schwierigkeiten und nach vielen Jahren der Spendenbeschaffung, U-995 am Ufer der Kieler Förde bei Laboe aufzustellen.

Hin und wieder nutzt Hans Georg Hess die Gelegenheit, seinen alten stählernen Freund zu besuchen. Gerne berichtet er dabei den Menschen über die Kriegszeit. »Wenn wir zur Feindfahrt ausliefen, benötigten wir zunächst ein paar Stunden, um die angenehme Zeit an Land zu vergessen und uns auf die Angst und die Katz-und-Maus-Spiele einzustimmen. Diese mentale Veränderung mussten wir nach jedem Auslaufen vornehmen. Auch sprachen wir während der ersten Tage auf See nicht viel, bis wir uns auf die Bomben und die Angriffe eingestellt hatten.« Hess berichtete auch, dass die Besatzung sich schnell an die »bedrückende Enge« des Bootes, den Maschinenlärm, die entsetzlichen Gerüche und die Kameraden gewöhnt hatte.

Um überleben zu können, war es von größter Wichtigkeit, dass jedes einzelne Besatzungsmitglied seine speziellen Aufgaben zügig und umsichtig ausführte, denn jeder Fehler konnte den Tod der gesamten Besatzung zur Folge haben. »Jeder Einzelne von ihnen leistete seinen Beitrag«, erläuterte Hess, »und mir kam es darauf an, die Dienstposten nach den Fähigkeiten zu besetzen.« Das galt auch für die Seewache, wo es lebenswichtig war, mit dem Fernglas beständig den Horizont abzusuchen, selbst bei starkem Seegang, Regen oder Schneefall. »Wir veranstalteten daraus einen Wettbewerb, in dem ich für erfolgreiche Ausgucks eine Belohnung aussetzte.«

Für eine Tradition begeisterten sich die U-Bootfahrer ganz besonders – das Auswählen eines Bootswappens. Als U-995 für seine erste Fahrt ausgerüstet wurde, sprach es sich herum, dass jeder Einzelne seine Vorschläge für ein solches Emblem vortragen sollte. Dabei galt der Grundsatz, in den Motiven keinen Bezug zu Krieg oder Kampf – Stiere, Schwerter, Löwen oder ähnliches – herzustellen. »Ich hatte die Vorstellung, ein fröhliches Wappen am Turm sowie an den Mützen der Besatzung anbringen zu lassen. Deshalb schrieb ich einen Wettbewerb aus. Den ersten Preis gewann eine Zeichnung mit zwei Kindern, die ›Fang den Hut spielten‹. Bei diesem alten deutschen Spiel rennen die Kinder hintereinander her und versuchen, sich gegenseitig den Hut vom Kopf zu reißen.« Dieses Bild gefiel dem jungen Kommandanten, ähnelte es doch sehr dem Spiel, das U-995 im Nordmeer trieb. So malte die Besatzung zwei herumtollende Kinder an den Turm, es war ein Wappen, das bald sehr bekannt werden sollte. »Ich vermute, sie waren stolzer auf dieses Wappen als auf die Wimpel, die anzeigten, welche Schiffstonnage wir versenkt hatten«, grinste Hess.

Unter Führung ihres Kommandanten Hess marschiert die Besatzung von U-995 Anfang Mai durch die Straßen Trondheims, wo ihr Boot mit einem Schnorchel ausgestattet wurde. (Theodor Sterzinger)

Außer ihrem »Fang den Hut«-Wappen liebte es die U-Bootbesatzung wie viele andere auch zu singen. Eines ihrer Lieblingslieder war ein Kanon, ein Liedchen über eine Bootsfahrt. Es klang etwa so:

»Lasst uns noch einen trinken,
denn schon morgen können wir sinken.
Sie schickten uns nordwärts in große Not,
und in einem Leichenzug fährt unser Boot.
Junge, Junge, was für ein Leben.«

»Das Lied sangen wir häufig in brenzligen Situationen. Hauptsache, die Besatzung gab die Hoffnung nicht auf.«

»Was die Disziplin betrifft, so hatte ich nur ein Problem mit der Besatzung. Dabei ging es um Proviant. In jenen Tagen bekamen wir eine weitaus bessere Verpflegung und bessere Getränke als die deutsche Bevölkerung. Da bestand natürlich die Versuchung, für die Küche der Ehefrau oder der Mutter etwas davon mit nach Hause zu nehmen.« Hess räumte ein, dass zwei seiner Unteroffiziere einen gewaltigen Lebensmittelvorrat stahlen und in einem Spind verschlossen. Als der Kommandant das herausfand, stellte er die beiden vor ein Kriegsgericht, denn »ohne Gehorsam auch in Kleinigkeiten können wir uns auch in schwierigen Situationen nicht völlig aufeinander verlassen«.

Heute fragen viele Menschen den ehemaligen Kommandanten über die politische Stimmung an Bord der U-Boote. Er erläutert ihnen, dass damals die Gedanken- und Redefreiheit in Deutschland erheblich eingeschränkt waren. »Wir wagten nicht, unsere wahre Ansicht über die Partei und den Staat zu äußern. An Bord allerdings konnten wir schon ehrlicher sein. Wir hatten nicht das Gefühl, uns gleich mit denen an der Macht zu identifizieren, nur weil wir unserem Land, unserem Vaterland, dienten. Wir waren keinesfalls Hitlers Söldner, sondern Marineangehörige, die ihr Land genau so liebten wie unsere Feinde das ihre.«

»Nur sehr wenige U-Bootkommandanten scherten sich um die Parteidoktrin des Dritten Reiches«, erklärte Hess. Er erinnerte sich, dass der berühmte und hoch dekorierte Teddy Suhren 1942 nach einer erfolgreichen Feindfahrt in Saint-Nazaire einlief, wo ihn bereits Scharen von Bewunderern auf der Pier empfingen. »Sind die Nazis noch an der Macht«, rief er zu ihnen hinüber, »wenn ja, dann beide Maschinen volle Kraft zurück.«

Rudolf Müssener, einer aus Hesses ehemaliger Besatzung, ergänzte: »Keiner schätzte die Partei der Nationalsozialisten. Wir brachten unsere Ablehnung sogar offen zur Sprache, wenn Admiral Dönitz unseren Stützpunkt aufsuchte.« »Damals waren wir zwanzig bis fünfundzwanzig Jahre alt und zu Idealisten erzogen worden«, merkte Richard Schwedhelm an und erklärte, dass Worte wie »Vaterland«, »Pflicht« oder »Solidarität« für sie Phrasen waren. »Keiner meiner Kameraden wollte diesen Krieg – er war schrecklich.«

»Wann immer ich auf U-995 zurückkehre, oder auf ›Fang den Hut‹, wie wir es nennen, erwacht das Boot zum Leben«, fuhr Schwedhelm fort. »Wenn ich durch das Boot gehe, fallen mir die lange zurückliegenden Geschehnisse wieder ein. Unsere Ängste und Sorgen aus den letzten Monaten des Krieges kehren wieder, sobald wir uns an Bord befinden.«

»Auch unsere Sinne scheinen ein gutes Erinnerungsvermögen zu besitzen«, ergänzte Hess sehr nachdenklich. »Ganz bestimmte Geräusche erinnern mich an die Kämpfe auf See. Wenn ich Öl auf der Straße rieche, denke ich unwillkürlich an Zerstörer in der Nacht.«[1]

16 Walter Tegtmeier, U-597, U-718, U-997

Die langjährigen Freunde Walter Tegtmeier und Hans Georg Hess haben sich während des Krieges nicht kennengelernt, obwohl ihre beiden Unterseeboote zur 5. U-Flottille in Kiel gehörten und zahlreiche Unternehmungen in der Nordsee und dem Nordmeer durchführten. Tegtmeiers U-997 und Hesses U-995 griffen in den letzten Monaten des Krieges sogar einige Male dieselben Geleitzüge an. Sie hörten die gegenseitigen Funksprüche an das Hauptquartier mit, in denen die Funker Treffer oder Misserfolge meldeten. »Heute«, sagt Walter, »unterhalten wir uns recht häufig über unsere Streiche im Nordmeer und können uns noch gut an Korvettenkapitän Moehle erinnern, der uns am 25. April 1944 zu Feindfahrten in der Nordsee verabschiedete.«

»Aus einer gewissen Abenteuerlust heraus meldete ich mich 1937 zur Marine. Ich hoffte, ins Ausland reisen zu können und fremde Länder und ihre Bewohner kennenzulernen. Nach meiner Verwendung auf dem Leichten Kreuzer KÖNIGSBERG meldete ich mich 1940 zu den U-Booten und wurde auf U-6 ausgebildet.« Bis Kriegsende fuhr Walter auf drei U-Booten und erlebte das Ende des Zweiten Weltkriegs mit – es war alles andere als eine Besichtigungstour gewesen.

»Auf der Suche nach Geleitzügen patrouillierte U-597 unter dem Kommando von Kapitänleutnant Eberhard Bopst im Rahmen der aus zehn Booten bestehenden Gruppe ›Wolf‹ im Juli 1942 im Nordatlantik«, erzählte Tegtmeier, der auf dem Boot als Bootsmann fuhr. Unmittelbar nach dem Wasserbombenangriff eines Zerstörers hörten sie ein Rattern in der Nähe des Kombüsenluks. »Wir tauchten auf, konnten aber keine Beschädigung feststellen.« Walter wurde an Oberdeck geschickt, wo er seinen Sicherheitsgurt anlegte und die Leine an dem Antennendraht einhakte, ehe er mit der Schadensfeststellung begann. »An diesem Tag herrschte heftiger Seegang, und ich musste die Gräting über dem Kombüsenluk hochklappen. Ich hatte nur etwa fünf Minuten dort gearbeitet und lose Ausrüstungsgegenstände an Deck festgelascht, als eine schwere See überkam.«

Noch ehe er wusste, was geschah, klappte die hölzerne Gräting wieder herunter, und Walter wurde über Bord gespült. Dabei wurde sein rechter

Walter Tegtmeier

Daumen am Mittelglied abgerissen. »Es tat schrecklich weh«, erinnerte er sich, als die Besatzung ihn an Deck zog. Im Jahre 1942 fuhr auf den Unterseebooten noch kein Arzt mit, sondern lediglich ein Apothekergast. Allerdings erhielten die Kommandanten im Rahmen ihrer Ausbildung eine medizinische Einweisung. »Nach dem Unfall schaute sich der Kommandant meine Hand an und meinte: ›Kommen Sie mit nach unten, mein Freund, ich will in dem Lehrbuch nachschlagen und feststellen, was zu tun ist.‹« Danach legte Bopst einen Trockengipsverband an und schickte Walter in der Feldwebelkammer in die Koje. Kurz darauf wurde das Boot aus der Luft angegriffen und tauchte blitzschnell ab. »Unter Wasser studierte der Kommandant weiterhin sein Handbuch und stellte fest, dass er einige schmerzstillende Spritzen an Bord hatte. Er sagte: ›Walter, drehen Sie sich um und ziehen Sie die Hosen herunter, aufpassen – das war's!‹«

Die Spritze vertrieb Walters Schmerzen und sollte ihn eigentlich einschlafen lassen. »Ich war aber in Sorge, es könnte etwas mit dem Boot geschehen und alle würden aussteigen, während ich hier drinnen schlief. Deshalb hielt ich mich wach.« Als Bopst feststellte, dass der Daumen große Schwierigkeiten bereitete, schickte er dem BdU einen Funkspruch und meldete: »Rechter Daumen des Zentralebootsmann abgerissen. Benötige dringend Arzt.« Unverzüglich kam die Antwort: »Lose Fleischfetzen abschneiden und Rizinusölsalbe auf die Wunde auftragen.«

Als bei Tegtmeier mehrere Tage später hohes Fieber auftrat, steuerte U-597 bereits zur Kraftstoffübernahme einen Treffpunkt mit dem Versorgungsboot U-461 bei den Azoren an. »Während der Übernahme setzte ein Arzt von U-461 zu uns über und untersuchte mich. Daraufhin setzte man mich in das Schlauchboot und überführte mich auf das große Unterseeboot, wo der Schiffsarzt mich sofort auf den Operationstisch legte. Als ich aus der Narkose erwachte, war mein Boot bereits weitergefahren und hatte mich auf der ›Milchkuh‹ zurückgelassen.«

Zwischen Walters Unfall und der Operation waren bereits acht Tage verstrichen. Das war ein viel zu langer Zeitraum, sodass der Arzt die Haut über der Wunde nicht völlig zusammennähen konnte und eine offene infizierte Stelle zurückblieb. »Meine Großmutter hatte mir einmal geraten, Wunden mit Seife auszuwaschen und Zucker darauf zu streuen, um den Schmutz herauszuziehen. Genau so machte ich es auch.«

»Mit mir zusammen befanden sich fünf Verletzte an Bord. Einer war den Turm herabgestürzt und hatte sich ein Bein gebrochen, ein zweiter war schwer krank, ohne dass man die Ursache feststellen konnte. Einem dritten, der im achteren Torpedoraum arbeitete, war ein Torpedo ins Kreuz gefallen, als dieser beim Tauchen aus dem Rohr rutschte. Er konnte nicht flach ausgestreckt liegen. Deshalb nietete die Besatzung des Versorgungsbootes einige Metallteile zusammen und bastelte ein Korsett für seinen Rücken, wodurch er wieder liegen konnte. Der vierte Mann hatte eine Geschlechtskrankheit.«

Zurück in Saint-Nazaire, wurde Tegtmeier von dem U-Tanker in ein Krankenhaus bei La Baule verlegt. Dort erfuhr er, dass sein ehemaliges Boot, U-597, am selben Tag in Brest festgemacht hatte. »Nach einem vierzigtägigen Urlaub fuhr die Besatzung wieder hinaus und kehrte nicht mehr zurück. Ein Liberator-Bomber hatte das Boot im Nordatlantik versenkt. Es war ein Totalverlust, keiner hat überlebt.« Da Tegtmeiers Wunde noch nicht einmal nach Großmutters Rezeptur völlig ausgeheilt war, hatte er nicht mitfahren können.

Zur Baubelehrung auf U-718, seinem nächsten Boot, wurde Walter mit der übrigen Besatzung nach Hamburg versetzt, wo sie sich mit allen Einzelheiten des neuen Unterseebootes vertraut machen sollten. Anfang November 1943 nahm das Boot die routinemäßige taktische Einsatzausbildung in der Nähe von Gotenhafen in der Ostsee auf. »Mit zehn bis fünfzehn Unterseebooten übten wir Angriffe auf einen aus fünfzehn Schiffen bestehenden Geleitzug.

Am 11. November liefen wir morgens um 04.30 Uhr bei heftigem Schneesturm aus, während gleichzeitig ein anderes Boot einlief. In völliger Dunkelheit kollidierten wir aufgetaucht mit voller Fahrt. Das andere Boot rammte uns in Höhe des Maschinenraums.« Walter hätte zu diesem Zeitpunkt eigentlich dort Wache gehen müssen, war aber in die Zentrale abgeteilt worden. Er gehörte zu den dreien, die durch den Turm nach oben klettern und entkommen konnten. Auf der Brücke traf er noch einige andere Kameraden.

Da die Übungen in der Ostsee äußerst gefahrvoll waren und sich schon zahlreiche Unfälle ereignet hatten, trugen die Besatzungen stets Schwimmwesten. »Als das Boot wegsackte, war die Brücke voller Menschen. Ich wusste überhaupt nicht, was los war, und dachte nur, es sei wohl das Beste, ins Wasser zu springen. Dann aber merkte ich, dass ich bereits im Wasser trieb.« Walter hatte es in Lederhose und Hemd leichter als die Männer von der Brücke in ihrer schweren Wetterschutzbekleidung. Der Kommandant, Oberleutnant zur See Helmut Wieduwilt, versuchte noch, die um ihr Leben kämpfenden Männer zusammenzuhalten. Sie trieben aber rasch auseinander und waren in der kabbeligen See nur schwer auszumachen. In der Dunkelheit und dem Schneetreiben versuchte Walter vergeblich, auf unterschiedliche Weise seine Schwimmweste aufzublasen. Als er aber in der Ferne ein Licht erkannte, gab er diese Versuche auf und schwamm darauf zu. »Da schwimmt einer«, hörte er aus weiter Ferne.

»U-476, das uns gerammt hatte, suchte mit Scheinwerfern die See ab. Der Bug war völlig verbogen, die Torpedorohre nach oben gerichtet. Ich hörte sie rufen. Als das Boot aber plötzlich ablief, fürchtete ich bereits, sie würden mich hier treiben lassen und hatte große Angst.« Das Boot hatte aber lediglich gewendet, um den treibenden Seemann an seine Leeseite zu bekommen. Die Besatzung von U-476 rettete Walter und sechs weitere und entdeckte nach fünfundvierzig Minuten schließlich auch Wieduwilt. »Irgendeiner sprang von dem Unterseeboot in die See und zog ihn heran, denn er konnte sich nicht einmal mehr bewegen.«

»Bei diesen taktischen Übungen, den letzten, bevor es in den Einsatz ging, haben sie zwölf Unterseeboote verloren«, berichtete Tegtmeier. Ohne Radar und die nötigen Fernmeldemittel besaßen die U-Boote keine Möglichkeit, sich gegenseitig zu orten. Alleine auf U-718 starben siebenundvierzig Mann. Es war üblich, jeden U-Bootunfall genau zu untersuchen und ein Havarieverfahren einzuleiten. Auch diese Kollision wurde ganz offiziell überprüft, wobei das Seeamt allerdings niemand schuldig sprach. Wieduwilt übernahm einige Monate später das Kommando über U-262. »Der andere Kommandant, der uns gerammte hatte, blieb auf seinem Boot und ging damit später im Nordmeer unter.«

Im März 1944 wurde Walter auf U-997 versetzt. »Unser Obermaschinist war in einem Königsberger Restaurant festgenommen worden, weil er einen

Beispiel eines U-Boots,
hier U-259, mit verbogenem Bug.
(Bundesarchiv Koblenz)

Feldjäger getreten hatte. Er ging daraufhin für vier Monate in den Bau. Ich sollte ihn vertreten.« Das Nordmeer wurde ihr Operationsgebiet. Dort sollten sie die russische Häfen ansteuernden Geleitzüge angreifen.

Die Einsätze im Eismeer stellten die Unterseeboote vor große Schwierigkeiten, denn nach jedem Auftauchen »begann alles zu vereisen – die Antennen, der Turm, die Waffen, alles«. Bei den äußerst niedrigen Temperaturen sprühten die raue See und der heftige Wind Feuchtigkeit über die Brückenwache und ließ ihre Schutzkleidung steif frieren. Kletterten sie dann ins Boot hinunter, brachen sie das Eis ab und versuchten sich aufzuwärmen. »Wenn wir aufgetaucht fuhren, vereisten unsere Geschütze und wir waren gegenüber Flugzeugen wehrlos. Wir konnten dann nur noch tauchen.« Die Elemente waren ihr schlimmster Feind.

Glücklicherweise musste Tegtmeier nicht auf der Brücke Dienst tun und sich steif frieren lassen. »Allerdings erhielten wir Schiffstechniker schon die Möglichkeit, für fünf Minuten in den Turm zu klettern, wo wir ein wenig frische Luft schnappen konnten.« In den nahezu endlosen Nächten kletterten die Männer doch gelegentlich auf die Brücke, um einen kurzen Blick auf die Mitternachtssonne zu werfen.

Der Golfstrom hielt die nördlichen Häfen wie Narvik eisfrei. »Deshalb stachen die Geleitzüge von Amerika aus Halifax in See und fuhren dicht an der Eisgrenze entlang. Dabei steuerten sie jedes Mal einen anderen Kurs, um die Unterseeboote zum Narren zu halten. Wir selbst gerieten auf der Jagd nach den Geleitzügen niemals in dichtes Packeis, da deren Schiffe das Eis mieden. So rettete in der Tat der von Texas kommende Golfstrom vielen U-Bootfahrern das Leben.«

Im April 1944, weniger als zwei Monate vor Beginn der alliierten Invasion in der Normandie, wurde Walters Boot mit zwanzig weiteren als Gruppe »Mitte« nach Kristiansand in Norwegen und von dort nach Egersund verlegt. Lehmanns Kriegstagebuch gibt darüber Auskunft. Die Gruppe sollte »eine mögliche Invasion abwehren«. Dort lagen die Boote vom 2. bis zum 14. Mai in Bereitschaft. Die Marineführung spürte, dass eine alliierte Landung auf dem Kontinent unmittelbar bevorstand, wusste aber nicht, wann und wo. Als nichts geschah, wurde U-997 mit drei weiteren Booten nach Narvik verlegt. Von dort aus schickte sie der Führer der U-Boote Norwegen, Fregattenkapitän Reinhard Suhren, auf Patrouille zwischen Norwegen und der westlich gelegenen Insel Jan Mayen. U-997 versuchte erfolglos eine Trägergruppe anzugreifen und lief dann Hammerfest an.

Mitte Juli lief das Boot gemeinsam mit U-425 und U-362 auf der Suche nach Geleitzügen aus. Allerdings erzwangen schwere Angriffe aus der Luft ihre Rückkehr in den Stützpunkt. Relativ kleine Gruppen von Handelsschiffen fuhren damals im Schutz zahlreicher Geleitfahrzeuge und Träger, was die Versuche der U-Boote, den Feind anzugreifen, nahezu unmöglich machte. Dabei wurde auch die Mehrzahl der Boote versenkt oder schwer beschädigt. Nur eins von fünf Unterseebooten kehrte vom Einsatz zurück. Walters Boot lag häufig zur Instandsetzung im Stützpunkt. Einmal wurde U-997 im Zeitraum von nur achtundvierzig Stunden dreiundzwanzigmal unter Wasser gedrückt. Da die U-Bootbesatzungen gezwungen waren, stundenlange Wasserbombenangriffe in gefährlicher Tiefe zu erdulden, wurden Nerven und Stimmung erheblich strapaziert.

Am 13. Oktober 1944 lief Lehmanns Boot gemeinsam mit Hans Georg Hess (U-995) und Günther Unverzagt (U-965) zur Jagd auf einen PQ-Geleitzug aus. Als U-997 dicht an der Eisgrenze und im Halbdunkel Richtung Murmansk lief, empfing Lehmann den fragwürdigen Befehl des BdU, wonach alle U-Boote ab sofort feindliche Flugzeuge aufgetaucht bekämpfen mussten und nicht tauchen durften. »Gott sei Dank«, bemerkte der Kommandant, »sichteten wir keine Flugzeuge.«

Dann aber geschah das Unvermeidliche. Ein Thunderbolt-Aufklärungsflugzeug entdeckte das Boot und rief Unterstützung herbei. Wenig später näherte sich eine Gruppe von Zerstörern und warf zwölf Stunden lang Wasserbomben. Zwei Nächte später wurden sie sogar siebzehn Stunden lang mit Wasserbombenteppichen belegt. Danach wurde Lehmann angewiesen, nach Narvik zurückzukehren.

Nach Abschluss ihrer fünften Unternehmung, auf der sie sich heftige Gefechte geliefert und trotzdem fast nichts erreicht hatten, lief die Besatzung in Narvik ein und feierte Weihnachten auf dem Wohnschiff BLACK WATCH. Unterdessen wurde das Boot mit einem neuen Schnorchel ausgerüstet. Ehe sie bei äußerst schwerem Wetter nach Harstad ausliefen, wurde die Besatzung kurz daran ausgebildet. »Etwa gegen fünf Uhr morgens gingen wir trotz schwerer See von achtern auf Schnorchelfahrt. Einige Male schnitten wir unter und blieben kurzzeitig getaucht. Sobald der Schnorchelmast untertauchte, musste die Besatzung blitzschnell die Diesel abstellen.« Als einmal der Steuerborddiesel plötzlich ausfiel, strömten durch den geöffneten Lufteintritt, die Abgasventile und den Schnorchelmast zehn bis fünfzehn Tonnen Wasser in den Dieselraum. »Wir versuchten, das Wasser aus dem Motor in die Bilge ablaufen zu lassen und den Backborddiesel zu reinigen. Er wollte aber auch nicht anspringen.« Unterdessen füllten Kohlendioxyd und Abgasqualm das Boot. Nahezu jeder Besatzungsangehörige, der nicht an seinen Tauchretter herankam, begann zu keuchen und zu würgen. Der Kommandant ließ das Boot so schnell wie möglich auftauchen und versuchte, die Schwierigkeiten mit seiner kranken und kaum noch einsatzfähigen Besatzung und den fünfzehn Tonnen Wasser in der Bilge des Dieselraums zu beheben.

An der Oberfläche wurde das Wasser außenbords gepumpt und die Maschinen angelassen, sodass U-997 die Batterien wieder aufladen konnte. Dann brannte plötzlich ein Sicherungskasten und verbreitete dichten schwarzen Rauch. Als Krönung des Ganzen fielen auch noch der Kreisel- und der Magnetkompass aus. In all dem Chaos schrillte die Alarmklingel, und U-997 ging in steilem Winkel auf Tiefe. Dabei ging der Bootsmaat Sachse über Bord. Als Lehmann endlich auftauchte, fand er keine Spur mehr von ihm.

Die sechste Unternehmung führte U-997 bei der Verfolgung eines Geleitzugs im März 1945 in die Gegend von Murmansk. Nachdem sie versucht hatten, einen Zerstörer zu versenken, beschädigten Wasserbombenteppiche das Boot so schwer, dass sie den Einsatz abbrechen mussten. Zehn Tage später machten sie erneut in Narvik fest. Auf ihrer siebten und letzten Feindfahrt griff U-997 zwei Handelsschiffe an, die von zehn Zerstörern und vielen Flugzeugen gesichert wurden. Lehmann verschoss sieben Torpedos und zählte im Gegenzug 480 Wasserbomben. Er schaffte es aber, am 25. April 1945 in Narvik einzulaufen.

»Bei Kriegsende standen wir dicht vor Murmansk, als uns der Befehl erreichte, die Kriegsflagge mit dem Hakenkreuz niederzuholen und stattdessen eine schwarze Flagge zu setzen. Damit sollten wir dann Murmansk anlaufen. Wir alle waren uns einig: ›Die müssen verrückt sein.‹ Deshalb setzten wir die schwarze Flagge, liefen aber nach Norwegen zurück.« Kein Deutscher war bereit, sich freiwillig seinem Todfeind Russland zu ergeben. An einem Sammelpunkt in Narvik traf U-997 auf dreizehn weitere Boote der Gruppe Nordmeer sowie die Wetterschiffe. »Eigentlich wollten wir nach Trondheim verlegen«, sagte Tegtmeier, »denn das war unser Stützpunkt, wo unsere persönliche Ausstattung lagerte. Das aber lehnten die Kanadier ab. ›Nein, die Boote laufen geradewegs nach Schottland.‹«

Bewacht von fünf kanadischen Korvetten nahmen die vierzehn U-Boote Kurs auf Schottland. Unterwegs legte eines der Boote eine Zwangspause ein, um eilige Reparaturarbeiten vorzunehmen. »Die Kanadier übermittelten dem Boot folgenden Morsespruch: ›Wir können uns nicht vorstellen, dass ein U-Boot technische Schwierigkeiten hat. Das ist nicht typisch deutsch‹«, erklärte Walter. Das U-Boot bestätigte, tatsächlich Probleme zu haben, und blieb unter Bewachung einer Korvette zurück, während die übrigen die Überfahrt fortsetzten.

In Loch Eriboll in Schottland besetzte eine Anzahl britischer Soldaten die Unterseeboote, während dafür einige Besatzungsangehörige von Bord gingen. So fuhren die Boote weiter nach Londonderry in Nordirland. »Dort vereinigten wir uns mit vierzig weiteren deutschen U-Booten, die bereits in Fünfergruppen an der Pier vertäut lagen.« Weitere Besatzungsangehörige, darunter auch der Kommandant, mussten das Boot verlassen, sodass nur fünfzehn bis zwanzig Mann – auch Walter – an Bord zurücklieben und Proviant und Waffen entluden sowie die Maschinen der Boote eines Fünferpäckchens warteten.

Nachdem die Boote ausgeräumt waren, wurden die modernsten Boote der Typen XXI und XXIII verlegt, während die älteren, die Standardtypen, zur Übergabe an die Russen und die Briten zusammengestellt wurden.

In den Monaten vor den Übergabeverhandlungen blieb Walter als ausgebildeter Maschinist mit einigen Besatzungsangehörigen als Wartungspersonal an Bord von U-997. »Einmal in der Woche führten sie uns unter Bewachung in ein nahe gelegenes Gefangenenlager zum Duschen. Anschließend zeigten sie uns einen Film über die Befreiung eines Konzentrationslagers. Als wir dann das Kino verließen, fragten sie uns, was wir dazu meinten. ›So etwas sah ich in einem deutschen Film‹, sagte ich ihnen, ›als sie Massengräber in Katyn in Polen öffneten und eine Gruppe hochrangiger polnischer Offiziere fanden, welche die Russen ermordet hatten.‹«

Als drei Wochen später viele weitere U-Boote eingetroffen waren und an der Pier keinen Platz mehr fanden, wurde U-997 in die Bay of Stranraer in Schottland verlegt und dort an einer Festmachertonne vertäut. »Dort hockten wir auf unseren leeren Booten und hatten nichts zu tun. Unsere einzige Aufgabe bestand darin, einmal am Tag die Diesel anzuwerfen und sie ansonsten zu warten. Die übrigen langen Stunden faulenzten wir. Zum Zeitvertreib bas-

Fünfundfünfzig U-Boote, die die Alliierten bei Kriegsende erbeuteten, liegen am 6. Juni 1945 in Londonderry an der Pier. In dem zweiten Päckchen von unten hat U-997 direkt an der Pier festgemacht. (U-Bootarchiv, Cuxhaven)

telten wir Drachen und ließen sie fliegen.« Walter berichtete, dass diese die Piloten der britischen Flugzeuge behinderten, worauf sie ihr kleines Vergnügen einstellen mussten. »Dafür bauten wir dann einen hölzernen Käfig, eine Falle, die wir über eine Schnur mit dem Turm verbanden. Sobald eine Taube dort hinein flog, schlossen wir die Klappe und fingen sie. Mit einem Nylonfaden am Hals ließen wir sie dann wieder fliegen. Damit hatten wir wenigstens eine Beschäftigung. Wir waren ja alle noch sehr jung, ich war damals fünfundzwanzig.«

Walter war Nichtraucher, hatte aber einige Zigarren aufgespart. Da er wusste, dass die anderen gerne rauchten, versprach er demjenigen eine Belohnung von drei Zigarillos, der ins Wasser sprang. »Es gab zahllose Abnehmer«, kicherte er, »Sie kennen ja die alte deutsche Redewendung, ›Müßiggang verdirbt den Charakter.‹«

Sieben Monate später traf im Dezember 1945 an Bord eines Kreuzers eine russische Delegation ein und verhandelte über die Aufteilung der Unterseeboote. Dabei verlangten sie, auch einige der moderneren Typen zu übernehmen. »Die Verhandlungen dauerten sehr lange, ohne dass die Amerikaner und die Briten in diese Forderung einwilligten. So konnten die Russen lediglich sechs Standardboote überführen.« Im Januar 1946 versenkten die Briten im Rahmen der Operation »Deadlight« den gesamten Rest – 110 U-Boote, darunter auch U-997. Zweihunderteinundzwanzig Kommandanten hatten lieber ihre Boote versenkt, als sie zu übergeben, einhundertsechsundfünfzig hatten kapituliert.[1]

Walter Tegtmeier verbrachte weitere neun Monate als »Gast des Königs« in einem Kriegsgefangenenlager in Schottland und wurde am 29. September 1946 in die Freiheit entlassen. Während seiner Verwendung auf drei Unterseebooten entging er dem Tod auf dem ersten nur aufgrund eines verletzten Daumens, überlebte den Unfall der Kollision auf dem zweiten und sieben Feindfahrten auf dem dritten. »Mein ehemaliges Boot U-718 liegt noch immer in etwa achtzig Meter Wassertiefe in der Ostsee.«

Wenn Tegtmeier heute seine Erfahrung zusammenfasst, kommt er zu folgendem Schluss: »Auch wenn ich sehr schwierige und gefährliche Situationen auf See erlebt habe, würde ich mich heute wieder freiwillig melden. Die vielen guten Beziehungen zu den Amerikanern und den Briten, unseren ehemaligen Feinden, haben für meine Freunde und mich einen hohen Stellenwert.«[2]

17 Josef Matthes, U-963

Matthes fuhr unter drei verschiedenen Kommandanten dreihundert Tage auf U-963 und überlebte neun Einsätze. Während der Vorbereitungen auf eine Feindfahrt im Jahre 1944 brachte sein Kommandant, der Oberleutnant zur See Karl Baddenberg, ein kleines Bündel Holz an Bord. Auf der siebenundsechzigtägigen Einsatzfahrt bastelte Baddenberg zwischen Torpedoschießen und Wasserbombenangriffen daraus eine Wiege für sein erstes Kind, das bald auf die Welt kommen sollte. Als U-963 anschließend nach Brest zurückkehrte, war die neue Wiege am Bug befestigt. Deshalb wählte die Besatzung dieses Kinderbett als Turmwappen aus. Noch viele Jahre später übergab ein Besatzungsangehöriger diese Wiege an den nächsten, sobald sich dort ein neues Familienmitglied ankündigte.

Gleich bei seinem ersten Einsatz auf einem deutschen Unterseeboot erlebte Josef Matthes dessen ständige Jagd auf die für Murmansk bestimmten Geleitzüge. Sobald die Ausgucks diese Schiffsansammlung entdeckt hatten, meldete das Boot deren Position dem BdU, der wiederum U-Bootrudel darauf ansetzte und versuchte, so viele Handelsschiffe und Geleitfahrzeuge wie möglich zu versenken. »Uns bot sich häufig die Möglichkeit zum Angriff, aber unsere Torpedos erwiesen sich als nicht sehr wirkungsvoll«, erklärte Matthes. »Wir führten Spezialtorpedos mit, die auf Schraubengeräusche ansprachen und diese ansteuerten. Allerdings kannten die Amerikaner und Briten diese Waffen und schleppten an einer langen Stahltrosse einen Täuschkörper hinter ihren Geleitschiffen her. Dieser war lauter als die Maschinen, sodass der Torpedo den Täuschkörper ansteuerte.«

Als Deutschland im Mai 1945 kapitulierte, mussten alle U-Boote eine schwarze Flagge setzen und einlaufen. »Wir standen damals in der Irischen See und sollten einen englischen Hafen anlaufen. Als wir die Irische See hinter uns ließen, fragte unser Kommandant Rolf-Werner Wentz: ›Was sollen wir tun?‹« Die Besatzung ließ sich ihre schwierige Lage durch den Kopf gehen und sah nur zwei Lösungsmöglichkeiten: entweder in ein britisches Gefangenenlager zu gehen oder auf irgendeine Weise nach Deutschland zurückzukehren. »Der Kommandant ließ uns wissen, dass beides nicht durchführbar sei und er beabsichtige, sich nach Süden, vielleicht nach Argentinien, abzusetzen. Für diese lange Reise verfügten wir zwar über genügend Proviant, nicht aber über den erforderlichen Kraftstoff.«

Da Südamerika nicht mehr in Frage kam, entschieden sie, stattdessen Spanien anzulaufen. Dann aber hörten sie im Radio, dass das Land mit wirtschaftlichen und politischen Schwierigkeiten zu kämpfen hatte. »Da blieb uns damals nur noch Portugal. Als wir die portugiesische Küste erreichten, feuerten wir mit Hilfe unserer Signalmunition SOS. Über Funk teilten uns die Portugiesen mit, dass sie uns nur retten würden, wenn wir ihnen das Boot übergeben.« Da die Besatzung nicht vorhatte, U-963 auszuliefern, »machten wir uns an die Arbeit und zerstörten alles in dem Boot, auch die Maschinen. Wir mussten in die Schlauchboote springen und vom Boot wegpaddeln, denn unser Kommandant hatte die Zeitzünder eingestellt und die Sprengpatronen angeschlagen. Weitab von unserem Boot hörten wir eine gewaltige Explosion, und unser Unterseeboot verschwand in der etwa dreihundert Meter tiefen See.« Als ein portugiesischer Marineschlepper die Position erreichte, waren alle Maschinen unbrauchbar und das Boot bereits halb eingetaucht.

Sicher in dem Dorf Nazaré angelangt, marschierte die erleichterte Besatzung ganz ruhig mit ihren Bewachern zur Feuerwache, wo sie eingesperrt wurden. »Dort führte unser Kommandant intensive Gespräche mit den portugiesischen Offizieren, bis sie uns schließlich in ein Hotel im Ort führten. Dort servierte man uns ein schmackhaftes Abendessen mit Fisch und ausgezeichnetem Wein. Es standen sogar frische Blumen auf dem Tisch. Da das Hotel zu klein war, um uns alle unterzubringen, fuhren uns die Wachen zur Küste hinunter nach Peniche. Die dortige kleine Festung diente als unser Gefängnis.«

Am nächsten Morgen fuhren Busse vor und brachten die Besatzung von U-963 in die Stadt. Auf dem Weg dorthin rief die portugiesische Bevölkerung »Viva Germany, Heil Hitler«. Josef berichtete, dass sie sich bei den Behörden beschwerten, denn Kriegsgefangene durften nicht in einem Gefängnis festgehalten werden. Allerdings fanden ihre Proteste kein Gehör. »Anschließend fuhren wir nach Lissabon und freuten uns auf ein Fleckchen, das sie uns als sehr angenehm beschrieben. Nach der totalen Verdunkelung daheim während des Krieges waren wir von der Lichterfülle der Metropole völlig fasziniert.« Der Bus fuhr durch Lissabon hindurch an die Küste und brachte Josefs Kameraden in ein ehemaliges Sommerlager für Kinder portugiesischer Soldaten. »Es war eine fantastische Unterkunft, mit allem ausgestattet. Wir erhielten Toilettenartikel und sogar Wein.« Sie konnten sich zu den Mahlzeiten bestellen, was ihnen schmeckte, nur durften sie das Lager nicht verlassen. Eine eineinhalb Meter hohe Mauer umgab den von portugiesischen Soldaten bewachten Bereich, die allerdings nur nachts daran entlang patrouillierten.

Jeden Abend zählte eine Kommission portugiesischer Offiziere die Besatzungsmitglieder, um sicher zu gehen, dass sich keiner von ihnen selbstständig gemacht hatte. »Kurz bevor der portugiesische Kommandant wieder ging, pflegte er zu sagen: ›Ich wünsche, dass sie ein Nazi-Lied für mich singen.‹ Und jedes Mal antworteten wir im Chor: ›Nein! Wir singen ausschließlich Seemannslieder.‹«

»Wir lebten etwa drei Monate dort«, erinnerte sich Matthes, »und fühlten uns wie im Paradies.«

Diese paradiesischen Zustände konnten jedoch nicht andauern, da die Briten darauf bestanden, ihnen die deutschen Gefangenen auszuliefern, weil Portugal während des Krieges neutral geblieben war. »Eines Tages lief ein britisches Kriegsschiff ein, dessen Seeleute tatsächlich Angst vor uns hatten, auch wenn wir keinerlei Schusswaffen und noch nicht einmal Messer besaßen.« Die Besatzung von U-963 wurde namentlich aufgerufen und anschließend an Bord geführt, wo bereits überall bewaffnete Seeleute postiert waren, die jederzeit hätten schießen können. »Wir wurden unter Deck gebracht, wo wir das Abendbrot einnahmen und uns anschließend freundschaftlich mit unseren Wachposten zusammensetzten. Es war schon eine eigenartige Situation, denn wir sprachen die Briten an: ›Bitte zeigt uns doch einmal, welche Handgriffe ihr beim Präsentieren des Gewehrs gelernt habt und was ihr sonst noch könnt.‹« Liebenswürdigerweise führten die Briten ihre Präsentiergriffe vor und boten die Waffen anschließend Josefs Kameraden mit den Worten an: »Nun zeigt ihr uns einmal, wie die Deutschen das machen.« Daraufhin präsentierten mehrere U-Bootfahrer die geladenen Gewehre ihrer ehemaligen Gegner.

»Wir durften uns täglich etwa eine Stunde lang an Oberdeck aufhalten, manchmal durften wir sogar mit besonderer Erlaubnis alle Bereiche des Schiffes, einer Korvette, besichtigen. Wir fragten auch, wohin das Schiff fuhr, aber das wussten die Seeleute nicht.« Als Gibraltar in Sicht kam, steuerte das Schiff den gewaltigen Felsen an und machte im Marinestützpunkt fest. Dort wurde die U-Bootbesatzung an Land gebracht und zur Befragung in dem Militärgefängnis inhaftiert. »Einige der britischen Vernehmungsoffiziere waren Juden, die schlugen uns. Jeweils zu zweit wurden wir in eine winzige Zelle geführt und verhört. Allerdings hatte uns unser Kommandant genau unterrichtet, was wir sagen sollten und was nicht. Die Anhörung durch einen britischen Offizier dauerte mehrere Tage. Auf die Frage, wie sie ausgerechnet nach Portugal kamen, gaben die Männer stets die gleiche Antwort: »Britische Bomben haben U-963 versenkt.«

Ein winziges Fenster ließ ein wenig Licht in die Zellen mit der großen eisernen Tür. »Wir durften auch rauchen, besaßen aber keine Streichhölzer.« Irgendwo in dem Gefängnis hörten sie, wie ein britischer Gefangener auf dem Dudelsack spielte. Ganz allmählich gewöhnten sie sich an ihre Zellen, auch wenn das Gefängnis von Insekten nur so wimmelte. »Das Ungeziefer machte uns zu schaffen. Daher zogen wir uns die Kragen unserer Rollkragenpullover über die Köpfe, um unsere Gesichter zu schützen. Es war grauenvoll. Einer meiner Freunde wurde ganz übel gebissen.«

Die Verhältnisse besserten sich für Josef, als die Besatzung auf dem Seeweg nach England überführt und in einem Dorf außerhalb Londons untergebracht wurde. Dort halfen sie bei der Ernte. Matthes beendete seine Gefangenschaft als Feldarbeiter bei einem Bauern, wo er abends sogar gelegentlich auf dessen beide Kinder aufpasste. »Das war eine wirklich großartige Erfahrung«, lächelte er.[1]

18 Helmut Wehlte, U-903, und Günther Thiemrodt, U-1205

Helmut Wehlte stammt aus einer Handelsschifferfamilie, und einer seiner Onkel trug als Kapitän eine prächtige blaue Uniform. »Alle Mädchen waren ganz verrückt nach ihm«, berichtete Helmut, »daher glaubte ich, es ihm nachmachen zu müssen.« Mit siebzehn meldete Wehlte sich freiwillig zu den Unterseebooten und fuhr als Maschinenmaat auf U-963 (das Boot mit der Wiege als Turmwappen). Günther Thiemrodt, Maschinenmaat auf U-1205, und Helmut Wehlte beteiligten sich bei Kriegsende an einer wenig bekannten dramatischen Rettungsaktion.

Als das Dritte Reich militärisch immer mehr in die Defensive gedrängt wurde, eröffneten die Russen im Januar 1945 ihre Großoffensive an der Ostfront und zwangen hunderttausende deutscher Zivilisten und Soldaten zur Flucht aus den Ostgebieten nach Westen. »Da der U-Bootkrieg nicht länger die vorrangige Aufgabe der Kriegsmarine war«, schrieb Großadmiral Karl Dönitz in seinen Memoiren, »stellte ich erhebliche Teile der Flotte zur Kampfunterstützung der Ostfront und zur Rettung deutscher Staatsbürger vor den Russen ab.« Dieser Einsatz von Einheiten der Marine sowie der Handelsschiffe und jedes verfügbaren Dampfers zur Evakuierung führte zu einem ungeheuren Drama, das Dönitz bei Kriegsende zwang, die Kapitulation immer weiter hinauszuschieben.[1]

»Es war ungewöhnlich, auf einem Unterseeboot Passagiere mitzunehmen. Dafür gab es viele Gründe. Geheimhaltung war einer davon, denn es gab eine Menge Geräte, die keiner sehen durfte«, erläuterte Wehlte. Die Frage des Raums war ein zweiter ganz entscheidender Faktor, denn ein U-Boot bot kaum Platz für fünfzig oder mehr Menschen, die sich die Kojen und zwei winzige Toiletten teilten. Helmuts Boot war an dieser von Karl Dönitz geleiteten hochdramatischen Evakuierung der Flüchtlinge – der Unternehmen Rettung – beteiligt.

Die Bedingungen hätten Anfang 1945 in Deutschland gar nicht schlimmer sein können: die Munitionsvorräte waren aufgebraucht, die Waffen zerstört, es gab kaum noch Nahrungsmittel oder Kraftstoff. Das Fernmeldenetz war zusammengebrochen, Italien hatte kapituliert, und die Heeresverbände in

Helmut Wehlte

Ost- und Westpreußen wurden von den weit überlegenen russischen Truppen zerschlagen. Dönitz befahl, jedes fahrbereite Schiff »gleich welcher Größe oder Art« einzusetzen, um die Flüchtlinge und die verwundeten Soldaten in den Westen Deutschlands zu evakuieren. Vergewaltigung, Mord und Versklavung vor Augen, floh ein endloser Strom von Männern, Frauen und Kindern auf allen nur denkbaren Transportmitteln überstürzt hinter die amerikanischen und britischen Linien in Sicherheit. So kam es, dass auch U-903 zur Rettung dieser Menschen eingesetzt wurde.

»Die Transportfahrzeuge stachen von Königsberg, Pillau, Danzig, Gotenhafen, Elbing und anderen Häfen aus in See«, erklärte Wehlte. »Ende 1944 lag U-903 an der Pier, um überholt und für einen weiteren Fronteinsatz repariert zu werden. Plötzlich beleuchteten ›Weihnachtsbäume‹ das bewegungsunfähige Boot, dann fielen einige Bomben, die glücklicherweise keinen Schaden verursachten.«

Als die Sowjetunion ihre Großoffensive an der Ostfront eröffnete, befahl der BdU U-903 und zwei weiteren Unterseebooten, nach Danzig an das Krantor zu verlegen, um von dort aus die Stadt mit Strom zu versorgen. »Wir waren entsetzt über diesen Auftrag, denn dabei konnten wir nur versenkt oder gefangen genommen werden.« Helmut berichtete, dass die Seeleute

Günther Thiemrodt

angesichts der drohenden Niederlage Deutschlands zu sagen pflegten: »Genießt den Krieg, der Frieden wird schrecklich.« Allerdings brauchte U-903 keinen Strom mehr zu erzeugen. Das Boot wurde, sehr zur Erleichterung der Besatzung, zur Evakuierung eingesetzt. Nichts fiel ihnen leichter, als aus Danzig auszulaufen, zumal die Rote Armee bereits die Vororte erreicht hatte.

»Eines Abends – an das Datum kann ich mich nicht mehr erinnern –, es war aber kein dreizehnter, kletterten etwa zwanzig Zivilisten, darunter auch Kinder, an Bord. Sie stammten aus verschiedenen Gebieten Ostpreußens. An Bord gab es kaum ausreichend Platz für die Besatzung, geschweige denn für eine Anzahl Passagiere, am wenigsten aber für solche, die unter Platzangst litten. Zudem würde der Feind, der ja nicht wissen konnte, dass wir uns in einem Rettungseinsatz befanden, nicht zögern, uns anzugreifen. Junge, was für eine Fahrt stand uns da bevor.«

In der Januarnacht vor ihrem Auslaufen führte ein Tief sintflutartige Regenfälle und heulenden Sturm heran. Bei Auslaufen »wurde alles, was nicht festgebunden war, in dem Boot hin- und hergeschleudert. Wir verloren sogar Teile unseres Oberdecks.« Die Passagiere versuchten, die Besatzung nicht zu behindern und kauerten auf den Kojen der Wachgänger. Die Kinder, denen gefährliche und beängstigende Situationen vertraut waren, saßen ganz still und verhielten sich sehr manierlich. Als das Unterseeboot durch die Dunkelheit Kolberg ansteuerte, wurden viele bei dem heftigen Stampfen und Rollen seekrank, während andere Prellungen erlitten, weil sie gegen Metallteile geschleudert wurden.

»Wir mussten irgendwie versuchen, ohne tauchen zu dürfen, unsichtbar zu bleiben. Dabei wurde der Sturm unerwartet unser Verbündeter, denn er half, uns der Sicht des Feindes zu entziehen. Ströme von Wasser stürzten durch das Turmluk ins Boot, während alle in der Zentrale ständig bemüht waren, es wieder außenbords zu pumpen. Mit all den Gegenständen, die in dem Boot herumflogen, landete auch ein Papiersack voller Nudeln in der Bilge. Als sich der Sack aufgelöst hatte, wurden die Nudeln von den Lenzpumpen angesaugt und verstopften die Filter. »Neben all unseren anderen Schwierigkeiten mussten wir die Filter herausnehmen, die Nudeln entfernen, den Filter reinigen und wieder einsetzen.«

Eine weitere Sorge betraf die Trimmung des Bootes. »Täglich erstellte der Leitende die Gewicht- und Trimmtabelle, um festzustellen, ob das Boot ausgetrimmt war und das nötige Gewicht zum Tauchen aufwies. Das war allerdings kaum möglich, da wir nie die richtige Gewichtsverteilung kannten.« In der ständigen Erwartung feindlicher Angriffe durchpflügte das Boot vier Tage lang die unruhige Ostsee.

Schließlich erreichte U-903 mit einer dankbaren Besatzung und dankbaren Passagieren seinen Bestimmungshafen, während die beiden anderen U-Boote versenkt wurden. »Wir lieferten unsere wertvolle Fracht mit Bauchschmerzen und voller blauer Flecke am ganzen Körper in Kolberg ab und fuhren anschließend nach Lübeck weiter. Ich frage mich, ob heute noch einer von denen lebt, die damals auf unserem Unterseeboot diese schicksalhafte Fahrt mitgemacht haben. Ich kenne jedenfalls keinen«, schloss Wehlte.

Auch Günther Thiemrodt erlebte als Maschinenmaat auf U-1205 die Massenflucht mit. Im April 1945 lief sein Boot zur Frontausbildung in die Danziger Bucht. Da aber die gefürchtete Rote Armee immer näher rückte, wurde es schließlich zur Evakuierung eingesetzt. »Wir mussten etwa dreißig Jungen im Alter zwischen zehn und vierzehn an Bord unterbringen. Einer davon bestand darauf, sein Fahrrad mitzunehmen, was natürlich nicht in ein Unterseeboot passte.« Da es offenkundig nicht durch das Turmluk passte, band die Besatzung es am Schutzschild des Flakgeschützes fest.

»Wir forderten den Jungen auf, die Luft aus den Reifen zu lassen«, erklärte Thiemrodt, »was er aber ablehnte, da er angeblich keine Luftpumpe besaß, um sie wieder aufzupumpen. Auf unserer Fahrt nach Warnemünde wurden wir mehrfach gezwungen zu tauchen. Dabei stieg der Druck auf die Reifen derart, dass sie platzten.« Als der Junge das feststellte, weinte er bitterlich, denn auch wir konnten den Schaden nicht mehr beheben. Auch die Besatzung war nicht glücklich, denn die Kinder hatten Läuse, sodass sie anschließend zur Entlausung nach Kiel verlegten. Wenigstens aber waren alle am Leben.

In den hektischen Monaten Januar bis Mai 1945 hingen die Operationen zur Evakuierung der Menschen ausschließlich von den Transporten über See ab, denn die Landverbindungen wurden entweder durch die Russen unterbrochen oder ständig bombardiert. In diesem Zeitraum gelangten 2022602 Menschen aus Kurland, Ost- und Westpreußen, Pommern und Mecklenburg über die Ostsee in die Freiheit. »Die Evakuierung wurde unter andauernden Angriffen britischer, amerikanischer und russischer Flugzeuge sowie russischer Unterseeboote … und in Seegebieten durchgeführt, die stark vermint waren und ständig neu vermint wurden«, berichtete Admiral Dönitz in seinen Memoiren. Viertausend Flüchtlinge starben auf der WILHELM GUSTLOFF, siebentausend auf der GOYA und dreitausend auf dem Lazarettschiff STEUBEN. Neunundneunzig Prozent allerdings gelang die Flucht in den Westen Deutschlands. Sie verdanken dies den überragenden Leistungen von Dönitz' Seeleuten.[2]

19 Peter Petersen, U-518

Als der fünfzigste Jahrestag der Kaperung von U-505 näher rückte, reifte bei dem Personal des Museums für Naturwissenschaft und Technik in Chicago (Chicago Museum of Science and Industry) die Überlegung, anlässlich dieses bedeutenden Ereignisses noch einmal einen der Antriebsdiesel des alten deutschen Unterseeboots anzuwerfen. Als Berater stellten sie dafür Peter Petersen ein, der auf U-518 in dem schiffstechnischen Abschnitt eingesetzt war und in einem der Nachbarstaaten lebte. Viele U-Bootveteranen hielten diesen Plan für zu ehrgeizig. Petersen und andere sahen ihn allerdings als durchführbar an. Am 4. Juni 1994 war es so weit. Während Zeitungsreporter und Fernsehteams ihre Kameras bereithielten und eine große Menschenmenge freudig erregt wartete, schrie einer der Museumsangestellten: »Jetzt!« Daraufhin warf Peter, in einen Overall gekleidet, unten im Maschinenraum mit gewaltigem Dröhnen den Diesel an. Alle jubelten und schrien »Hurrah!« Eine Frau aus Deutschland brach in Tränen aus.

Peter Petersen verdankt sein Leben lediglich einem glücklichen Zufall: Kurz bevor sein U-Boot 1945 versenkt wurde, hatte die Marine ihn von U-518 zur Offiziersausbildung an die Marineschule versetzt. Schon einmal war er knapp dem Tode entronnen, als U-518 im Herbst 1944 vor der amerikanischen Küste operierte. »Wir fuhren getaucht, als der Kommandant das Sehrohr ausfuhr und einen Rundblick nahm. Er schaute dabei genau auf die graue Bordwand eines Zerstörers, der uns passierte. Ich stand direkt neben ihm im Turm, als er ›Runter!‹ schrie. Wir konnten das laute Dröhnen der Maschinen deutlich hören.« Sie fuhren so dicht neben dem Zerstörer, dass seine Hecksee das U-Boot durchschüttelte. »Ich vermute, die Mannschaft dieses Kriegsschiffes schaute gerade in eine andere Richtung.«

Bei einem weiteren Vorfall fuhren sie getaucht. Der allein im Turm sitzende Rudergänger spielte tödlich gelangweilt an der Signalpistole. »Mit dieser doppelläufigen Pistole schossen wir normalerweise das Erkennungssignal. Aus Versehen feuerte der Rudergänger plötzlich beide Läufe ab und schoss einen ganzen Schwarm roter, blauer und grüner Kugeln hinunter in die Zentrale. Wir verriegelten sofort die Schotten, griffen uns den Feuerlöscher

Peter Petersen

und jagten den Kugeln hinterher. Wäre eine davon in den Batterieraum gelangt, wären wir in die Luft geflogen und verschwunden, ohne dass man jemals erfahren hätte, was mit uns geschah.«

Der Kommandant sah diesen Vorfall als ein Missgeschick an und strafte ihn angemessen: er teilte den Rudergänger für den Rest der Fahrt als Pantrygast bei den Unteroffizieren ein. »Das war die schlimmste Strafe, die es gab.«

1944 stach U-518 zu einem geheimen Treffen im mittleren Atlantik mit einem japanischen Unterseeboot in See. An Bord befanden sich drei Mann, die als Lotsen auf das japanische Boot übersetzen und es nach Lorient führen sollten. »Wir näherten uns dem fremden U-Boot sehr langsam und vorsichtig und tauschten das Erkennungssignal aus. Als wir dichter heranfuhren, erkannten wir, dass dessen Besatzung in knielangen Hosen an Deck stand. Wir fanden das ganz lustig.«

Als es so weit war, die Leinenverbindung zwischen den beiden Booten herzustellen, versuchten die Japaner mehrfach vergeblich, an U-518 eine Leine zu übergeben. »Wir sahen, dass sie damit Schwierigkeiten hatten und schossen mit unserem Leinengewehr eine Leine hinüber. Als sie den Knall hörten, glaubten sie wohl, wir schössen auf sie. Es machte ihnen richtig Angst.«

U-518 übergab die drei Besatzungsmitglieder zusammen mit einigen Funk- und Navigationsgeräten an das japanische U-Boot, das anschließend nach

Frankreich weiterlief. Wochen später traf Petersen die drei deutschen Kameraden in Lorient und befragte sie über ihre Erlebnisse bei der Fahrt mit den Japanern. »Die Verpflegung war entsetzlich, das Boot war verdreckt und stank«, berichteten sie. »Es war eine scheußliche Erfahrung.«

An Bord der Unterseeboote der Kriegsmarine herrschte eine eiserne Disziplin, Verstöße dagegen konnten mit dem Tode bestraft werden. »Wann immer wir uns zum Auslaufen klarmachten«, berichtete Peter, »verstauten wir unsere Privatsachen in kleinen Spinden in einem Lagerraum an Land, denn wir konnten verständlicherweise nicht alles mitnehmen. Sollten wir nicht mehr zurückkehren, würde man alles unseren Eltern oder Verwandten zusenden.«

Diese Lagerhalle wurde rund um die Uhr durch Posten scharf bewacht, deren einzige Aufgabe es war, das Eigentum der U-Bootfahrer zu schützen. Trotzdem erlagen sechs oder sieben dieser Wachen der Versuchung, brachen die Spinde auf und bedienten sich an den Koffern und Seesäcken. »Nun, sie wurden gefasst und verhaftet. Nach unserem nächsten Einlaufen beabsichtigten die Marinebehörden, ein Kriegsgerichtsverfahren einzuleiten.«

»Um zu beweisen, dass man sich um uns kümmerte, und auch, um uns zu imponieren, befahl man uns, an dem Prozess teilzunehmen. Wir mussten dafür unsere 1. Garnitur blau tragen.« Peter erinnerte sich, dass die Täter unterschiedlich bestraft wurden. Einige erhielten Haftstrafen und vier die Todesstrafe. Ein mit Gefängnis bestrafter junger Seemann ging nach vorne und sprach den Richter an: »Euer Ehren, mit dieser Schande mag ich nicht weiterleben. Mein Bruder fiel für sein Vaterland in Russland. Nun bin ich der einzige noch lebende Sohn der Familie. Ich ziehe die Todesstrafe vor.«

Während der Richter sich diesen Antrag noch durch den Kopf gehen ließ, trat ein im Gerichtssaal anwesender U-Bootkommandant vor und machte dem Gericht einen Vorschlag: »Ich würde diesen Matrosen gerne auf meinem Unterseeboot einsetzen.« Offensichtlich schätzte der Richter den berühmten Kommandanten sehr, denn die beiden diskutierten nur wenige Minuten. Schließlich wurde dem Antrag des Kommandanten stattgegeben und der Sünder zu ihm an Bord versetzt. Allerdings wurde gerade dieses Boot später versenkt, sodass der Wunsch des beschämten Seemanns doch noch in Erfüllung ging.

»Die zum Tode verurteilten Diebe wurden nicht sofort hingerichtet«, erinnerte sich Petersen. »Das geschah zu einem späteren Zeitpunkt, wie mir andere Besatzungsmitglieder mitteilten, die an deren Erschießung teilnehmen mussten. Wir hielten das Todesurteil für eine sehr grausame Bestrafung, aber diese Männer hätten damit rechnen müssen. Kameradendiebstahl war wahrscheinlich eines der schlimmsten Verbrechen, das ein Seemann begehen konnte.«

Was den Urlaub betraf, so erhielten die U-Bootbesatzungen nach jeder Feindfahrt vier oder fünf Wochen, um nach Hause zu fahren. »Wir hatten unseren eigenen Sonderzug, den sogenannten BdU-Zug. Es handelte sich um einen Schnellzug, der von Südfrankreich aus die größeren Städte in Deutschland anlief. Nur U-Bootbesatzungen durften ihn benutzen.« Sie genossen, so Peter, stets diese Fahrt, bei der sie in frischem Bettzeug in getrennten Abteilen schliefen, ausgezeichnet verpflegt wurden und den Krieg aus ihrer Erinnerung verdrängen konnten.

»Einmal war ich auf Heimaturlaub in Husum, einer kleinen Stadt an der Nordsee. Ich glaube, es war ein Nachmittag, als ich in einem Sessel in der Sonne saß, um eine Mütze voll Schlaf zu nehmen. Ich erinnere mich, dass mein vierjähriger Bruder Karl Heinrich sich ebenfalls im Hof aufhielt und spielte.« Plötzlich vernahm Peter ein eigenartiges Geräusch, es klang, als werfe jemand mit Kieselsteinen, um ihn aufzuwecken. »Ich schaute mich um und sah, wie nur etwa fünfundzwanzig Meter entfernt auf der Schotterstraße kleine Sandfontänen aufspritzten. ›Das ist aber komisch‹, dachte ich. Es war ungewöhnlich und mir unerklärlich.«

Irgendetwas veranlasste Peter, nach oben in den Himmel zu schauen, und sofort erkannte er die Ursache. »Ganz da oben, viel zu hoch, als dass ich die Motorengeräusche der Flugzeuge hätte wahrnehmen können, tobte eine gigantische Luftschlacht. Sie schossen aufeinander, und die Patronenhülsen und die verschossene Munition verursachten das Geknalle auf der Straße.«

Als er die Gefahr erkannte, packte er seinen kleinen Bruder und brachte sich im Haus in Sicherheit. »Zu dem Zeitpunkt arbeiteten Handwerker auf unserem Dach, denen ich zurief, in Deckung zu gehen. Auch sie sahen, was sich abspielte, denn inzwischen konnte man das schwache Geräusch der Flugzeugmotoren hören und Rauchfahnen beobachten. Das war in der Tat ein heftiger Kampf. Es dauerte gar nicht lange, da stürzten die ersten Flugzeuge im Zeitlupentempo sich überschlagend dröhnend zur Erde.« Peter beobachtete, wie alliierte Bomber und deutsche Jagdflugzeuge abstürzten und in gewaltigen Detonationen und Feuerbällen zerbarsten. »Es war ein entsetzlicher Lärm, genau wie im Film – der Absturz, die Explosion, das höllische Dröhnen. Fallschirme trieben ebenfalls herab. Kurz darauf fuhren Wehrmachtsfahrzeuge vor und versuchten, die abgesprungenen Flieger einzusammeln, Gefangene zu machen oder deutsche Piloten zu ihren Flugplätzen zurückzubringen.«

Peter empfand den Anblick dieser Luftschlacht als ein ganz unvergessliches Erlebnis. Zufällig wohnten seine Eltern in der Einflugschneise eines Luftkorridors, den die schweren alliierten Bomber nutzten, um nach Deutschland hinein- und auch wieder herauszufliegen. Riesige Schwärme von Flugzeugen, tausend und mehr, flogen von hier mit voller Bombenlast nach Berlin, Hamburg und Hannover und trafen nur auf eine schwache Luftabwehr. Auf dem Rückflug warfen die Bomber gelegentlich ihre Bomben ab, um die schwere Last nicht wieder über die Nordsee zurücknehmen zu müssen. »Zwar versuchten sie, diese über der See abzuwerfen. Aber in der Dunkelheit kannten sie auch manchmal ihre genaue Position nicht. Dann detonierten die Bomben im Umland von Husum, hin und wieder auch in einem Haus.«

Gelegentlich konnte Peter auch die Abschüsse der an der Küste stationierten Flugabwehrgeschütze erkennen. Da das ganze Land in völliger Dunkelheit lag, war der Anblick der gen Himmel steigenden Flugbahnen der Leuchtspurgeschosse atemberaubend. »Es sah fast wie ein Feuerwerk aus, war allerdings tödlich. Man konnte den Schein noch viele Kilometer entfernt ausmachen.«

»Das ganze Land war völlig abgedunkelt. Die wenigen Autos, die noch unterwegs waren, hatten winzige Schlitze an den Scheinwerfern, sodass die Bomberpiloten ihre Ziele nicht erkennen konnten. Sie fanden sie aber trotzdem.« Vor allen Fenstern hingen schwarze Vorhänge. Nachts durchstreiften Zivilstreifen die Nachbarschaft. Sie setzten sich aus sehr alten oder sehr jungen Leuten zusammen, die kreuz und quer durch die Gegend zogen und nach den verschiedensten Verstößen Ausschau hielten, wie zum Beispiel nach Lichtschein, der durch die Vorhänge drang.

In einer pechschwarzen Nacht war Peter mit dem Fahrrad zu einer Silvesterfeier in sein Stammlokal gefahren. »Dort fanden wir immer ein Plätzchen, wenn wir auf Heimaturlaub kamen. Die Wirtsleute holten für uns stets noch einen guten Tropfen aus dem Keller.« Nach der Veranstaltung machte sich Peter in den frühen Morgenstunden mit seinem Fahrrad unbeschwert auf den Heimweg. »Plötzlich stieß ich mit jemandem zusammen, der mir mit dem Rad entgegenkam. Nachdem wir uns gegenseitig wieder auf die Beine geholfen hatten, schauten wir uns in der Dunkelheit genauer an. Da erkannte ich meinen besten Freund, er kam geradewegs von einer anderen Feier.«

Da er annahm, dass zuhause längst alle schliefen, war Peter erstaunt, als er das ganze Haus hell erleuchtet vorfand. »Mein Bruder war überraschend von der Ostfront nach Hause gekommen, hatte gerade gebadet und wollte ins Bett gehen. Er war überglücklich, mich hier anzutreffen. Es war schon ein aufregendes Ereignis, dass wir beide zur selben Zeit zuhause Urlaub machten. Meine Eltern waren ganz glücklich darüber und sorgten für eine wunderbare Zeit.« Die Petersens wussten nie, wann ihre Söhne nach Hause kamen, sie tauchten einfach auf.

Hitler hatte den Deutschen unter Androhung der Todesstrafe verboten, Feindsender abzuhören. Viele Menschen taten es dennoch in ihren eigenen vier Wänden. »Gelegentlich stellten meine Eltern englische Sender ein, um über sie Informationen von dem Kriegsverlauf zu erhalten. Als ich [im Juni 1944] wieder einmal zuhause meinen Urlaub verbrachte, informierten sie mich: ›Es wird Probleme geben, die Invasion hat begonnen. Die Alliierten landen in Frankreich.‹ Das stimmte, denn wenig später gab auch der Reichsrundfunk offiziell bekannt, dass die Alliierten in Frankreich gelandet waren.«

Noch am Tag dieser Bekanntmachung ging ein Telegramm ein, das Peter aufforderte, mit allen zur Verfügung stehenden Verkehrsmitteln unverzüglich an Bord seines U-Boots zurückzukehren. »Bedenken Sie, dass ich mich im Norden Deutschlands befand, mein Boot aber im Süden Frankreichs, in Lorient, lag. Das war eine ganz schöne Reise. Streckenweise musste ich mit der Bahn oder auf Lastwagen fahren und einen Teil mit dem Fahrrad oder zu Fuß zurücklegen. Ich verabschiedete mich bereits nach der Hälfte meines Urlaubs von meinen Lieben.« Peter bestieg in Hamburg einen Zug und fuhr zunächst in die Niederlande. Dort nahm ihn eines der Militärfahrzeuge mit, die nach Frankreich unterwegs waren.

»Gemeinsam mit mir versuchten sehr viele Kameraden, zu ihren Einheiten zurückzukehren. Wir fuhren auf der offenen Ladefläche eines Lastwagens und hielten in einem Wäldchen, um eine kurze Pause einzulegen. Die Verpflegung war knapp, ich glaube sogar, wir erhielten überhaupt nichts zu essen.« Während sie am Waldrand saßen, schauten sie zwei vorüberfliegenden Jagdflugzeugen zu. »Schaut euch nur die Messerschmidts an, sehen die nicht gut aus«, bemerkte Petersen. Als sie sich gerade darüber unterhielten, wie schön es doch wäre, eine solche Maschine zu fliegen, wendeten die »deutschen« Flugzeuge und flogen direkt auf sie zu. »Plötzlich senkten sich ihre Nasen, und an ihren Flügeln flammten kleine Blitze auf. Jedes Flugzeug war mit acht Maschinengewehren bewaffnet, sodass nun sechzehn Rohre auf uns feuerten. Es handelte sich um Spitfires, die wir aber nicht erkannt hatten. Nun rannten wir in den Wald und suchten Deckung.«

»Als die Flieger erkannten, dass dort etwa hundert von uns zusammenstanden, nahmen sie uns unter Beschuss.« Während Petersen in einen nahe gelegenen Bach sprang und sich bis zu den Hüften im Wasser unter eine Brücke kauerte, entlaubten pfeifende Maschinengewehrgeschosse die Bäume. »Glücklicherweise wurde niemand verwundet. Ich habe immer noch die Lichtblitze an den Flügeln vor Augen.«

Peter erreichte letztlich sein Boot, aber »es war eine entsetzliche Rückreise«. Im Juli, bereits einen Monat nach der Landung in der Normandie, brach General Pattons 3. Armee nach Osten durch. Als die Verbände des VII. amerikanischen Korps auf Brest, Lorient und Saint-Nazaire vorstießen, näherte sich auch die französische Résistance La Pallice und Bordeaux. In den pausenlosen schweren Luftangriffen der vergangenen drei Jahre waren die Städte mit den U-Bootstützpunkten völlig verwüstet worden. Dort standen nur noch die massiven Betonbunker, denen Bomben und Artilleriegeschosse nichts anhaben konnten. Kurz bevor die Amerikaner in die Vororte der rußgeschwärzten Stadt Lorient vorstießen, lief U-518, eins von 188 noch einsatzklaren Booten, zu einer erneuten Feindfahrt aus, eigenartigerweise in die Gewässer vor der amerikanischen Ostküste.[1]

Wie gewohnt verstaute die Besatzung ihr Eigentum in den Spinden im Lagerraum. Während sie vor Kap Hatteras patrouillierten, erfuhren sie aus dem Hauptquartier, dass der Feind inzwischen die Stützpunkte in Frankreich erobert hatte und alle dort stationierten Boote nach Norwegen ausweichen sollten. »Dadurch hatten wir alle unsere Privatsachen eingebüßt – viele Fotografien, Schmuck, Uhren, unsere maßgeschneiderten Uniformen, die Schuhe, alles.«

Peters Unternehmung nach Amerika verlief nahezu erfolglos: das Boot beschädigte einen Frachter, die GEORG ADE, die bei dem Versuch, sie einzuschleppen, in einem Hurrikan sank. Als das Boot in einem norwegischen Hafen festmachte, hieß es, sie sollten zu Reparaturarbeiten in eine Werft in Stettin verlegen. Petersen ging von Bord und begann seine Ausbildung zum Marineoffizier. Im März 1945 lief U-518 zu einer weiteren Feindfahrt aus und wurde von den amerikanischen Zerstörern CARTER und SCOTT versenkt.

Peter hatte gerade mit der Ausbildung in Itzehoe begonnen, als seine Schule geschlossen und mit deutschen Truppen belegt wurde, die aus Norwegen und Dänemark zurückkehrten. Nicht anders erging es ihm in Wilhelmshaven. »Es war offensichtlich, dass der Krieg sehr rasch beendet sein würde. Daher rüstete man uns mit Gewehren aus. Damit sollten wir ins Gelände ausrücken und die Briten abwehren, die allmählich immer näher heranrückten.«

Kurzzeitig in Bauernhöfen und Scheunen untergebracht, mussten die Seeleute sich selbst verpflegen. »Wir fingen eine Kuh, schlachteten und grillten sie am Spieß. Anderen Tieren ging es nicht anders. Zu meinem Glück ging der Krieg etwa einen Tag vor dem Eintreffen der Briten zu Ende, sodass wir nicht mehr kämpfen mussten. Ein weiteres Mal war ich gerettet, denn Marineangehörige durften nicht in Schützengräben eingesetzt werden.«

Nach der offiziellen Bekanntgabe der Einstellung aller Feindseligkeiten marschierten Petersen und seine Kameraden in ihre Schule zurück und warfen noch vor Eintreffen der Briten ihre Gewehre, Stahlhelme und Gasmasken fort. »Wir waren sehr neugierig zu erfahren, wie sie wohl aussähen und was sie mit uns machen würden. Deshalb hielten wir uns auf unseren Stuben auf und verfolgten durch die Fenster, wie sie mit ihren Jeeps und Lastwagen vorfuhren. Sie unterhielten sich zunächst mit unseren Offizieren, anschließend mussten wir die Schule räumen, da die Briten sie übernehmen wollten.«

»Wir erhielten aber eine viel schönere Unterkunft – auf dem riesigen Ozeandampfer EUROPA. Dort lebten wir sehr gut, bis die Briten kamen und wir das Schiff verlassen mussten. Ich kann mich gut erinnern, wie ich das Schiff erkundete und in einen der riesigen Schornsteine kletterte. Darin war es sehr sauber.« Die Abgasleitungen hatten einen Durchmesser von etwa einem Meter und wurden von den sehr viel dickeren Schornsteinen umhüllt, um dem Schiff ein besseres Aussehen zu verleihen. Durch eine Tür konnte man den Schornstein betreten und über eine Treppe bis ganz oben hinauf, bis an den

Rand, klettern. »Ich erinnere mich noch, wie wir eines morgens hinaufstiegen und uns hoch oben auf dem Schornstein in die Sonne setzten. Wenn ich heute Fotos der EUROPA sehe, denke ich noch immer an diesen Tag zurück.«

Im Anschluss an ihren Aufenthalt auf dem Schiff marschierten die Gefangenen wieder an Land und wurden in ein Gefangenenlager gesteckt. Dieses bestand aus einem eingezäunten Areal ohne Zelte und bot den Gefangenen keinerlei Verpflegung. »Die einzige Möglichkeit, uns gegen Wind und Wetter zu schützen, bestand darin, Löcher auszuheben. Allerdings hat man uns niemals misshandelt und niemals geschlagen. Wenn man einmal davon absieht, dass wir keine Unterkünfte und auch keine Verpflegung erhielten, behandelte man uns korrekt. Sie kümmerten sich nicht darum, ob wir aßen oder hungerten, weswegen wir uns zu Meistern im Schnorren entwickelten.« Anschließend wurden die Deutschen auf die verschiedenen Bauernhöfe verteilt, wo sie gelegentlich ein Schaf oder auch ein Pferd kauften und schlachteten. Es gab keine Arbeit für sie, sodass sie lediglich herumsaßen, sich die Zeit vertrieben und gelegentlich fischen gingen. »Wir waren einfach zu viele und traten uns gegenseitig auf die Füße.«

»Wir lebten dort zu Tausenden – alles Marineangehörige – und wurden kaum noch bewacht. Da hätten wir ohne weiteres flüchten können, was aber keiner tat.« Niemand von ihnen wusste, wo genau sie sich befanden oder was um sie herum geschah, denn es gab kein Telefon, keine Post von daheim, keine Züge und keinen Autoverkehr auf den Straßen. Viele konnten nicht einmal in Erfahrung bringen, ob ihre Angehörigen überhaupt noch am Leben waren. »Wir lebten völlig abgeschlossen.« Peter wusste allerdings, dass sein Heimatort nur etwa einhundertachtzig Kilometer entfernt lag.

Eines Tages tauchten britische Beamte auf und erkundigten sich, wer von den Männern Landwirt war, denn der Verpflegungsmangel in Deutschland hatte einen kritischen Punkt erreicht. Der Getreideanbau gewann nun an Bedeutung. »Da mein Vater Landwirt war und einen eigenen Hof besaß, meldete ich mich als Bauer, auch wenn mir das gar nicht zusagte. Ich hoffte aber, ich könnte dadurch endlich nach Hause kommen.« Daraufhin wurden Peter und einige andere auf britische Lastwagen verfrachtet und in die nächstgelegene Stadt, nach Bielefeld, gefahren. Dort unterzeichneten sie ihre Entlassungspapiere und wurden rechtsgültig aus den Streitkräften entlassen.

Erneut wurden sie auf Lastwagen verladen und fuhren in eine andere Stadt. Dort meldeten sie sich an und wurden anschließend nach Hause geschickt. »Ich ging zu Fuß heim, denn unser Haus lag nur gut zwanzig Kilometer entfernt, und war auch verdammt froh, endlich heimzukehren. Mein letzter Besuch lag bereits ein Jahr zurück.« Als Peter unverhofft nach Hause kam, herrschte große Freude in der Familie: alle sieben Kinder hatten den Krieg überlebt, auch ein Bruder, der nach seiner schweren Verwundung in Russland nach Hause entlassen worden war.

Da die Briten eine strikte Ausgangssperre erlassen hatten, durften die Bürger zwischen 20.00 Uhr und 08.00 Uhr nicht mehr auf die Straße gehen. »Natürlich kannten wir die Gegend weitaus besser als die englischen Soldaten, wodurch wir die Ausgangssperre stets umgehen konnten. Sobald wir eine sich nähernde Streife erkannten, versteckten wir uns, bis diese vorüber war und gingen dann unseres Weges.«

Ganz allmählich kehrten immer mehr Soldaten und Seeleute nach Husum zurück. »Wir waren alle jung und wollten endlich zu leben anfangen.« Sie veranstalteten Tanzabende in den Scheunen der Bauern, tanzten die ganze Nacht zu Akkordeonmusik und überschritten die Ausgangsbeschränkung bei weitem. »Wir blieben dort bis in die frühen Morgenstunden.«

Schritt für Schritt wurde die Ausgangsbeschränkung erleichtert. Aber trotz der neu gewonnenen Freiheit herrschte überall ein wildes Durcheinander. »Überall liefen Soldaten herum, alle Kasernen lagen verlassen. Zurückgelassene Lastwagen standen am Straßenrand, Soldaten hatten ihre Waffen weggeworfen, überall lag militärische Ausrüstung herum. Einiges war sehr wertvoll, zum Beispiel eine Wagenladung Unterwäsche oder Uniformen.« Auf dem in der Nähe von Husum gelegenen Flugplatz »hätte man sich sogar eines der Flugzeuge aneignen können, welche die Luftwaffe dort abgestellt hatte, wenn man nur gewusst hätte, was man damit anfangen sollte«. Panzer standen überall herum, und einer von Peters Freunden fuhr ständig mit einem Halbkettenfahrzeug durch die Gegend.

Eines Tages stieß Peter durch Zufall auf ein fast neues BMW-Motorrad und nahm es mit nach Hause. »Oh, das war schon eine großartige Maschine! Aber ich durfte sie nicht zulassen und konnte auch nichts damit anfangen, denn wir durften ja kein Benzin besitzen. Ein wenig kurvte ich aber schon damit herum.« Dann erließen die Briten eine Verordnung: Unter Androhung der Todesstrafe mussten bis zu einem bestimmten Zeitpunkt jegliche Ausrüstungsgegenstände der ehemaligen deutschen Wehrmacht abgeliefert werden. »Ich denke schon, dass ich das Motorrad hätte verstecken können. Da ich es aber irgendwann einmal hätte zulassen müssen, lieferte ich das verdammte Ding lieber ab. Ich war ein Angsthase. Außerdem dachte ich im Stillen ›Ich bin sicher nach Hause zurückgekehrt, warum soll ich für dieses lausige Motorrad etwas riskieren?‹«

»Der Besitz einer Waffe wurde ebenfalls mit dem Tode bestraft. Daher hüteten wir uns, eine Schusswaffe zu behalten.«

Ohne Aussicht auf Arbeit lebte Peter sechs Monate auf dem Bauernhof seiner Eltern. Alle Fabriken waren geschlossen, und der geringe Verdienst der Menschen war praktisch wertlos. Aufgrund seiner technischen Ausbildung durch die Marine und seiner Erfahrung in der Wartung technischer Anlagen ging Peter für einige Zeit auf Montage und reparierte Motoren, ehe er nach Hamburg zog und für eine Baufirma arbeitete.

»Dabei bauten wir aber nichts auf, wir zerstörten nur. Wir rissen beschädigte Häuser nieder und zerlegten sie. Einmal kam ich dabei fast ums Leben.« Auf einem der größeren Gebäude waren Arbeiter damit beschäftigt, mit Hilfe eines Krans die Reste des Daches zu entfernen. »Ich lag auf dem Bauch oben auf dem First und führte das Krankabel hindurch. Plötzlich brach das Dach unter mir zusammen. Irgendwie gelang es mir noch, mich mit der linken Hand an einem Balken festzuhalten. Dort hing ich nun und hielt mich, meine Werkzeuge und meine ganze Ausrüstung fest. Sofort packte ich den Balken mit der anderen Hand. Da baumelte ich nun in etwa zwanzig Meter Höhe und schaute auf den Betonboden herab.« Hand über Hand hangelte Peter sich zu dem nächsten Träger hinüber, an den seine Kollegen eine Leiter angelegt hatten, um ihm die Hand reichen zu können. Von dort stieg er nach unten, wo ihn der Vormann in Empfang nahm und ihn aufforderte: »Setz' dich erst einmal ganz ruhig hin und beweg' dich nicht.« Mit großer Erleichterung entspannte sich Petersen bei einer Zigarette.

»Bauarbeiter wurden recht gut bezahlt, aber man konnte sich für seinen Lohn nichts kaufen, denn die Geschäfte waren leer. Was kann man schon mit Geld anfangen, wenn man nichts dafür bekommen kann?«

Peter kündigte bei der Baufirma und arbeitete in einer Fabrik, die Speiseöle herstellte, eine heiß begehrte Ware auf dem Schwarzmarkt. »Überall gab es diese Märkte, auf dem man nur etwas anbieten musste. Wir hatten Zugriff auf das Öl, von dem wir uns, wenn immer möglich, ein wenig stahlen und auf dem Schwarzmarkt anboten. Dafür tauschten wir Zigaretten, Schnaps oder was immer wir benötigten ein. Nur dafür lohnte es sich zu arbeiten.«

1948 kam die Währungsreform, sie wurde über die Rundfunksender angekündigt. »Ab morgen ist das Geld, das sie noch besitzen, wertloses Papier. Dafür empfängt jeder Einzelne vierzig Mark der neuen Währung.« Jeder Deutsche erhielt diesen Betrag. »Der reichste Mann im Lande war ein Familienvater mit vierzehn Kindern, denn man zahlte auch jedem Kind vierzig Mark aus.«

»Wie durch ein Wunder boten die Geschäfte wieder Waren an, die man mit dem neuen Geld kaufen konnte. Es wurde immer besser. Am nächsten Zahltag steckte in unserer Lohntüte das neue Geld.« Alles Ersparte war wertlos geworden. Allerdings zahlte die Regierung den Menschen später einen Bruchteil davon in der neuen Währung aus.

Ganz allmählich ging es aufwärts. »Man konnte wieder ausreichend Nahrungsmittel kaufen. Auch gab es einen gewaltigen Frauenüberschuss. Ich weiß zwar nicht, wie die Statistik aussah, es kam mir aber so vor, als kämen zehn Frauen auf einen Mann. Es war der Himmel auf Erden.« In einer der Ballsäle in Hamburg veranstaltete man den »Witwenball«, es war ein sicherer und gepflegter Rahmen für junge Frauen. Sobald die Kapelle zu einem Walzer aufspielte, wählten sich die Damen einen Tanzpartner aus und spendierten ihm etwas zu trinken. »Wir gewöhnten uns schnell an diese Besonderheit. Es machte Spaß, und wenn eine Witwe dich zweimal hintereinander aufforderte, bliebst du über Nacht bei ihr.«

»Wenn ich heute daran zurückdenke, sahen wir dem Kriegsende mit sehr gemischten Gefühlen entgegen, denn vieles lag noch völlig im Dunkeln. Würde man uns erschießen? Würden wir über Jahre hinaus Kriegsgefangene bleiben? Wie sah unsere Zukunft in Deutschland aus, welche beruflichen Aussichten gab es für uns?« Dann geschah 1948 etwas, das Peter Petersens Leben völlig veränderte. Auf der Heimreise in seine Heimatstadt Husum von seinem Arbeitsplatz in Hamburg traf er zwei Besucher aus den Vereinigten Staaten, Frau Lutz, die ihre Eltern wieder sehen wollte, und ihre siebzehnjährige Tochter Irma. Frau Lutz, die 1928 nach Ohio ausgewandert war, war die erste Fremde, die nach dem Kriege Husum besuchte. Sie blieb mehrere Wochen bei ihren Eltern, den unmittelbaren Nachbarn der Petersens. Als die beiden wieder nach Ohio zurückreisten, bot Frau Lutz an, Peter finanziell zu unterstützen, wenn er sich entschlösse, in Toledo zu arbeiten.

»Die Vereinigten Staaten haben mich seit jeher begeistert. Schon als Junge hatte ich über Chicago, New York, die Niagara Fälle, das Autorennen von Indianapolis und die Cowboys und Indianer in Texas gelesen. Als sich mir die Gelegenheit bot, dorthin zu gelangen, packte ich sie beim Schopfe und wanderte 1950 nach Ohio aus.« Drei Jahre später hatte er einen sicheren Arbeitsplatz und machte Irma Lutz einen Heiratsantrag. »Da wir über einige interessante Begebenheiten aus unserem Leben zu berichten wussten, durften Irma und ich im Rahmen der in ganz Amerika übertragenen Fernsehshow *Bride and Groom* in New York heiraten.« Heute ist Peter Moderator einer wöchentlichen Radiosendung mit deutscher Musik und Nachrichten aus Deutschland. Er unterstützt einen deutschsprachigen Verein und hilft bei dem jährlichen gut besuchten Oktoberfest Toledos mit.[2]

20 Wolfgang Heibges, U-999

Im Mai 1995 veröffentlichte der Schleswig-Holsteinische Zeitungsverlag eine Sonderausgabe über das Kriegsende in Schleswig-Holstein, dem nördlichsten Bundesland an der Grenze zu Dänemark. Fotos zeigten ältere Flüchtlinge, die sich in Flensburg einen Landungssteg hinunterschleppten, Bombendetonationen in einer Hamburger Werft, hungernde Kinder, britische Soldaten im Konzentrationslager Bergen-Belsen und viele weitere Motive. In diesen turbulenten letzten Wochen des Krieges in Deutschland lief der einundzwanzigjährige Wolfgang Heibges, Kommandant von U-999, ohne große Hoffnung auf Rückkehr mit seinem Boot aus.

Noch im März 1945 weigerte sich Hitler zu kapitulieren, obgleich Deutschlands Großstädte verwüstet und das Schienen- und Kanalnetz zerbombt waren, die Amerikaner das westliche Ufer des Rheins in Besitz nahmen und die Sowjets sich unaufhaltsam der Reichsgrenze näherten. Anstatt so viel wie möglich von den Industrieanlagen, Verkehrs- und Lebensmitteln zu retten, befahl der Verrückte, auch noch die letzten Überreste zu vernichten. Glücklicherweise wurden seine Befehle nicht ausgeführt. Inzwischen setzte Großadmiral Dönitz mit der Kriegsmarine die Rettungsoperation der Flüchtlinge über die Ostsee fort.

»Als die Rote Armee näher rückte, mussten die deutschen U-Boote die Häfen Ostpreußens verlassen. Dabei brachten wir mehr als vierzig Frauen und Kinder, das jüngste gerade drei Monate alt, und auch eine Gruppe der Hitlerjugend auf U-999 unter. Die Jungen hatten Panzergräben ausgehoben und schafften es nicht mehr, nach Hause zurückzukehren. Wir liefen aus Hela im heutigen Polen aus, tauchten gleich nach Passieren der Hafenausfahrt und nahmen Kurs auf den Westen Deutschlands«, erläuterte Heibges. Da das Boot überladen war, verringerte sich die Unterwassergeschwindigkeit und die Überfahrt dauerte länger als vorgesehen. »Es war keine leichte Fahrt mit all den Kindern, die in der Enge des Bootes eingepfercht waren. Als wir endlich in Warnemünde anlegten, ging unsere wertvolle Fracht mit unbekanntem Ziel an Land.«

»Von dort verlegten wir nach Hamburg und liefen dort am 1. April 1945 in den U-Bootbunker ›Finkenwerder‹ ein, um eine Schnorchelanlage eingebaut zu bekommen.« Acht Tage darauf trafen britische Flugzeuge den Bunker mit

Wolfgang Heibges

mehr als zehn Tonnen schweren panzerbrechenden Bomben, welche die massive Stahlbetondecke durchschlugen und U-999 am Heck und am Ruder beschädigten. »Schon am nächsten Tag fassten alle mit an, um die Schäden zu beheben, noch ehe die britischen Truppen Hamburg besetzten. Da sie bereits in die Innenstadt vorstießen, verringerten sich unsere Chancen stündlich, das Boot noch vor ihrem Eintreffen einsatzbereit zu machen.«

Die Zeit reichte aber nicht aus, um alle notwendigen Instandsetzungsarbeiten an dem Heck und dem Ruder von U-999 abzuschließen, denn immer wieder mussten kleinere, durch herabstürzende Betontrümmer verursachte Schäden notdürftig beseitigt werden. »Kurz bevor die britischen Streitkräfte Hamburg besetzten, erhielten wir am 27. April den Befehl, auszulaufen und nach Kiel zu verlegen.« Früh am Morgen darauf »schlich U-999 ganz alleine und ohne Geleitschutz aus dem Hafen, fuhr die Elbe hinab und machte kurz vor Tagesanbruch in Brunsbüttel in der Schleuse fest«. Heibges war überzeugt, dass die am linken Ufer des Stroms biwakierenden britischen Truppen sie sehen könnten. »Ich ließ die Dieselmotoren abstellen und befahl, mit den leiseren Elektromotoren weiterzulaufen. Die Anspannung der Besatzung steigerte sich mit jeder Sekunde. Aber am Ufer rührte sich nichts, die Briten schliefen ruhig in ihren Zelten.« Leise glitt U-999 aufgetaucht an dem britischen Biwak vorüber. »Es wäre ihnen ein leichtes gewesen, ein allein fahrendes U-Boot in der frühen Morgendämmerung auszumachen. Vielleicht sahen die britischen Soldaten ja auch den Krieg bereits als beendet an. Wir passierten die Schleusen und liefen ohne jegliche Probleme durch den Kaiser-Wilhelm-Kanal.«

Erleichtert machten sie um 16.00 Uhr in der Holtenauer Schleuse fest und liefen kurz darauf in den Kieler U-Bootbunker ein. Am 30. April verlegte Heibges sein Boot in die Werft »Deutsche Werke Kiel«, um das Boot instand setzen zu lassen. Aber nichts geschah, denn »niemand sah einen Sinn darin, so kurz vor Kriegsende noch diese Arbeiten auszuführen«.

Fast die gesamte Besatzung blieb an Bord und hörte am 1. Mai im Radio die Nachricht von Hitlers »heroischem Tod«, seinem Selbstmord in Berlin, und die offizielle Bekanntgabe, dass Großadmiral Dönitz sein Nachfolger sei. Zwei Tage später erging der Befehl, Vorbereitungen zur Verlegung nach Flensburg zu treffen, denn Kiel sollte am nächsten Morgen um 10.00 Uhr den britischen Streitkräften übergeben werden.

»Punkt zehn Uhr liefen wir aus Kiel aus und fuhren bei ruhiger See und guter Sicht mit hoher Fahrt nach Norden. Britische Flugzeuge ›geleiteten‹ das Boot und flogen es mehr als einmal im Tiefflug an, ohne jedoch ihre Waffen einzusetzen. Mit großer Erleichterung machten wir in Flensburg fest und erhielten gleich wieder Befehl, in die Geltinger Bucht zu verlegen und das Stichwort ›Regenbogen‹ abzuwarten.« Alle dort ankernden deutschen U-Boote sollten sich dann selbst versenken.

»Daraufhin«, fuhr Heibges fort, »liefen wir zurück in die Bucht, die wir erst kurz zuvor passiert hatten, und gingen etwa zwei- bis dreihundert Meter von dem Ufer entfernt vor Anker. So an die fünfzig alte und neue U-Boote und eine ganze Anzahl weiterer Schiffe aller möglichen Typen liefen nach uns die Bucht an.« Einige Besatzungsangehörige ließen ein kleines Motorboot zu Wasser, das ein Seemann zuvor in Flensburg organisiert hatte, und fuhren an den Strand hinüber. Dort gingen sie zu den nahe gelegenen Häusern und baten die vor Ort ansässigen Bauern um Hilfe. »Sie erklärten sich bereit, unsere persönliche Habe auf ihren Höfen aufzubewahren. Somit verbrachten wir den ganzen nächsten Tag, den 4. Mai, damit, die gesamte bewegliche Bootsausrüstung und ein Teil unseres Privatbesitzes an Land zu bringen. Gelegentlich überflogen uns britische Flugzeuge, ohne sich jedoch darum zu kümmern, was da unten geschah.«

Inzwischen überlegten Heibges und seine Besatzung, wie sie am besten ihr Boot vernichten konnten, denn darin fehlte ihnen jegliche Erfahrung. Um das Boot versenken zu können, waren vier Mann erforderlich: ein Mann für die elektrischen Anlagen, der Zentralemaat, ein Torpedomixer und der Kommandant. Die übrigen würden das Boot schleunigst verlassen müssen.

»Seit dem Eingang des Stichworts ›Regenbogen‹ war schon einige Zeit verstrichen, als ein zweiter Funkspruch aufgenommen wurde, der die Selbstversenkung der U-Boote untersagte. Ich war völlig durcheinander und wusste nicht, was ich nun tun sollte. Geschah der Widerruf des Befehls tatsächlich auf Anweisung von Dönitz?«

In der Nacht des 4. Mai geschah nichts, was die Befehlslage für die U-Boote hätte klären können. Dann erhielten sie die offizielle Bestätigung, wonach die Kapitulation des Deutschen Reiches am 5. Mai um 08.00 Uhr in Kraft trete. Die darin enthaltenen Bedingungen verboten die Versenkung, Beschädigung oder Zerstörung aller Schiffe und Boote. »Eines war ganz eindeutig, eine Selbstversenkung würde gegen die Bedingungen der Kapitulation verstoßen und in wenigen Stunden verboten sein.«

»Ich brauchte gar keine Entscheidung mehr zu treffen, denn man meldete mir, dass das erste Boot bereits mit den Vorbereitungen zur Selbstversenkung begonnen hatte. Da gab auch ich der Besatzung den Befehl, das Boot zum Versenken klarzumachen. Bei Tagesanbruch am 5. Mai verschwand ein U-Boot nach dem anderen von der Oberfläche, während wir uns zunächst noch Zeit ließen.« Nachdem die Besatzung das Boot verlassen hatte, nahmen die verbleibenden vier ihre Tätigkeit auf.

»Wir bereiteten die Sprengpatronen so vor, dass wir sie nach dem Untergang des Bootes zünden konnten.« Ruhig und gekonnt öffneten die drei Besatzungsangehörigen alle Luken, um das Seewasser eindringen zu lassen. Plötzlich riefen der Mann im Achterschiff und der in der Zentrale, dass Wasser durch die Verschlüsse der achteren Torpedorohre hereinströmte. »Ich befahl alle Mann aus dem Boot. Während die ersten beiden blitzartig in ihr Rettungsfloß sprangen, dauerte es schier endlose Minuten, bis der Torpedomaat seinen Kopf aus dem vorderen Torpedoluk steckte und fragte: ›Ist es so weit?‹ Er konnte da vorne im Bug auch gar nicht wissen, dass bereits Tonnen von Seewasser in das Achterschiff eingedrungen waren.« Von der Brücke rief ihm Heibges zu: »Das Boot sinkt! Steigen sie sofort aus!« Mit einigen Schwierigkeiten schaffte es der Torpedomaat, auf das bereits schräg liegende Oberdeck zu klettern. Er rannte am Turm vorüber und sprang in das Wasser.

»Ich kletterte unverzüglich von der Brücke herab und wusste, dass das Motorboot mich achtern nicht an Bord nehmen könnte. Deshalb rannte ich zum Bug und sprang ins Wasser. Mein einziger Gedanke war, so weit wie möglich von dem Boot weg zu kommen, denn ich fürchtete den Sog.« Als der Kommandant eine kurze Strecke geschwommen war, schaute er zurück und sah, wie sich der Bug seines Unterseeboots in die Luft reckte und dann mit blubberndem Geräusch auf Tiefe ging. »Da wurde mir bewusst, dass nur mein Sprung in das Wasser und das schnelle Schwimmen mich vor dem Ertrinken bewahrt hatten. Sonst wäre ich wohl von dem Boot hinabgezogen worden.«

Heibges schwamm als Einziger noch in der eisigen Ostsee und erkannte, dass U-999 als letztes Boot versank. »Ich hoffte, das Motorboot würde mich in Kürze bergen. Endlich erblickte ich das kleine Boot in einiger Entfernung, es kam aber nicht näher, um mich aufzunehmen. Ich winkte mit meiner weißen Kommandantenmütze hinüber, die ich bei meinem Sprung in das Wasser erstaunlicherweise nicht verloren hatte, und versuchte, auf mich aufmerksam zu machen.« In seiner vollständigen Uniform und den schweren Seestiefeln versuchte er nun ohne Erfolg, seine Schwimmweste aufzublasen. »Da das Winken mit der Mütze eine Menge Kraft gekostet hatte, begann ich in dem etwa zehn Grad kalten Wasser mit langsamen Schwimmbewegungen. Ich weiß gar nicht, wie lange es dauerte, bis ich erkannte, dass das Motorboot auf mich zulief. Aber es kam mir endlos vor, bis es mich erreichte. Wahrscheinlich handelte es sich nur um wenige Minuten.« Heibges stellte fest, dass er als letzter U-Bootfahrer in der Geltinger Bucht schwamm. Mit Hallorufen begrüßten die Männer von U-999 ihren Kommandanten, zogen ihn an Bord und erläuterten schuldbewusst, warum sie so lange für seine Rettung gebraucht hatten. »Der Motor wollte nicht anspringen«, erklärten sie. Besorgt um das Schicksal der drei Männer, die das U-Boot kurz vor ihm verlassen hatten, erkundigte Heibges sich nach deren Verbleib. »Mit großer Erleichterung nahm ich zur Kenntnis, dass das Motorboot sie alle drei aus dem Wasser gefischt hatte.«

An Bord des Tenders DONAU wurden Heibges und seine Besatzung nach Flensburg gebracht, wo sie eine Woche blieben. Die britische Marine ließ sie danach ins Landesinnere von Schleswig-Holstein marschieren. Dort ergaben sich alle Angehörigen der Wehrmacht und hielten sich bis Juli in den verschiedenen Gefangenenlagern auf.

»Nach den erforderlichen Entlassungsformalitäten wurden wir auf britische Militärlastwagen verladen und zu einer Sammelstelle in der Nähe von Bielefeld gebracht. Von dort aus kehrte ich zu Fuß in meine Heimatstadt Bielefeld zurück. Ich näherte mich der Stadt mit großer Beklommenheit und auch Hoffnung, denn ich konnte schon von weitem einige Ruinen erkennen. Hinsichtlich des Schicksals meiner Familie war ich auf das Schlimmste gefasst.« Er kam an einigen tiefen Bombenkratern vorüber und erreichte schließlich das Haus, in dem seine Mutter gewohnt hatte. Es wies nur geringe Beschädigungen auf. Heibges fand sehr bald heraus, dass seine Mutter und seine Schwester die Bombenangriffe überlebt hatten, seine Mutter allerdings drei Wochen vor seiner Entlassung an einer unheilbaren Krankheit verstorben war.

»Im Sommer 1947 holte mich meine U-Bootvergangenheit wieder ein.« Die Briten steckten ihn in ein Internierungslager in Hamburg-Neuengamme und hielten ihn mehrere Monate hinter Stacheldraht fest. »Aus nie geklärten Gründen stellten die Briten alle ehemaligen Kommandanten und Leitenden

Ingenieure vor eine Prüfkommission der Royal Navy zur Vernehmung und Überprüfung. Besonders interessierte sie die Frage, ob wir planten, eine andere Beschäftigung zu ergreifen oder bereits ergriffen hätten.« Heibges vermutete, die Besatzungstruppen waren besorgt, die erfahrenen ehemaligen U-Bootoffiziere könnten möglicherweise lukrative Angebote aus den Ostblockstaaten erhalten. Nach seiner Entlassung durfte sich der durch die Briten entlastete jugendliche U-Bootveteran an der Göttinger Universität einschreiben und dort seine juristischen Staatsexamen ablegen.[1]

21 *Peter Marl, U-103, U-196, U-195*

In der Kriegsmarine war es den Seeleuten streng verboten, an Bord zu fotografieren oder Aufzeichnungen ihrer Erlebnisse zu machen. Einigen aber gelang es, Fotoapparate an Bord zu schmuggeln und ihre Abenteuer in geheimen Tagebüchern festzuhalten. Vielleicht fühlten sie sich auch zu Recht als Zeugen von historischen Ereignissen, die es wert waren, aufgeschrieben zu werden. Einer dieser seefahrenden Geschichtsschreiber, der Obermaat Peter Marl, schrieb eine umfassende Dokumentation seiner langen Fahrenszeit auf drei U-Booten, die 1938 begann und 1945 abgeschlossen wurde. Nur geringfügig verkürzt, liest sich sein Bericht wie folgt:

»Als die deutsche Wehrmacht 1938 in Österreich einmarschierte, schaute ich einer Kompanie bayerischer Gebirgsjäger zu, die durch meine Heimatstadt Krungl marschierte. Dieser Anblick erweckte in mir den Wunsch, Soldat zu werden, und im April 1938 meldete ich mich freiwillig zur Marine.« Der neunzehnjährige Österreicher war bereit, sofort seine Ausbildung zu beginnen, aber die Reichsregierung verpflichtete ihn zunächst zu dem Reichsarbeitsdienst. »Ich war sehr enttäuscht.«

In seiner funkelnagelneuen Uniform errichtete Marl für einen Sold von fünfundzwanzig Pfennigen pro Tag Zäune, erledigte Erdarbeiten und baute Baracken. Um sich zusätzlich noch ein wenig Geld zu verdienen, nahm er von seinen Kameraden eine kleine Gebühr für die Fotos, die er mit der Kamera schoss, die ihm seine Eltern zu Weihnachten geschenkt hatten.

Nach Abschluss seiner Dienstzeit beim Reichsarbeitsdienst meldete sich Peter im Marinestützpunkt Wilhelmshaven, dem Hauptquartier der Seestreitkräfte Nordsee. Ein ortsansässiger Matrose holte die vierzig Mann starke Gruppe am Bahnhof ab und marschierte mit ihnen, die Koffer in der Hand, durch die Stadt. »Auf halbem Wege zum Marinestützpunkt sahen wir den Führer, er befand sich auf dem Rückweg vom Stapellauf des Schlachtschiffs TIRPITZ.«

Im Stützpunkt war Marl überrascht, wie viele Dialekte aus den verschiedenen Gebieten des Reiches gesprochen wurden. Sie empfingen fesche Uniformen, die die begeisterten Matrosen gerne anzogen. »Uns allen fiel es schwer, den Seidenknoten und die weiße Fliege zu binden. Bootsmannsmaat Klaasen führte es uns immer wieder vor, denn der Knoten musste makellos sein.«

Peter Marl

Die militärische Grundausbildung war »verdammt hart«. Die frisch eingezogenen Rekruten durften anfangs die Kaserne nicht verlassen. »Zuerst wurden wir vereidigt und legten unseren Fahneneid auf den Führer ab. Später durften wir dann zusammen mit einem Vorgesetzten an Land gehen.« Peter war gerne in Wilhelmshaven stationiert. Die Stadt steckte voller Sehenswürdigkeiten, Gaststätten und Tanzkaffees. »Wir waren blutige Anfänger. Wenn wir eine junge Dame zum Tanz aufforderten, pflegte sie zu sagen: ›Ich tanze nur mit Maaten.‹«

Während die Wahrscheinlichkeit eines Krieges wuchs, kursierten in Wilhelmshaven und seinem großen Marinestützpunkt aufregende Gerüchte. »Alle Staaten stellten sich gegen uns, als ein Stück Land nach dem anderen von Adolf Hitler in das Deutsche Reich zurückgeholt wurde. Wir schätzten die Lage als sehr ernst ein.«

In Wilhelmshaven lief die Flotte ein, um Munition zu übernehmen. Dort lagen auch die mit Kriegsvorräten voll beladenen Versorger DITHMARSCHEN und WESTERWALD. Peter meldete sich zu den U-Booten, musste zunächst aber bei der Beladung einiger dieser Schiffe, wie der Panzerschiffe ADMIRAL SCHEER und ADMIRAL GRAF SPEE, mithelfen. »Die Lage war äußerst angespannt.«

Mit fünf weiteren Kameraden wurde Marl abkommandiert, das Luftabwehrgeschütz im Wohnbereich der Kaserne zu bemannen und später abgeteilt, bei dem Eisenbahndepot Wache zu schieben. »Da herrschte ein reger Verkehr. Viele Männer wurden zur Marine eingezogen und verlegten dann aus Wilhelmshaven. Aus heiterem Himmel hörten wir im Radio, dass Adolf Hitler eine Rede halten werde.« Peter berichtete, dass alle an die Lautsprecher stürzten und gerade noch mitbekamen, wie Hitler rief »Gewalt gegen Gewalt«. Nun wussten sie, der Einmarsch in Polen hatte begonnen.

Nur wenig später erklärten Frankreich und Großbritannien am 3. September 1939 Deutschland den Krieg. Zu diesem Zeitpunkt waren die Unterseeboote bereits ausgelaufen, das Schlachtschiff SCHARNHORST folgte wenig später. »Ein Teil der Zerstörer sowie einige andere dafür geeignete Schiffe legten Minen in die Einfahrten zu britischen Häfen.«

»Am 9. September beobachtete ich, wie die ADMIRAL SCHEER rote Leuchtspurmunition verschoss, dann hörten wir heftige Explosionen. Unsere Flakgeschütze feuerten aus allen Rohren, als uns ein englisches Flugzeug überflog, dann erfolgte eine gewaltige Detonation. Wir nahmen an, der gesamte Hafen sei zerstört worden.« Marl erinnerte sich, dass »die Freude groß war, als wir hörten, ein englisches Fugzeug sei abgeschossen worden und auf das Heck des Leichten Kreuzers EMDEN gestürzt«.

Als sie gerüchteweise hörten, die Briten würden mit Fallschirmjägern landen, fühlten sich die jungen Matrosen völlig verunsichert. »Wir hatten Angst und wussten gar nicht, was wir tun sollten, zumal wir immer noch nicht in See stechen konnten. Ich ärgerte mich, dass es den Piloten der Luftwaffe vergönnt war, den Feind als erste zu bekämpfen.«

Marls gründliche U-Bootausbildung dauerte bis in das Frühjahr 1940. »Als wir von der Invasion Norwegens am 9. April erfuhren, waren wir schon alle recht betroffen, daran nicht beteiligt gewesen zu sein.«

Mit anderen U-Bootfahrern nahm Peter an der Baubelehrung seines neuen Bootes, U-103, in Bremen teil und lernte dort seinen Kommandanten kennen, den Korvettenkapitän Victor Schütz. Dieser war zuvor auf U-11 und U-25 als Kommandant gefahren und brachte zahlreiche erfahrene Besatzungsangehörige seines letzten Bootes mit. »Unser Boot vom Typ IX C erhielt die modernsten Waffensysteme und Maschinenanlagen.« In seinem Tagebuch hielt Peter fest, dass die theoretische Ausbildung an der Unterseebootschule »anfangs wenig hilfreich war«. Er sagte, der Obermaat Deeken musste ihm alles zeigen und nannte ihn deshalb einen »Dummkopf«. »Stets machte ich etwas falsch.«

Schließlich war der Auslauftag gekommen. Von Bremen aus steuerten sie den Kaiser-Wilhelm-Kanal an, der 1895 eröffnet worden war, um der Flotte im Binnenland eine Verbindung zwischen Ost- und Nordsee zu bieten. »Mir gefiel die Kanalpassage sehr, und es war schon ein komisches Gefühl, auf einem Unterseeboot mitten durch grüne Wiesen zu fahren.«

In Kiel absolvierte die Besatzung die körperliche Tauglichkeitsüberprüfung und vertrieb sich die Zeit mit Ballspielen am Strand. Anschließend verlegte das Boot zunächst nach Gotenhafen und dann nach Danzig, wo sie Torpedos übernahmen. Das war eine zermürbende Tätigkeit, bei dem sie sich überall mit schwarzem Fett einschmierten. Als nächstes verlegten sie zu nächtlichen Torpedoschießübungen nach Memel und von dort zur taktischen Ausbildung in das Seegebiet vor Bornholm. »Sieben Tage lang übten wir zusammen mit Kapitänleutnant Moehle auf U-123 und einigen weiteren VII C-Booten den Angriff auf Geleitzüge.«

Eine kurze Unterbrechung ermöglichte es Marl, mit einigen Freunden Rönne zu besuchen, wo sie sich »für wenig Geld rund und satt essen« konnten. Am letzten Abend gingen Peter und Fritz Zimmermann in ein Tanzlokal und schafften es gerade noch, vor dem Auslaufen von U-103 am nächsten Morgen wieder an Bord zurückzukehren. »Wir hatten viel Spaß, und der Bootsmannmaat war sehr erleichtert, alle seine Schäfchen zum Auslaufen beisammen zu haben.«

Auf der Rückfahrt nach Bremen passierten sie erneut den Kaiser-Wilhelm-Kanal. In der Hansestadt wurde die Besatzung in einem kleinen Hotel einquartiert. »Ich wurde als Koch eingeteilt und musste schon früh morgens aufstehen und für uns alle Kaffee kochen.« Die Köchinnen zeigten Peter, wie er die Mahlzeiten zubereiten konnte, und wurden dadurch zu guten Freundinnen.

Gegen Ende des Sommers 1940 verlegte das Boot nach Wilhelmshaven, wo die gesamte Besatzung vollauf beschäftigt war, U-103 auszurüsten und für den Fronteinsatz vorzubereiten. »Als wir eines Nachts gegen 02.00 Uhr noch einen späten Imbiss einnahmen, wurde das Boot plötzlich von einer gewaltigen Detonation erschüttert. Die Tommies hatten den Stützpunkt angeflogen und Bomben abgeworfen, einige schlugen dicht am Boot ein.«

»Tags darauf liefen wir mit wehenden Flaggen erneut in die Ostsee aus. Da aber einer unserer Antriebsdiesel ausfiel, war U-103 gezwungen, zu Reparaturarbeiten in Kiel einzulaufen.« Im August 1940 »ging es endlich an den Feind«. In diesem Jahr hatten die U-Boote im Atlantik großartige Erfolge errungen, was die Besatzung sicherlich enorm beflügelt hat.

Geleitet von Minensuchern, steuerte U-103 Kristiansand an, einen neuen deutschen Marinestützpunkt in Norwegen. »Dort entließ uns der Geleitschutz, und wir hatten von nun an freie Hand.« Nördlich von England stießen sie in den Nordatlantik vor und versenkten zehn Tage später ihr erstes Schiff, den norwegischen Tanker NINA BORTEN. In der Folgezeit beschädigten sie einen anderen und versenkten zwei weitere Tanker. Sie stießen auf einen Geleitzug und griffen ihn an. »Aber die Zerstörer deckten uns mit zahlreichen Wasserbomben ein.« U-103 meldete diese Schiffsansammlung dem BdU, der ein Wolfsrudel darauf ansetzte, zu dem U-124 (Mohr), U-47

Torpedoübernahme auf einem U-Boot. (Bundesarchiv, Koblenz)

(Prien), U-99 (Kretschmer) und U-100 (Schepke) gehörten. »Das war ein beeindruckendes Team, das den Geleitzug mit schrecklichen Verlusten abstrafte.«

Nach der Niederlage Frankreichs hatte die Kriegsmarine im Sommer 1940 damit begonnen, in den Häfen an dem Golf von Biskaya U-Bootstützpunkte anzulegen. In Lorient, einer netten Hafenstadt in der Normandie, fanden die Besatzungen eine erhebliche Unordnung vor. »Es war ein völliges Durcheinander. Die U-Boote hatten unter Netzen getarnt an einem merkwürdigen halb versunkenen alten Dampfschiff festgemacht. Wir holten einen tragbaren Plattenspieler auf die Brücke und spielten darauf das berühmte Marinelied ›Denn wir fahren gegen England‹.« U-103 machte dicht am Kraftwerk fest, wo Heinz Fischer, der Chef der 2. U-Flottille, sie willkommen hieß. »Unsere Unterkünfte waren miserabel«, nörgelte Marl. »Auf unseren Stuben standen keine Tische, und während der gesamten Werftliegezeit wurde nicht einmal mein Kopfkissenbezug gewechselt.« Als Peter feststellte, dass die Angehörigen der französischen Marine in Hängematten geschlafen hatten, nannte Peter es eine Schande, »unter welch primitiven Umständen die ›Grand Nation‹ ihre Seeleute schlafen ließ.« Die U-Bootbesatzung musste zu den Mahlzeiten in ihrem verschmutzten Arbeitszeug durch die Stadt zu dem großen Hotel Beausejour marschieren, in dem die Marineoffiziere einquartiert waren. »Wir machten auf die französische Bevölkerung sicherlich keinen guten Eindruck.«

Während U-103 auf Ersatzteile aus Deutschland wartete, verbrachte die Besatzung ihre Freizeit in Carnac, einem Urlaubsort bei Lorient, wo sie sich in gepflegten Hotels aalten, in der See schwammen und am Strand entlang ritten. Endlich stach das Boot im Spätherbst 1940 mit besten Aussichten auf eine erfolgreiche Fahrt in See.

»Auf dieser Fahrt erzielte der Kommandant mit jedem Torpedo einen Treffer. Selbst als Zerstörer siebzig Wasserbomben auf uns warfen, trug das Boot keine Beschädigung davon. Wir tauchten wahrscheinlich so tief, dass die Tommies uns mit ihren Wasserbomben nicht erreichen konnten.« Mit acht Versenkungen drehte U-103 nach Süden und steuerte den Heimatstützpunkt an. Sie fühlten sich unbesiegbar.

Etwa zweihundert Seemeilen vor Lorient sichtete die Brückenwache in der Ferne ein Flugzeug und ließ die Alarmklingel schrillen. »Wir ließen uns in das Boot fallen und verriegelten das Turmluk, während der Leitende die Entlüftungsventile öffnete. Als wir abtauchten, strömte Wasser durch die Luftansaugschächte in das Boot – viel Wasser. Es kam uns vor, als stünden wir unter der Dusche.« Irgendeiner hatte einen Fehler gemacht, der U-103 in einem beängstigenden Winkel auf Tiefe gehen ließ.

»Mit unserer schrecklichen Last rauschten wir in die Tiefe«, berichtete Peter. »Alle Mann achteraus«, schrie Schütz, worauf die Besatzung sich in das Heck hinaufkämpfte. Das Unterseeboot richtete sich auf und wurde sofort hecklastig. Nun rannten wieder alle in den Bug. »Das schaffte aber keine Abhilfe.«

»Wir kamen nicht mehr durch den Elektromaschinenraum hindurch, denn das eindringende Wasser hatte einen Kurzschluss und ein Feuer verursacht, wodurch die Elektromotoren ausfielen. Es roch nach brennender Farbe und schmorendem Gummi, der Qualm war nicht auszuhalten. Unterdessen sank das Boot immer tiefer.« Der Leitende warf verzweifelt die Lenzpumpen an, die aber bei der großen Wassertiefe das eingedrungene Wasser gegen den gewaltigen Außendruck nicht außenbords drücken konnten.

Tödliches Chlorgas aus den Batterien strömte rasch durch das sinkende Boot. Sie fühlten sich wie in einer tödlichen Falle. Auf den Befehl »Klar bei Tauchretter« setzten die Männer ihre Atemgeräte auf. Einige Minuten später dann der Befehl: »Auftauchen. Pressluft auf alle Tauchzellen!« Rasch kam das Boot auf ebenen Kiel und begann ab einhundert Meter Tiefe wie ein Kork an die Oberfläche zu schießen. »Auf den letzten dreißig Metern konnten wir dem Tiefenmesser nicht mehr folgen. Dann machte das Boot einen Sprung und klatschte wieder in die See. Wir lagen an der Oberfläche, krängten allerdings zu einer Seite. Die Besatzung öffnete das Turmluk und besetzte blitzschnell das 20-mm-Flugabwehrgeschütz.

Sofort entdeckten sie das Flugzeug wieder, das sie bereits vor dem Tauchen gesichtet hatten. »Die Maschine flog uns an und wackelte mit den Tragflächen, es war ein deutscher Seefernaufklärer ›Kondor‹. Der ganze Mist wäre gar nicht nötig gewesen.« Während noch immer Wasser im Boot herumschwappte, schleppte sich U-103 mit nur einem funktionsfähigen Antriebsdiesel nach Lorient zurück.

»Der Empfang dort war großartig. Einige wurden mit dem U-Boot-Kriegsabzeichen oder dem Eisernen Kreuz ausgezeichnet. Unserem Kommandanten wurde das Ritterkreuz verliehen, worüber wir alle sehr stolz waren.« Peter trug seinen neuen Orden im Urlaub und fühlte sich »stolz wie ein Spanier«.

Auf ihrer nächsten Feindfahrt im Jahre 1941 stieß Marls Boot auf einen britischen Frachter und feuerte mehrere Torpedos ab, die alle das Ziel verfehlten. Der vierte war auf einen Meter Tiefe eingestellt und traf. »Wir tauchten auf und beobachteten, wie die britische Besatzung von Bord ging. Danach wollten wir dem Schiff mit unserem 105-mm-Geschütz den Rest geben. Kaum hatten wir sechs Schuss abgefeuert, wurde das Feuer erwidert.« Zu ihrer großen Überraschung musste die Besatzung feststellen, dass die britischen Seeleute auf die abgewandte Seite des Frachters gerudert und wieder an Bord geklettert waren. »Das war sehr tapfer. Hätte jeder feindliche Seemann solchen Mut bewiesen, hätten sie uns das Leben wahrlich schwer gemacht.« Von einem weiteren »Aal« getroffen, versank »der kämpfende Frachter«.

Ihr nächstes Opfer, ein mit Kerosin beladener zehntausend Tonnen Tanker, explodierte mit einem ohrenbetäubenden Knall und brannte sofort, wobei die Flammen haushoch emporloderten. Kommandant und Besatzung hatten noch den Staub und den Rauch in den Augen, als das Boot abdrehte. Einige Tage später erfuhren sie dann, dass Lehmann-Willenbrock mit U-96 das immer noch treibende Wrack sichtete und ihm den Fangschuss gab.[1]

Gerade als U-103 die Vorbereitungen für einen Unterwasserangriff auf das nächste Opfer abgeschlossen hatte und einen Torpedo lösen wollte, explodierte ihr Ziel, brach auseinander und sank. »Jemand anders hatte bereits geschossen. Es handelte sich um Moehle mit U-123. Er schoss uns den Dampfer vor der Nase weg. Wir waren sehr verärgert.«

Trotz ihrer Enttäuschung kehrte U-103 sicher nach Lorient zurück, wo zwei Militärkapellen und zahlreiche Freunde und Bekannte von anderen U-Booten sie mit Beifall begrüßten. »Jetzt endlich war der Stützpunkt voll ausgebaut und funktionsfähig. Wir verfügten über Stühle, Tische, Betten und alles, was das Leben eines Seemanns erleichtert.«

Nach einem erholsamen Aufenthalt in dem Stützpunkt und einem Heimaturlaub meldete Marl sich wieder zum Dienst und wurde sogleich mit einer neuen Tropenuniform ausgestattet: mit Khakihemden und -hosen sowie einem Tropenhelm. Wo sie diese tragen würden, blieb geheim, das würde man ihnen auf See mitteilen. U-103 durchquerte getaucht den Golf von Biskaya, um der ständigen feindlichen Luftüberwachung zu entgehen. Sie passierten Kap Finisterre, den westlichsten Zipfel Spaniens, und begannen ihre Unternehmung in der Nähe der Kanarischen Inseln. »Dieser Bereich galt immer noch als ein Erfolg versprechendes Einsatzgebiet für unsere Unterseeboote. Gleich in den ersten Tagen versenkten wir sechs Dampfer. Unglücklicherweise gingen uns die Torpedos aus, sodass wir ein Versorgungsschiff vor der südamerikanischen Küste ansteuern mussten.«

Am vereinbarten Treffpunkt wartete bereits U-38. »Zunächst gab es zwischen den beiden Booten eine kleine Meinungsverschiedenheit, denn jedes wollte als erstes versorgt werden.« Sobald dann diese Frage geklärt war, übernahmen die beiden Unterseeboote Munition, Kraftstoff, Schmieröl und Verpflegung und füllten damit jede Ecke und jeden Winkel. »Die Torpedoübernahme war eine verdammte Schufterei, denn wir waren für ein derartiges Versorgungsmanöver nicht ausgerüstet. Nach mehreren Stunden gelang es der Besatzung dennoch, die Torpedos an Bord zu nehmen.«

Erneut überquerte U-103 den Atlantik, um vor der Westküste Afrikas zu patrouillieren. Der Funker entschlüsselte die Funksprüche aus Freetown und hielt die Abflug- und Abfahrzeiten britischer Flugzeuge und Schiffe sowie deren Fracht fest. In einem Fall bereitete sich Peters Besatzung zum Angriff auf einen mit Flugzeugteilen beladenen Frachter vor, der aber nie aufkreuzte, weil ein anderes U-Boot ihnen zuvorgekommen war.

Als der Kraftstoff erneut zu Ende ging, lief Schütze ab, um sich in der Nähe der Azoren mit einem Tanker zu treffen. Dort wurde er von vier weiteren U-Booten begrüßt. Nach drei Tagen vergeblichen Wartens verzichteten alle auf die Kraftstoffübernahme und tauschten lediglich geringe Mengen von Dosenverpflegung aus. Als letzter Ausweg blieb U-103 nur noch die Möglichkeit, Las Palmas, einen geheim gehaltenen neutralen Hafen der Kanarischen Inseln, anzulaufen. »In der Nacht liefen wir getaucht in den Hafen ein, wo der deutsche Zehntausend-Tonnen-Tanker CHARLOTTE SCHLIEMANN auf uns wartete.« Nachdem sie die Leinen festgemacht hatten, übernahm die Besatzung »in Windeseile« den Kraftstoff und hielt gleichzeitig ein wachsames Auge auf die bewaffneten britischen Handelsschiffe, die ganz in der Nähe festgemacht hatten. »Sie durften uns nichts tun, und wir durften ihnen nichts tun, denn wir befanden uns in einem neutralen Land.«

Nach zweieinhalb Stunden war die Übernahme abgeschlossen, und U-103 konnte wieder in See stechen. Sie entfernten sich in der Dunkelheit rasch über Wasser und standen bei Sonnenaufgang »weit von der Insel entfernt«.

Nach diesem Treffen »verbesserte sich die Qualität der Verpflegung erheblich. Es gab sogar Weißbrot und Schokolade, frisches Obst, Bier und Schnaps. Wir waren in der Tat überglücklich und der Besatzung der CHARLOTTE SCHLIEMANN sehr dankbar.« Die Besatzung von U-103 wünschte den Seeleuten des Versorgers eine baldige Heimkehr, denn sie hatten erfahren, dass diese bereits Jahre auf See verbracht hatten.

Bei ihrem Einlaufen in Lorient wurde Marls Besatzung ungewöhnlich kühl empfangen. Das war wahrscheinlich ein Versehen, denn sie hatten immerhin

Ein Seemann schmückt den Turm von U-103, um zu zeigen, dass der Kommandant des Bootes, Victor Schütze, mit dem Eichenlaub zum Ritterkreuz ausgezeichnet worden war. Oktober 1941. (Bundesarchiv, Koblenz)

dreizehn Handelsschiffe versenkt, zumal »auch alle wussten, dass Schütze ausreichend Tonnage versenkt hatte, um mit dem Eichenlaub ausgezeichnet zu werden«. Dann erfuhr die Besatzung, dass die meisten von ihnen auf andere Boote versetzt werden und Schütze eine Flottille als Chef übernehmen sollte. Vielen ging diese Trennung von guten Freunden recht nahe. Allerdings besserte seine Urlaubsreise nach Österreich Peters Stimmung rasch wieder. »Mein Bruder und ich bestiegen den Berg Grimming und nutzten zahlreiche Gelegenheiten zum Fensterln.« Nach einer alten süddeutschen Sitte klopft ein junger Mann dabei spät des Nachts an das Fenster seiner Freundin, die dann entscheidet, ob sie ihn in ihr Zimmer klettern lässt. Sollte das Mädchen im zweiten Stock wohnen und er sich große Hoffnungen machen, würde er sich eine Leiter besorgen.

Nach seiner Rückkehr in den U-Bootstützpunkt erfuhr Peter, dass Kapitänleutnant Werner Winter sein Boot übernehmen sollte. Im Sommer 1941 stachen sie in See und durchquerten die minenverseuchte Biskaya. Dabei musste U-103 »häufiger als je zuvor« tauchen, um sich den Flugzeugen der Royal Air Force zu entziehen. Bei den Azoren stießen sie auf einen Geleitzug und versenkten aufgetaucht fünf Frachter mit sechs Torpedos. Die Meldung dieses großartigen Erfolges wurde im Stab des BdU freudig begrüßt und hatte bei ihrem Einlaufen in Frankreich großartige Willkommensfeiern zur Folge.

Kurz nach der Kriegserklärung Deutschlands an die Vereinigten Staaten von Amerika am 11. Dezember 1941 fuhr Peter auf Weihnachtsurlaub zu seiner Familie. »Wir U-Bootfahrer sollten den Krieg bis an die Kais von New York tragen. Hardegen war mit U-123 bereits auf dem Weg dorthin. Wir liefen ... als Teil der Operation ›Paukenschlag‹ Anfang 1942 dorthin aus, um die Yankees an ihren wichtigsten Seeverbindungen zu treffen.«

Auf der Überfahrt über den Atlantik begegnete ihnen kein einziges Schiff. Erst als sie sich der amerikanischen Küste näherten, »wurde es lebendig«. Peter sah mit Verwunderung, dass die Schiffe hell erleuchtet fuhren. Bei so vielen Handelsschiffen war es schwierig zu entscheiden, welches man zuerst angreifen sollte. »Dieses Seegebiet passierten zahllose Einzelfahrer, sie fuhren völlig ungeschützt. Wir konnten das kaum verstehen.« Vor Delaware beobachtete die Besatzung von U-103 das Lichtermeer, das durch die Dunkelheit bis zu ihnen herüberstrahlte. »Der ganze Himmel wurde von Scheinwerfern beleuchtet. Offensichtlich hatten die Soldaten noch nichts vom Krieg gehört.«

Erst mehrere Tage nach Beginn der U-Bootangriffe fuhren die Schiffe abgedunkelt und begannen Zick-Zack-Kurse zu laufen. Winter jagte auch weiterhin in dem Flachwassergebiet vor der schneereichen dunklen Küste Neuenglands und versenkte mit seinen letzten Torpedos vier Handelsschiffe. Als die Rettungsboote ihres letzten Opfers in die eiskalte See gefiert wurden, sah Peter bekümmert, dass die Seeleute lediglich Sporthemden und dünne Hosen trugen. »Sie taten mir sehr leid.«

Da er seinen Auftrag erfüllt hatte, übergab Winter überschüssigen Kraftstoff an U-564 mit Teddy Suhren ab und trat den Heimmarsch an. Als einige Tage später der Leitende Ingenieur auf der Brücke gerade eine Pfeife rauchte, schaute er zufällig nach oben und entdeckte ein Flugzeug, das sie im Sturzflug angriff. Er rief »Alarm« und versuchte, in das Boot zu gelangen. In seiner Panik schlug der Leitende mit dem Kopf an das Turmluk und blieb bewusstlos liegen. Die Brückenwache reichte ihn in das Boot hinab und führte das Tauchmanöver ohne seine Unterstützung durch. Ehe sie aber unter der Oberfläche verschwanden, schüttelten vier Detonationen das U-Boot kräftig durch. »Wir machten alle ein ziemlich dämliches Gesicht«, erinnerte sich Marl, »und von da an gingen wir unsere Wachen mit viel größerer Aufmerksamkeit.«

In Lorient zeichnete Dönitz Peter mit dem Eisernen Kreuz I. Klasse aus. Mit den zunehmenden Kampftagen auf See stieg auch die seelische Belastung. Mit seinen dreiundzwanzig Jahren fühlte sich der junge Seemann, dessen Hände ständig zitterten, bereits wie ein alter Mann. »So ganz allmählich war ich – wie alle U-Bootfahrer – ein Nervenbündel geworden.«

Nach einem erholsamen Urlaub in Österreich und einer zusätzlichen Ausbildung fuhr Marl nach Bremen und stieß dort zu der Besatzung von U-196. Das Boot vom Typ IX D2 war eines der größten Unterseeboote der Kriegsmarine. Er wunderte sich, warum keiner der vorherigen Besatzung an Bord hatte bleiben wollen, und wertete diesen Umstand als »ein Zeichen, dass es da wohl einige Probleme gab«.

Ausgerüstet für achtzehn Wochen mit Proviant, vierundzwanzig Torpedos, Artilleriemunition und Kraftstoff, lief U-196 am 2. März 1943 aus Kiel aus. Zu diesem Zeitpunkt flogen die Alliierten mit hunderten von Flugzeugen ihre Bombenangriffe auf deutsche Städte, hatte die Rote Armee die deutsche 6. Armee in Stalingrad vernichtet, und befanden sich die Briten in Nordafrika auf dem Vormarsch.

Trotz dieser Rückschläge kämpften die Wolfsrudel tapfer weiter. »In diesem Zeitraum liefen von Kiel täglich nahezu vier bis fünf Boote zur Feindfahrt aus. Wir erlebten einen Unterseebootkrieg, wie ihn die Welt noch nicht gesehen hatte.«

Auf dem Turm des Bootes war ein neues Gerät angebracht worden, »ein merkwürdiges Holzkreuz mit elektrischem Anschluss, das uns vor feindlichem Radar warnen konnte«. Das sogenannte »Biskaya-Kreuz« musste vor jedem Tauchen nach unten in das Boot gereicht werden, es warnte allerdings die Besatzung vor anfliegenden Flugzeugen.

Während der Fahrt nach Süden in Richtung der Azoren achtete Kentrat auf strenge Disziplin. Der Kommandant ließ die Besatzung täglich zur Musterung antreten, was Marl während seiner Seefahrtszeit noch nie erlebt hatte. Bei jedem Anlass drohten Kentrat und seine Offiziere ihren Untergebenen mit Arrest oder Kriegsgericht. Viele wurden zu einer vierzehntägigen Arreststrafe im Militärgefängnis verurteilt, die sie nach Rückkehr in Frankreich anzutreten hatten. »Bei meinen vorherigen Einsätzen hatte ich nie erlebt, dass ein Besatzungsangehöriger mit Arrest bestraft wurde.«

Als sie sich dem Äquator näherten, traten bei der Besatzung »recht schwere Sonnenbrände« auf. Im Boot war die Hitze so unerträglich, dass keiner vor 02.00 Uhr morgens Schlaf finden konnte. »Admiral Triton« machte seine Aufwartung und kündigte die baldige Äquatortaufe an. »Seine Majestät Neptun, der Herrscher aller Ozeane, Meere, Seen und Teiche beabsichtige, an Bord zu kommen, um das Boot vom Schmutz der nördlichen Hemisphäre zu reinigen.« Tags darauf kletterte »Neptun« mit seiner »Frau Thetis« und einem großen Gefolge unappetitlich aussehender Gestalten, die bereits den Äquator überquert hatten, an Bord.

Diese »unappetitlichen Typen« zwangen die Ungetauften, große Pillen zu schlucken, und beschmierten sie mit Schmutz. Anschließend schrubbten sie ihre Opfer mit Bürsten ab und warfen sie in das reinigende Wasser. Bei diesen groben Späßen vergaßen sie alle für kurze Zeit den Krieg. Anschließend erhielt jeder Täufling eine Urkunde, welche die Überquerung des Äquators dokumentierte. Wolfgang Lüth fasste im Dezember 1943 ein solches Ereignis wie folgt zusammen: »Ich bin der Ansicht, ein junger Mann sollte einmal in seinem Leben erfahren, was ein gesunder Körper ertragen kann. Dabei ist es die Aufgabe des Kommandanten, dafür zu sorgen, dass das raue Spiel nicht in Sadismus entartet.«[2]

Auf dem Marsch nach Süden wurde es kälter und Stürme zogen auf. Die Spannung auf U-196 stieg und gestaltete die ohnehin beschwerliche Fahrt noch schwieriger. Sie umrundeten die Südspitze Afrikas und hatten ihr Operationsgebiet im Indischen Ozean erreicht, in dem deutsche Unterseeboote bereits ihre Angriffe fuhren.

Als eines Tages ein Zerstörer zum Angriff auf das Boot ansetzte, ließ Kentrat brüllend einen Torpedo feuern. Aber der »Aal« klemmte mit laufendem Motor im Rohr. Während Kentrat schrie und fluchte, schoss das Boot in einem steilen Winkel in die Tiefe. Gerade als der Zerstörer über sie hinweg dröhnte, glitt der defekte Torpedo aus dem Rohr. Nach diesem Vorfall ließ Kentrat das gesamte Torpedopersonal täglich zwei Stunden exerzieren, auch wenn kein Fehler mehr auftrat.

Da Proviant und Kraftstoff allmählich zur Neige gingen, erhielt U-196 Anweisung, seinen alten Freund, den Tanker CHARLOTTE SCHLIEMANN, anzulaufen. Bei diesem viertägigen Treffen begegnete Kentrat seinen U-Bootkameraden Lüth, Gysae, Hartmann, Bartels und Dommes. Die Kommandanten trafen sich zu einer Konferenz an Bord des großen Tankers und besuchten sich gegenseitig auf ihren Booten. »Das kam mir doch ein wenig leichtsinnig vor«, sinnierte Marl. »Was wäre geschehen, wenn der Feind uns entdeckt und angegriffen hätte?«

U-196 passierte auf der Weiterfahrt nach Norden die Straße von Mosambik zwischen Afrika und Madagaskar, ohne ein Ziel zu entdecken. Voller Tatendrang feuerten sie einen Torpedo auf einen kleinen Segler. »Der hatte allerdings Glück, denn der Torpedo lief unter ihm durch.«

Die Hektik setzte allerdings früh genug wieder ein, als feindliche Flugzeuge sie orteten und einen wahren Bombenregen auf sie niedergehen ließen. Etwa einen Tag später ließ der Kommandant die Besatzung in äußerstem Tempo Torpedos aus den Oberdeckbehältern in den Torpedoraum übernehmen, denn das Boot musste dazu auftauchen und war sehr verwundbar. »Nach Abschluss aller Arbeiten ging der Kommandant in die Kombüse und brutzelte sich seelenruhig ein paar Eier.« Verwundert, dass Kentrat sich bei der Torpedoübernahme in einem derartig gefährlichen Gebiet so sicher fühlte, sprach die Besatzung den Kommandanten an. Sie fragte ihn, woher er wisse, dass keine feindlichen Flugzeuge sie angreifen würden. »Die Briten fliegen sonntags nicht«, ließ er sie wissen.

Die Pause dauerte nicht lange, denn anschließend bombardierten die Briten sie gnadenlos. »Wir durchlebten einen nie zuvor erlebten moralischen Tiefpunkt – ich kann das überhaupt nicht beschreiben«, erzählte Peter. »Verschlimmert wurde das alles durch das Verhalten unserer Vorgesetzten. Wir hörten sogar lieber Lärm von zehn Bombendetonationen als die Stimme des Kommandanten. Jeder zuckte zusammen, sobald seine Stimme im Lautsprecher ertönte.«

Treffen von U-196 mit dem deutschen Zehntausend-Tonnen-Tanker CHARLOTTE SCHLIEMANN *zur Übernahme von Kraftstoff und Versorgungsgütern im Indischen Ozean im Sommer 1943.*

Mit düsteren Vorahnungen trat die Besatzung die Heimfahrt an.

Da der deutsche Nachrichtenschlüssel regelmäßig gewechselt wurde, war es nun an der Zeit, U-196 für die letzten vierzehn Tage der Fahrt mit den gültigen Unterlagen zu versorgen. Das Hauptquartier befahl ein Treffen mit U-197 unter Robert Bartels, bei dem die Geheimpapiere übernommen werden sollten. Am vereinbarten Treffpunkt erschien allerdings Wolfgang Lüth mit U-181 und übergab die neuen Schlüsselunterlagen. »Wolfgang Lüth waren die Schwerter zu seinem Ritterkreuz mit Eichenlaub verliehen worden. Da aber Kentrat drei Wochen zuvor diese Auszeichnung erhalten hatte, versuchte er Lüth herumzukommandieren. Lüth beachtete ihn aber überhaupt nicht.«

Noch während dieses Treffens empfing U-196 einen Funkspruch mit der Mitteilung, dass U-197 sechzig Seemeilen nördlich bei einem Luftangriff Bombentreffer erhalten hatte und dringend Hilfe benötigte. In seiner Antwort meldete Kentrat, dass er wegen seines geringen Kraftstoffvorrats nach Süden laufe, zumal er von Lüth auch nicht genug übernehmen konnte. Zwei Tage später fragte der BdU nach: »Was ist ihre Position.« Als U-196 seinen Standort meldete, hielt das Hauptquartier über Funk eine gewaltige Standpauke und befahl, auf Nordkurs zu gehen und nach Bartels zu suchen. Daraufhin drehte U-196 auf Gegenkurs. »Wir liefen mit Höchstfahrt die Position an, auf der Bartels drei Tage zuvor verschwunden war. Natürlich fanden wir keine Spur mehr von dem Boot. Ich habe nie verstanden, warum wir damals nach Süden und nicht nach Norden gefahren sind.«[3]

Am Kap der Guten Hoffnung zwangen die anhaltende Luftüberwachung und schwerer Seegang das Boot, stundenlang getaucht zu fahren. Einmal ließ der Kommandant auftauchen und kletterte gefolgt von Marl auf den Turm, um sich einen Überblick zu verschaffen. Gerade als Kentrat das Turmluk öffnete, schlug eine gewaltige See über dem Unterseeboot zusammen und drückte es neun Meter in die Tiefe. Ehe die beiden Männer sich rühren konnten, tauchte das Boot erneut ab und ließ Tonnen von Wasser auf sie stürzen. Nur mit viel Glück tauchte U-196 noch einmal auf, sodass sie das Turmluk verriegeln konnten. »Danach genehmigten wir beide uns einen Schluck Kognak.«

Auf der langen Heimfahrt nach Frankreich begegnete Kentrats Boot unerwartet einem anderen Unterseeboot. Während sie sich einander wachsam näherten und Erkennungssignale austauschten, stellten sie fest, dass es sich um U-181 mit Lüth handelte. Obgleich Kentrat genau wusste, dass Lüth die Diamanten zu seinem Ritterkreuz mit Eichenlaub und Schwertern, die höchste deutsche Auszeichnung, erhalten hatte, übermittelte er keinerlei Glückwünsche. Stattdessen bestand er darauf, während der Heimfahrt der beiden Boote die Führung zu übernehmen, und versuchte, Lüth Befehle zu geben. Nach drei Tagen voller Streitigkeiten drehte Lüth ab und lief alleine weiter.[4]

Aufgrund der weit reichenden feindlichen Seeraumüberwachung kam U-196 vor der westafrikanischen Küste nur sehr langsam voran. »Wir konnten nur nachts für wenige Stunden auftauchen, um die Batterien aufzuladen, und legten nur geringe Distanzen zurück. Gleichzeitig wurde die Verpflegung von Tag zu Tag schlechter. Wir schlichen wie ein Fuchs an den Kanarischen Inseln und den Azoren vorüber.« Endlich lief U-196 in die Gironde ein und machte in Bordeaux fest. Das Boot hatte 225 Tage in See gestanden, das war die längste Unternehmung eines deutschen Unterseebootes im Zweiten Weltkrieg. Die Familien der Besatzungsangehörigen hielten ihre Söhne bereits für vermisst.

»Gleich vom ersten Tag an wurden einige der Männer in Arrest gesteckt, viele wurden vor ein Kriegsgericht gestellt. Einer unserer Schiffstechniker wurde nach Paris in die psychiatrische Abteilung eingewiesen, während der Torpedomechaniker Boost wegen eines schweren Nervenleidens behandelt werden musste.« Im Stützpunkt gingen Kentrat und Lüth sich bewusst aus dem Weg.

Marl genoss die Zeit in der Stadt Bordeaux mit ihrem hervorragenden Wein, den Kinofilmen, den üppigen Speisen und den Mädchen in vollen Zügen. Die Freude wurde aber getrübt, als er sich eine Blasenentzündung und ein Augenleiden zuzog, die seine Versetzung von U-196 auf eine Landverwendung zur Folge hatten. Dort hob er Schützengräben aus und half bei dem Bau mächtiger U-Bootbunker mit.

Während der Krieg sich immer länger hinzog, verloren Marl und seine Freunde allmählich den Glauben an einen deutschen Sieg, auch wenn die deutschen U-Boote den Kampf unermüdlich fortsetzten. Noch wusste Marl nicht, dass seine nächste Unternehmung – auf U-195 unter seinem Kommandanten Oberleutnant zur See Friedrich Steinfeldt – seine letzte werden sollte. Bevor es gemeinsam mit U-180 zu einem Frachtboot umgebaut wurde, galt U-195 als eins der schnellsten Unterseeboote der Flotte. Nun aber hatte man alle Torpedorohre entfernt, um Stauraum zu schaffen. Zum Eigenschutz waren zwei 20-mm- und ein 37-mm-Flakgeschütz eingebaut worden. Zusätzlich erhielt das Boot eine neue Schnorchelanlage, die es in die Lage versetzte, auch bei Tauchfahrt die Batterien aufzuladen.

»Es war ein hartes Stück Arbeit, die für den Fernen Osten bestimmte Ladung im Boot zu verstauen. In den Druckbehältern an Oberdeck lagerten wir optische Geräte und luden Quecksilber, Stahlbarren, Maschinenteile, Blei, Leichtmetall, Fernmeldeausstattung sowie Sichtgeräte in den vorderen und den achteren Torpedoraum. Trotz dieser Zuladung hatten wir es noch recht bequem.«

In der Zwischenzeit gewannen die Invasionstruppen in der Normandie an Boden. Die französische Untergrundbewegung unterbrach ständig die deutschen Schienenverbindungen und sprengte auch Brücken. »Unsere U-Bootführung hatte es damals sehr schwer, zumal unsere Boote nur wenige Schiffe der Invasionsflotte versenken konnten. In Bordeaux herrschte zunächst noch Ruhe, aber nach einigen Wochen setzten auch hier die Luftangriffe ein, die sich vorrangig gegen die Ölpiers richteten. Das für die Front im Süden Frankreichs bestimmte Öl brannte tagelang.«

»Danach erfolgten die Angriffe auf die U-Bootbunker, die zunächst nur geringen Schaden anrichteten, auch wenn der gesamte Munitionsbunker in die Luft flog. Noch befanden sich die U-Boote in Sicherheit. Alle vom Einsatz zurückkehrenden Boote mussten Bordeaux anlaufen, da die übrigen Stützpunkte entweder bereits zerbombt oder von den Amerikanern eingeschlossen waren.« Jede Pier in den Bunkern war mit Unterseebooten belegt.

Während die Invasionstruppen im Norden weiter vorrückten, warfen alliierte Bomber hunderte von Bomben über den U-Bootbunker und Bordeaux ab. Dabei ließen sie die Bunker intakt, verwandelten aber die Stadt in eine zerschlagene und brennende Wüstenlandschaft, aus der mittlerweile alle Zivilpersonen geflüchtet waren. »Die Stadt gehörte nun uns alleine – wir wurden die Könige der Gemüsegärten. Mit Paul Euler entdeckte ich einen gepflegten Weinberg, wo wir einige der besten Trauben pflückten. In der Kantine verschenkten sie unterdessen die gesamte Ware, weil unser Geld wertlos geworden war.«

Gut geschützt in den massiven Bunkern wurden die Boote mit Kraftstoff, Torpedos und Verpflegung versorgt und auch instand gesetzt. Einige von ihnen, wie U-178, waren mit Kautschuk und anderen knappen Rohstoffen beladen aus Ostasien zurückgekehrt. Alle nicht mehr einsatzbereiten Boote wurden ausgeschlachtet, ihre Teile wurden in andere Fahrzeuge eingebaut und das Wrack anschließend gesprengt.

Plötzlich erreichte U-195 der Befehl: »Geben sie die gesamte Ladung von Bord und übernehmen sie Dynamit für Brest oder St. Malo.« Schockiert und voller Sorge führte Peters Besatzung diesen Befehl aus und verwandelte ihr Boot in

»ein einziges Pulverfass«. Am 3. August stand die amerikanische 6. Panzerdivision vor der alten französischen Festungsstadt St. Malo. Dort ließ sie einige Verbände zurück und erreichte drei Tage später mit ihrer Vorhut die Festung Brest. Da die Deutschen wussten, dass die Alliierten darauf angewiesen waren, die französischen Häfen in die Hand zu bekommen, benötigten sie das Dynamit zur Sprengung der Hafenanlagen, ehe der Feind sie erobern konnte.[5]

Einige Tage später kam ein zweiter Befehl: »Alles zurück. Alten Zustand herstellen.« Offenkundig konnte wegen der heftigen Angriffe auf Brest von der Landseite und aus der Luft die Forderung nach Dynamit nicht mehr erfüllt werden. Mit großer Erleichterung entlud die Besatzung sehr behutsam das Dynamit und ersetzte es durch die für Ostasien bestimmten Güter. Da der Raum begrenzt war, durfte kein Schnaps an Bord mitgeführt werden. Sehr zur Freude der Werftarbeiter musste der gesamte Bestand auf der Pier zurückgelassen werden. »Wir waren beladen wie ein Packesel.«

Gemeinsam mit U-180 und im Schutz zweier Geleitfahrzeuge liefen sie girondeabwärts aus Bordeaux aus und machten kurz vor Erreichen des Golfs von Biskaya bei La Verdon an einer Tonne fest. Als ein plötzlicher Fliegeralarm U-195 zum Tauchen zwang, stellten sie fest, dass ihr Boot und auch U-180 viel zu schwer beladen waren. Nachdem sie einige unwichtige Gegenstände über Bord geworfen hatten, setzten U-180 und U-195 mit ihrem Geleit die Fahrt durch das verminte Seegebiet fort.

In der Biskaya lauerten bereits feindliche Flugzeuge auf sie und zwangen sie zum Alarmtauchen. »Da wir im Bug sehr schwere Gegenstände verstaut hatten, tauchten wir in steilem Winkel äußerst schnell. In achtzig Meter Tiefe schlugen wir dann auf den Meeresboden auf.« Bei dem Versuch, das Boot wieder frei zu bekommen, ließ Steinfeldt erfolglos den größten Teil des Trinkwassers außenbords pumpen. Noch nicht einmal die überlasteten Elektromotoren vermochten den »Packesel« von der Stelle zu bewegen. »Dann gaben wir etwas Pressluft auf die Tauchzellen, kamen frei und gingen auf Sehrohrtiefe.«

Bei einem schnellen Rundblick erkannten sie im hellen Tageslicht drei Zerstörer, die auf ihre Position zusteuerten. »Wir tauchten sofort wieder und stahlen uns dicht über dem Meeresboden davon. Das sollte uns eigentlich gerettet haben, aber die Zerstörer fassten uns mit ihren Horchgeräten auf und warfen einige Wasserbomben. Glücklicherweise verfehlten sie uns um einige tausend Meter.«

In sicherer Tiefe steuerte U-195 einen südlichen Kurs. »Die Luft im Boot wurde langsam muffig. Wir arbeiteten immer noch hart und führten Reparaturen durch. Die meisten von uns waren völlig erschöpft. Einige lagen in ihren Kojen und atmeten durch ihre Tauchretter, andere lagen ohnmächtig im Hauptgang.« Hannes Klein rannte unermüdlich zwischen seinen leidgeprüften Kameraden hin und her und wechselte die Kalipatronen. Peter meinte, er hätte dafür eigentlich einen Orden verdient, was aber nicht geschah.

Fünfzig Stunden später tauchte U-195 endlich auf, um das Boot durchzulüften und die Batterien aufzuladen. In der nächsten Nacht fuhren sie in vierzehn Meter Tiefe und setzten erstmalig ihren Schnorchel ein. Als sie an der spanischen Küste entlangfuhren, fragte Peter sich, was sich wohl die Fischer dachten, als sie in der Nacht »einen Schornstein ohne ein Schiff fahren sahen«.

Westlich von Kap Finisterre empfingen sie einen Funkspruch, wonach sich U-180, ihr Begleitboot, nicht mehr gemeldet hatte. »Niemand hat jemals wieder etwas von dem Boot gehört. Nun hatten wir wieder ein paar gute Kameraden verloren. Wir wurden immer weniger.«

Nach fünfunddreißigtägigem Unterwassermarsch begann U-195 nur noch tagsüber getaucht zu fahren und blieb des Nachts über Wasser. Beim Passieren des Äquators feierten sie die traditionelle »Taufe«, passierten das unruhige Seegebiet am Kap der Guten Hoffnung und stießen in den Indischen Ozean vor. Dort erhielten sie Befehl, den U-Bootstützpunkt in Batavia, dem heutigen Djakarta, auf Java anzulaufen. Bei steigenden Dezembertemperaturen feierte die Besatzung das Weihnachtsfest mit dem traditionellen Stollen. Der Kommandant übermittelte die Weihnachtsgrüße und spendierte einen kleinen Schluck Schnaps oder Rum.

»Die letzten Tage unserer Fahrt liefen die Diesel Höchstfahrt, und am 27. Dezember sichtete der Matrose Bänsch Land.« Die Freiwache kletterte an Oberdeck, um sich die Küste anzuschauen. »Wir konnten das Land förmlich riechen. Ein angenehmer Duft wehte von den Inseln herüber, süß und recht würzig.« Während das Boot sich langsam der Küste näherte, träumte jedes Besatzungsmitglied von einem Märchenparadies und versuchte, einen ersten Blick davon zu erhaschen. Als sie in die Sundastraße einliefen, tauchten die ersten Segelboote auf. Kleine Inseln lagen in der Morgensonne, Kokospalmen säumten die Küsten und vermittelten einen Eindruck der Ruhe. »Allerdings konnten unsere geschulten Augen auch erkennen, dass viele der kleinen Inseln von den Japanern in wahre Festungen verwandelt worden waren.«

Zur großen Überraschung der Besatzung flog eine deutsche Arado 196 das Boot an, schoss das korrekte Erkennungssignal und geleitete U-195 für einige Stunden. »Angeblich operierten zahlreiche feindliche Unterseeboote in diesem Seegebiet. Anschließend landete das Boot auf dem Wasser. Der Pilot stieg an Bord und teilte uns mit, wir könnten uns nicht lange in Batavia aufhalten, denn gestern sei dort ein japanisches Munitionsschiff in die Luft geflogen – es war wohl Sabotage.« Diese Auskunft drückte auf die Stimmung der Besatzung, sie hatten sich nichts sehnlicher gewünscht als einen sicheren Hafen.

Ein kleines Boot unter japanischer Flagge näherte sich und gab einen deutschen Offizier und den japanischen Lotsen an Bord. Als U-195 den Hafen ansteuerte, zog die Besatzung die neue Tropenuniform an und bereitete das Anlegen vor. Auf der Pier erwarteten sie japanische und deutsche Offiziere, darunter auch der Stützpunktkommandeur, Korvettenkapitän Kandeler. »Wir hatten nur noch Landgang im Sinn, träumten von frischer Verpflegung, Entspannung und erholsamem Schlaf in richtigen Betten.«

Mehrere andere U-Boote, deren Kommandanten Steinfeldt unverzüglich begrüßten, waren bereits vor U-195 eingelaufen. Die sie besuchenden Kommandanten brachten Körbe voller Obst an Bord. »Wir stürzten uns darauf wie ausgehungerte Löwen, besonders freuten wir uns über die Bananen.« Ein Bus fuhr den größten Teil der Besatzung von U-195 in die Stadt, nur Peter blieb mit wenigen anderen als Wache an Bord.

Die ungeheure Hitze und die Moskitos plagten die deutschen Seeleute, die stark schwitzten und kaum Schlaf finden konnten. Auf seiner ersten Fahrt nach Batavia war Peter überwältigt vom Anblick der Menschen, die in dem Fluss Kali badeten oder ihre Kleidung wuschen, sowie der Scharen indonesischer Händler in der Stadt, die in ihren an langen Stangen hängenden Körben alle möglichen exotischen Artikel trugen. Japanische Soldaten waren allgegenwärtig. »In ihren kurzen Hosen wirkten sie glücklich. Viele von ihnen hielten sich wie kleine Mädchen an den Händen gefasst. Zunächst dachte ich, das seien Kinder, dann aber stellte ich überrascht fest, dass sie etwa zwanzig Jahre alt waren.«

Die Besatzung von U-195 gewöhnte sich sehr rasch daran, mit Rikscha-Taxis Ausflüge zu machen und die Bars, Restaurants und Mädchen zu genießen. Erneut feierten sie das Weihnachtsfest und erhielten gleich anschließend einen neuen Auftrag. U-532 unter Ottoheinrich Junker befand sich mit zwei weiteren Booten, U-861 unter Jürgen Oesten und U-510 unter Alfred Eick, auf der Heimfahrt. Alle drei Boote waren voll beladen mit dem in Deutschland dringend benötigtem Kautschuk und Wolfram. U-195 sollte Junker zu einem bestimmten Zeitpunkt in einem speziellen großen Seegebiet nachversorgen, wo es äußerst schwierig war, einander zu finden.

Am 8. Februar erreichte Marls Boot das zugewiesene Planquadrat und patrouillierte getaucht in dem Seegebiet, um tagsüber nach Maschinengeräuschen zu horchen und nachts aufgetaucht die See abzusuchen. Tags darauf erkannten sie einen Schatten an Steuerbord, der sich als U-532 zu erkennen gab. »Beide Seiten wirkten verständlicherweise sehr angespannt. Junker übergab uns seine Bedarfsliste. Dann tauchten die beiden Boote und liefen einen festgelegten Kurs, um die Versorgung in der kommenden Nacht durchführen zu können.«

Nach dem Auftauchen brachte die wachfreie Besatzung den langen Gummischlauch zur Kraftstoffübergabe aus und stapelte Maschinenersatzteile, Verpflegung, Medikamente und andere Dinge an Deck. Steinfeldt wies alle an, ihren Lieben daheim ein paar Zeilen zu schreiben, sie sollten nach Abschluss der Seeversorgung U-532 mitgegeben werden. Mit drei Hurras von U-195 trat Junkers die Heimreise an, während Steinfeldt nach Batavia zurückkehrte.

»Der Krieg war nicht mehr zu gewinnen. Während die Angloamerikaner bereits am Rhein standen, die Russen gegen unsere Ostgrenze vorrückten und der Balkan abgeschnitten war, versprach unsere oberste Führung wiederholt, dass ganz besondere Wunderwaffen entwickelt würden. Allerdings ließen die massiven Angriffe unserer Feinde diese Planungen nicht mehr verwirklichen.«

Tief enttäuscht nahm die Besatzung zur Kenntnis, dass ihr Boot auch zukünftig als Frachtboot in Ostasien eingesetzt werden sollte, zumal man ihnen noch am selben Tag versprochen hatte, sie dürfen endlich heimkehren. Stattdessen lief das Boot nun nach Osten und steuerte zur Instandsetzung den Stützpunkt in Surabaya auf Java an. Dort räumte die Besatzung das Boot aus und machte sich anschließend auf den Weg, die Stadt zu erkunden. Peter beschrieb deren Bewohner als »ein fantastisches Gemisch verschiedener Völker: Malaien, Chinesen, Araber, Inder, Japaner und Europäer«. Alle holländischen Staatsbürger waren bereits Jahre zuvor in Gefangenenlagern interniert worden.

Im März machte Peter in dem malerischen Urlaubsort Tretis in einem gepflegten Haus mit eigenem Schwimmbad und Tennisplatz Urlaub. Einige Besatzungsmitglieder ritten auf Pferden auf den Schwefel speienden Vulkan Welirang, von dessen Spitze man die Insel Bali erkennen konnte. »Es war ein fantastischer Anblick.«

Als er nach Surabaya zurückkehrte, waren die Reparaturen an U-195 nahezu abgeschlossen. Am 4. Mai 1945 ließ der Stützpunktkommandeur Hoppe die deutschen Seeleute zu einer Musterung auf dem Tennisplatz antreten. »Der Führer ist tot«, teilte er ihnen mit. »Unsere Feinde haben das Reich besetzt, russische Truppen Berlin überrannt. Im Norden kämpfen immer noch einige unserer Verbände, sie werden aber in den nächsten Tagen zerschlagen werden.« Großadmiral Dönitz hatte gegenüber den Amerikanern und Briten kapituliert, hoffte aber, den Kampf gegen die Russen fortsetzen zu können.

In unmittelbarer Nähe von U-195 lag die schwer bewachte japanische Kitchitai an der Pier, an deren Oberdeck sich zahlreiche Offiziere in Galauniform aufhielten. »Keiner von ihnen wusste, was da vor sich ging.« Auf U-195 trat die Besatzung an Oberdeck an. »Auf Anweisung des deutschen Botschafters in Tokio müssen wir die Flagge einholen. Wir haben den Krieg verloren«, gab Steinfeldt bekannt. Er fuhr mit seiner Ansprache fort und erinnerte die Männer an die erfolgreichen Kämpfe und Schlachten, die Deutschland geschlagen hatte. »Besatzung stillgestanden«, befahl er dann, »Augen rechts. Hol nieder Flagge.« Peter erinnerte sich, dass er am Boden zerstört war, als er sah, wie der Erste Wachoffizier die rot, weiß und schwarze Flagge niederholte, zusammenfaltete und Steinfeldt überreichte. Mit verschleiertem Blick nahm sie der Kommandant entgegen, drehte sich um und tupfte damit seine Augen trocken. Als er Richtung Gangway ging, kam ihm der Kommandant der KITCHITAI entgegen und geleitete ihn wieder zurück. »Ab sofort ist U-195 Eigentum von Nippon Soukaigon. Wir bedauern alle, dass sie den Krieg verloren und Frieden mit unseren Feinden geschlossen haben. Heute wurden ihre Streitkräfte aufgelöst.«

Anschließend marschierten japanische Seeleute und Offiziere der KITCHITAI an Bord und hissten nach einem Trompetensignal die japanische Kriegsflagge. »Tief in unserem Herzen steckten wir voller Wut«, berichtete Peter, als er die weiße Flagge mit dem kräftigen Rot der aufgehenden Sonne über seinem U-Boot flattern sah. Barkassen brachten die Männer zu ihren Unterkünften zurück, wo die Japaner bereits den gesamten Bereich mit Posten unter Gewehr umstellt hatten. Die U-Bootfahrer waren nun Gefangene ihrer ehemaligen Verbündeten.

»Drei Tage lang hielten sie uns eingesperrt, am vierten Tag ließ uns der Stützpunktkommandeur, Kapitän zur See Futchi, ein wenig Schokolade und Zigaretten bringen. Einige der dort wohnenden Mädchen warfen zusätzlich Zigaretten, Kuchen und Kekse über den Zaun. Schließlich erlaubte man uns, für ein paar Stunden in die Stadt zu gehen.«

Kurze Zeit später wurde die Besatzung von U-195 wieder an Bord zurückgebracht, um die Japaner in die Bedienung der Bordsysteme einzuweisen. »Auch wenn die Sprache ein großes Hindernis darstellte, schloss so manch einer von uns tiefe Freundschaft mit ihnen.« Ganz allmählich gelang es den Japanern, das Boot einsatzbereit zu machen, auch wenn sie es noch nicht völlig beherrschten. »Alles, was wir ihnen beigebracht hatten, war für die Katz' gewesen.«

Da ihr Stützpunkt aufgegeben werden sollte, wurden Peter und die Besatzung abgeteilt, auf einer Teeplantage zu arbeiten. Um die Unterkünfte vorzubereiten, wurde Peter mit mehreren anderen bereits vorausgeschickt. Als die restlichen Besatzungsangehörigen eintrafen, teilten sie ihren Kameraden mit, dass sie vermuteten, die Japaner würden den Krieg nicht mehr lange durchhalten können. Zwei Wochen später streckten die Japaner tatsächlich die Waffen und unterzeichneten die Kapitulation auf dem amerikanischen Schlachtschiff MISSOURI.

Die holländischen Einwohner wurden nun aus den Gefangenenlagern entlassen, während Indonesien mit internen Problemen zu kämpfen hatte. Zwei Tage nach der Kapitulation Japans wurde die Republik Indonesien ausgerufen und Sukarno zu ihrem ersten Präsidenten gewählt. »Es gab Kämpfe und Auseinandersetzungen mit den Anhängern Sukarnos, die sich nach unserer Einschätzung wie Piraten aufführten. Sie zogen plündernd durch das Land und beraubten jeden, der ihnen über den Weg lief. Alle Weißen betrachteten sie als ihre Feinde.« Vertreter der Regierung Sukarnos suchten das deutsche Lager auf und versuchten, die Männer zu überreden, gemeinsame Sache mit ihnen zu machen. Burghagen, der Führer der Gruppe, lehnte das aber strikt ab. Von da an standen ihnen die Indonesier feindlich gegenüber. »Wir mussten unsere Umzäunung mit unserem kümmerlichen Waffenbestand aus zwei Gewehren, zwei Maschinengewehren und etwa dreißig Pistolen 08 verteidigen.«

Eine Bande von Extremisten griff die Offiziersunterkünfte und das Küchengebäude an, konnten aber wieder vertrieben werden. In den umliegenden Hügeln ertönten gelegentliche Schießereien. »Einige Indonesier drangen in das Nachbarhaus ein und trieben mehrere deutsche Frauen und zwei unbewaffnete deutsche Offiziere sowie einige Zivilpersonen zusammen. Sie zwangen alle, mit erhobenen Händen durch die Vordertür ins Freie und erschossen sie bis auf meine Freundin Frau Huber.«

»Dann rückten Gurkhas aus Singapur ein und besetzten Djakarta und die umliegenden Vororte.« Die U-Bootbesatzung, die auf der Plantage für die Rinder Getreide mahlte und Silage zerkleinerte, konnte bald nichts mehr zu essen finden. Daher sammelte Steinfeldt Geld in eine gemeinsame Kasse, aus der sie wenigstens etwas Obst und ein paar Eier kaufen konnten. »Wir hätten sogar noch genügend Geld für unsere Heimreise nach Europa besessen.«

Völlig erschöpft und überarbeitet erkrankte Peter an Malaria und musste in einem Krankenhaus behandelt werden. Nach seiner Genesung blieb er dort als Krankenpfleger und war sehr erstaunt, als eines Tages Steinfeldt eingeliefert wurde. Sein Kommandant war schwer an Ruhr erkrankt und starb am 29. November 1945, sechs Monate nach der Kapitulation Deutschlands.

Um die holländische Bevölkerung zu schützen, wurden die U-Bootfahrer in einem anderen Gebiet in britische Militärbaracken verlegt, wo die Schießereien nächtelang andauerten. »Durch unsere Ferngläser erkannten wir indonesische Heckenschützen in den Palmwipfeln. Wir erschossen sie tags darauf mit Maschinengewehren, dann wurde es ruhiger. Wenn sie sich unserem Lager näherten, zündeten wir mit Benzin getränkte Strohhütten an und lösten gewaltige Explosionen aus. Es sah aus wie ein Feuerwerk.«

»Die Briten behandelten die deutschen Gefangenen recht gut«, schrieb Peter. Erneut feierte die Besatzung von U-195 das Weihnachtsfest in einem fremden Land, ehe sie Ende Januar 1946 in das »Lager des Teufels«, das Devil's Camp, in Priok an der Küste Javas verlegt wurden. Nachdem sie die Nacht bei sintflutartigem Regen, in dem sich ihr Schuhzeug auflöste, dicht zusammengedrängt am Boden verbracht hatten, bestiegen die Männer einen verdreckten Dampfer. Ihre Koffer mussten sie zurücklassen, sie sollten später nachgeschickt werden. »Ich durfte nur mein Waschzeug, meine Gitarre und mein Akkordeon mitnehmen.« Bei ihrer Ankunft auf der Insel Onrust wurden sie von schwer bewaffneten holländischen Wachen in Empfang genommen und in ein stacheldrahtumzäuntes Gefängnisgebäude getrieben.

Siebzig Mann schliefen zusammengepfercht in einem Block auf blanken Holzbrettern, ihre Nahrung »roch nach verbranntem Heu und schmeckte ekelerregend.« Nachts wurden die Baracken verriegelt und die Latrinen geschlossen. In dem Gebäude neben ihnen hausten siebenhundert indonesische Guerillakämpfer, unter denen sich auch Räuber und Mörder befanden.

Erst als einige Deutsche als Köche arbeiteten, verbesserte sich die Verpflegung. Nun teilten auch alle wieder ihre eisernen Rationen. Allerdings weigerten sich diejenigen, die noch eine halbwegs annehmbare Bekleidung besaßen, diese an die Kameraden zu verleihen, die fast nichts mehr besaßen. So zerbrachen die kameradschaftlichen Bindungen allmählich. Da die Männer dringend neue Kleidung benötigten, trugen sie einem Vertreter des Schweizer Roten Kreuzes und dem österreichischen Konsul ihr Anliegen vor. Nach zwei Monaten trafen dann endlich ihre Koffer ein. »Unsere Taschen befanden sich in einem unglaublich schlechten Zustand. Alle unseren wertvollen Sachen waren gestohlen worden, der Rest war zerfetzt und voller Schmutz und Kot. Wir waren überzeugt, das die Holländer das gemacht hatten.«

An Christi Himmelfahrt wurde der Tagesablauf gelockert und bekannt gegeben, dass jeweils drei Mann einer Baracke in Begleitung zweier Wachen eine nahe gelegene Insel besuchen und dort angeln könnten. Das erweckte bei den U-Bootmännern die Hoffnungen auf einen Fluchtversuch, und sie sammelten zusätzliche Bekleidungsstücke für die Angler. Als die kleine Gruppe auf der Insel landete, überredeten sie die Wachen, fort zu gehen und ein paar Enten zu schießen. Dann schlichen die drei zurück zu dem Boot und ruderten davon. Als die Wachen das Verschwinden ihrer Schützlinge bemerkten, war es bereits zu spät, um sie noch aufzuhalten. Die glücklosen Flüchtigen wurden jedoch rasch durch Streifenpolizisten in der Stadt festgenommen, in das Lager zurückgebracht und in ein schwer bewachtes Gefängnis gesteckt.

»In dem Lager ging es uns immer schlechter. Mit Ausnahme des Brots war die Verpflegung kaum genießbar, sieben Mann teilten sich einen einzigen Laib. Alle waren wir sehr abgemagert, man konnte unsere Rippen erkennen.« Frau Huber, die ihrer Hinrichtung entkommen war, schickte Peter ein kleines Päckchen mit Lebensmitteln, die er mit seinen Kameraden teilte.

Um die Langeweile der Gefangenschaft zu vertreiben, bastelten die Männer Drachen, bemalten sie kunstvoll und ließen sie in der Abendbrise steigen. Ein Unteroffizier der Luftwaffe fing mit einer Falle einen kleinen Vogel und schenkte ihm einige Tage darauf die Freiheit wieder. Am selben Abend kehrte das kleine Geschöpf in das Lager zurück und ließ sich zur großen Freude der Männer auf ihren Händen und Füßen nieder.

Die technisch Begabten unter ihnen bastelten ein kleines Radio mit fünf Röhren. Wenn dann bei Einbruch der Dunkelheit der Strom eingeschaltet wurde, hörte die Besatzung insgeheim die Nachrichtensendung. In winziger

Schrift verfassten sie eine Zeitung und reichten diese unter der Hand in dem Lager herum. So erfuhren auch die übrigen Gefangenen, was sich in der Außenwelt abspielte.

Am 5. Juli besuchten drei ehemalige Besatzungsangehörige das Gefängnis. Ihnen war vor einiger Zeit die Flucht in das Zivilleben gelungen. Sie berichteten ihren Kameraden, dass sie mit ihren Geschäften viel Geld auf dem Schwarzmarkt verdient hatten. Davon hatten sie sich Häuser gekauft und lebten dort mit ihren Freundinnen. Nach ihren Worten hatten die Indonesier nach der japanischen Kapitulation U-195 in Besitz genommen. Als aber die Gurkhas Surabaya besetzten, hissten die Briten den Union Jack auf dem Boot. Da während der Kämpfe die Kraftwerke gesprengt worden waren, wurden deutsche Besatzungsangehörige angeworben, um die Dieselmotoren der Elektrogeneratoren von U-195 laufen zu lassen. Auf diese Weise halfen sie gemeinsam mit einem holländischen Unterseeboot bei der Stromerzeugung der Stadt. Nach Abschluss dieser Aufgabe beschlossen die Briten, das deutsche U-Boot zu versenken und schleppten es aus dem Hafen. Als dabei die Schleppverbindung brach, setzten sechs U-Bootfahrer auf ihren alten »Freund« über, fuhren ihn aus dem Hafen und versenkten ihn.

Obgleich die Wachen in dem Gefangenenlager das gesamte Eigentum der Besatzung sowie die Briefmarken und ihre Kasse beschlagnahmt hatten, verbesserten sich die Lebensbedingungen allmählich. Die Gefangenen durften nun das Lager verlassen und schwimmen und fischen gehen. Auch wurden die Türen nicht mehr verschlossen. »Wir durften in unserer Unterkunft ein Radio besitzen. Sogar die Verpflegung wurde täglich besser.« Am 1. Oktober 1946 folgten die Männer mit ernsten Mienen dem Bericht einer Rundfunkstation auf Java über den Verlauf der Nürnberger Prozesse. Drei Wochen später erfuhren sie dann, dass ein Schiff sie nach Hause bringen sollte. »Die Erleichterung und die Vorfreude, diese schreckliche Insel endlich verlassen zu dürfen, waren riesig.«

Holländische Verkehrsboote nahmen sie an Bord und brachten sie auf den holländischen Truppentransporter SLOTERDIJK, mit dem sie am 5. November die Heimreise antraten. »Jeder von uns besaß eine eigene Koje«, berichtete Marl voller Stolz. »Die Verpflegung war hervorragend. Sie war so gut, dass einige von uns erkrankten, da wir das viele Essen gar nicht mehr gewohnt waren.« Sie fuhren durch das Rote Meer, den Suezkanal und vorbei an Malta und Sizilien durch das Mittelmeer. »Uns alten Kriegern ging es sehr nahe, als Verlierer auf die alten Schlachtfelder zu blicken.« Weiter ging die Fahrt durch die Straße von Gibraltar, an Portugals Küste entlang in den Golf von Biskaya. »In Dover stieg ein Lotse an Bord, der uns sicher durch die noch scharfen Minenfelder der Nordsee führte.«

Am 12. Dezember legten die Männer von U-195 zwischen den gespenstischen Ruinen Hamburgs an. Dort wurden sie auf Viehwagen verladen und in ein nahe gelegenes Konzentrationslager gebracht. Darin wurden sie Augenzeugen, wie siebentausend ehemalige SS-Soldaten, die zu schwach waren zu stehen, sich am Boden qualvoll von einer Seite auf die andere wälzten. »Wir mussten in unbeheizten Räumen auf dem blanken Betonfußboden liegen und konnten keinen Schlaf finden. Die Verpflegung war ungenießbar. Gleich am ersten Tag starben zwei Mann.«

Später wurden sie in ein zweites Konzentrationslager – das berüchtigte Dachau – verlegt. Dort verlebten sie das Weihnachtsfest bei einer dünnen Suppe ohne Wasser und Brot. »Das war die schlimmste Zeit meines Lebens.« Am 1. Januar 1947 durfte der Veteran Peter Marl endlich die Tore Dachaus als freier Mann durchschreiten und sich auf den Heimweg machen. Er hatte seinem Land 825 qualvolle Tage lang auf drei verschiedenen Unterseebooten gedient und zwanzig Monate in Gefangenschaft verbracht.

Daheim in Österreich übernahm Peter den gut gehenden Bauernhof seines Vaters in Krungl. Er schloss sich der Bergwacht an und machte sich einen Namen als freiwilliger Retter verunglückter Bergsteiger und Skiläufer in den Alpen.

Anhang

Fußnoten

Kapitel 1: Jürgen Wattenberg

1 Jürgen Wattenberg, Interview mit der Autorin, Hamburg, 6. April 1995.
2 Sweetman, »Great Sea Battles«, 10.
3 Dönitz, *The Drama of the GRAF SPEE*, 420.
4 Jürgen Wattenberg, Interview.
5 Ibid.
6 Millington-Drake, *The Drama of the GRAF SPEE,* 345.
7 Ibid.
8 Sweetman, »Great Sea Battles«, 11; Jürgen Wattenberg, Interview.
9 Dönitz, *The Drama of the GRAF SPEE,* 385.
10 Jürgen Wattenberg, Interview; Kreis, »Schweinejagd auf dem Atlantik.
11 Alfred Dietrich, Interview mit der Autorin, 3. April 1995; Royal Navy Submarine Museum, Portsmouth, England, »Narratives: (a) sinking of »162« by H.M. Ships VIMY, PATHFINDER and QUENTIN 50 miles northeast of Tobago on 3rd September, 1942.«
12 Jürgen Wattenberg, Interview.
13 Moore, *Faustball Tunnel*, 143.
14 Walter Kozur, Johann Kremer, Interview mit der Autorin, Köln, 3. April 1995.
15 Jürgen Wattenberg, Interview; Wattenberg, »Amerikanische Gedenksteine für Deutsche Tunnelflucht.«
16 Moore, *Faustball Tunnel*, 205, 206; Jürgen Wattenberg, Interview.
17 Jürgen Wattenberg, Interview.
18 Jürgen Wattenberg, »Deutsche Tunnelflucht.«

Kapitel 2: Georg Högel

1 Georg Högel, Interview mit der Autorin, München, 27. Juni 1997; Schriftverkehr, 1995–1997; Högel, »Kein Tag wie jeder andere.«
2 Georg Högel, Telefoninterview, 27. April 1998.
3 Roskill, *The Secret Capture*, 104–153.

Kapitel 3: Otto Kretschmer

1 Robertson, *Night Raider*, 46, 47.
2 Ibid, 50, 51.
3 Ibid., 8; Otto Kretschmer, Interview mit der Autorin, Hinte, Deutschland, 20. Juni 1998.
4 Rohwer, *Axis Submarine Successes*, 41.
5 Otto Kretschmer, Interview.

Kapitel 4: Josef Erben

1 U.S. National Archives and Records Administration (NARA), »Report on the Interrogation of Survivors from U-128«, 11.
2 Morison, *The Atlantic Battle Won*, 210.
3 Josef Erben, Bericht und Schriftverkehr, 1993, 1997.

Kapitel 5: Hans Burck

1 *New York Times*, 17. Februar 1942, 1; Rohwer, *Axis Submarine Successes*, 78,79.
2 *New York Times*, 17. Februar 1942, 1.
3 Rohwer, *Axis Submarine Successes*, 79.
4 Dönitz, *Memoirs*, 202, 212.
5 Miller, *Submarines of the World*, 99; Fotoarchiv in Koblenz.
6 Hans Burck, Tagebuch und Schriftverkehr, 1997.

Kapitel 6: Ernst Göthling

1 Ernst Göthling, Interviews mit der Autorin, Möltenort, 24. März 1995 und Telefoninterview 17. November 1997; Schriftverkehr, 1997.

Kapitel 7: Hermann Frubrich

1 Lamb, *The Corvette Navy*, 21, zitiert bei Terraine, *The U-Boat Wars*, 334.
2 Rohwer, *Axis Submarine Successes*, 177.
3 Erich Topp, *The Odyssey of a U-Boat Commander*, 88.
4 Norris Jones, Schriftverkehr mit Ferdinand Heger, 1994.
5 Hermann Frubrich, Bericht über U-845 unter Einbeziehung des Schriftverkehr mit Ferdinand Heger; Hermann Frubrich, Schriftverkehr mit der Autorin, 1995–1997.

Kapitel 8: Hermann Wien

1 Wolpert, *New History of India*, 333, 337; Hermann Wien, Schriftverkehr mit der Autorin, 1996, 1998.
2 Hermann Wien, Bericht über U-180; Schriftverkehr mit der Autorin, 1996, 1998.

Kapitel 9: Otto Dietz

1 Otto Dietz, Tonbandaufzeichnung der Memoiren von Dietz und Interviews mit der Autorin, 12. Oktober 1990, 14. September 1992.

Kapitel 10: Tom Poser

1 Deutsche Mütter pflegen in der Babysprache *Tomm*! anstatt *Komm*! zu sagen, da es Kleinkindern schwer fällt, das »K« korrekt auszusprechen.
2 Sweetman, »Great Sea Battles«, 18, 19.
3 Sommerville, *World War II Day by Day*, 153.
4 Solzhenitsyn, *Gulag Archipelago*, 21.
5 Tom Poser, Interviews mit der Autorin, 8. Februar 1993, 2. August 1993, sowie bibliografische Notizen Posers. (Anmerkung: Poser wurde Ehrenmitglied der Vereinigung Amerikanischer U-Bootfahrer des II Weltkriegs in Galveston, Texas, und wurde 1994 deren Vorsitzender. Bei seiner Beisetzung im Juni 1996 nahm die Vereinigung teil und verabschiedete sich von ihrem deutschen Freund.)

Kapitel 11: Wolfgang von Bartenwerffer

1 Hadley, *U-boats against Canada,* 175.
2 Ibid.
3 Wolfgang von Bartenwerffer, Interview mit der Autorin, Essen, 1. Mai 1994, und Schriftverkehr, 1994–1997.

Kapitel 12: U-682 und U-735

1 NARA, Modern Military Division, RG 242, Records Relating to U-boat Warfare, Kriegstagebuch U-682, PG 30707/1-2, 3376, T-422, 17 April 1944-4. Januar 1945; NARA, *Records Relating to U-boat Warfare*, 52.

2 Bericht Herbert Hermanns über den Untergang von U-735 im Oslo Fjord vor Horten in der Nacht des 28. Dezembers 1944 und Schriftverkehr, 12. Januar 1997.

3 R.E.N. Porrett, »Blind Bomber.«

4 John Whiteley, Schriftverkehr, 1993–1997.

5 Kriegstagebuch des Kleinen Kreuzers KÖLN mit freundlicher Genehmigung des ehemaligen Besatzungsangehörigen Fritz Lamprecht. (Anmerkung: Am 9. Januar 1945 kehrte der Kreuzer nach Deutschland zurück und wurde in der Werft in Wilhelmshaven am 31. März bombardiert und versenkt.)

Kapitel 13: Oskar Kusch

1 Heinz Kuhlmann, Schriftverkehr, 17. Oktober 1997.

2 Auszüge aus »Der Fall des Oberleutnants zur See Oskar Kusch« von Konteradmiral a. D. Karl Peter, unveröffentlichter Bericht, ohne Datum, mit freundlicher Genehmigung von Heinz Kuhlmann.

Kapitel 14: Siegfried Koitschka

1 Morison, *The Atlantic Battle Won*, 252–61. (Anmerkung: Bei den acht amerikanischen Zerstörern handelte es sich um ELLYSON, RODMAN, HAMBLEDON, EMMONS, MACOMB, HILARY P. JONES, NIELDS und GLEAVES.

2 Dr. Siegfried Koitschka, Bericht und Schriftverkehr, 1992, 1997.

Kapitel 15: Hans Georg Hess

1 Hans Georg Hess, Interviews mit der Autorin, 25. September 1992, 30. September 1995, und Schriftverkehr, 1995–1997; Hess, *Die Männer von U 995*.

Kapitel 16: Walter Tegtmeier

1 Tarrant, *The U-Boat Offensive*, 138, 144.

2 Walter Tegtmeier, Interview mit der Autorin, 27. März 1995, Bericht und Schriftverkehr, 1997.

Kapitel 17: Josef Matthes

1 Josef Matthes, Interview mit der Autorin, 25. April 1994, Görlitz.

Kapitel 18: Helmut Wehlte und Günther Thiemrodt

1 Dönitz, *Memoirs*, 433.

2 Ibid., 465, 466; Helmut Wehlte, Interview mit der Autorin, 25. April 1994, Görlitz, und Schriftverkehr; Günther Thiemrodt, Schriftverkehr, 16. April 1993.

Kapitel 19: Peter Petersen

1 Terraine, *The U-Boat Wars*, 648.

2 Peter Petersen, Interviews mit der Autorin, 21. September 1992, Hamburg, und 12. Juli 1993, Chicago.

Kapitel 20: Wolfgang Heibges

1 Wolfgang Heibges, U 999 auf *»Kurs Regenbogen«*; Schriftverkehr und Telefoninterview, 8. Oktober 1997.

Kapitel 21: Peter Marl

1 Rohwer, *Axis Submarine Successes*, 42, note 7. »The 10,516-ton Arthur F. Corwin was hit by two Torpedoes fired by U-123 [should be U-103] and sunk by U-96 with two additional hits.« Die Fußnote wurde durch Dr. Rohwer in seinem Schriftverkehr mit der Autorin berichtigt, 10. Dezember 1996.

2 Tarrant, *The U-boat Offensive,* 183.

3 Ibid., 124. U-197 wurde am 20. August 1943 durch Wasserbomben britischer Flugzeuge (259. und 265. Staffel) südlich von Madagaskar versenkt; NARA, *Records Relating to U-Boat Warfare,* 63. Kentrat schrieb in seinem Kriegstagebuch, dass er vergebens versuchte, Überlebende von U-197 zu retten, 20–24. August 1943.

4 Dönitz, *Memoirs,* 475. Wenige Tage nach der deutschen Kapitulation, am 14. Mai 1945, überhörte Wolfgang Lüth, einer der beiden mit Eichenlaub, Schwertern und Brillianten zum Ritterkreuz ausgezeichneten Kommandanten, den Anruf eines deutschen Wachposten und wurde erschossen.

5 Weigley, *Eisenhowers' Lieutenants,* 271–75, 414–19.

Literaturnachweis

Bücher

Boyd, Carl, und Akihiko Yoshida. *The Japanese Submarine Force and World War II*. Annapolis, Md. Naval Institute Press, 1995.

Dönitz, Karl. *Admiral Dönitz Memoirs: Ten Years and Twenty Days*. In der Übersetzung von R.H. Stevens in Zusammenarbeit mit David Woodward. Cleveland, Ohio: World Publishing Company, 1959.

Dönitz, Karl. *The Drama of the GRAF SPEE and The Battle of the Plate: A Documentary Anthology 1914–1964*. Zusammenfassung von Sir Eugen Millington-Drake. Vorwort von Admiral of the Fleet Earl Mountbatten of Burma. London: Peter Davies, 1964.

Gannon, Michael. *Operation Drumbeat*. New York: Harper & Row, 1990.

Hadley, Michael. *U-boats against Canada: German Submarines in Canadian Waters*. Kingston, Kanada: McGill-Queen's University Press, 1985.

Hess, Hans Georg. *Die Männer von U 995*. Wunstorf-Idensen: Hess-Press, 1979.

Högel, Georg. *Embleme Wappen Malings Deutscher U-Boote 1939–1945*. Hamburg: Koehlers Verlagsgesellschaft mbH, 1996.

Kahn, David. *Seizing the Enigma*. Boston: Houghton Mifflin Company, 1991.

Krammer, Arnold. *Nazi Prisoners of War in America*. New York: Stein and Day Publishers, 1979.

Lamb, James B. *The Corvette Navy*. Macmillan of Canada, 1978. Zitiert in John Terraine, *The U-Boat Wars 1916–1945*. New York: G.P. Putnam's Sons, 1989.

Miller, David. *Submarines of the World*. New York: Orion Books, 1991.

Moore, John Hammond. *German POWs in America and their Great Escape: The Faustball Tunnel*. New York: Random House, 1978.

Morison, Samuel Eliot. *History of United States Naval Operations in World War II*. Boston: Little, Brown, 1956.

Pope, Dudley. *GRAF SPEE: The Life and Death of a Raider*. Philadelphia: J.P. Lippincott Company, 1957.

Robertson, Terence. *Night Raider of the Atlantic*. New York: E.P. Dutton & Co., Inc., 1956.

Rohwer, Dr. Jürgen. *Axis Submarine Successes 1939–1945*. Annapolis, Md.: Naval Institute Press, 1983.

Rohwer, J., und J.G. Hummelchen. *Chronology of the War at Sea 1939–1945*. Annapolis, Md.: Naval Institute Press, 1983, 1998.

Roskill, S.W., Kapitän zur See. *The Secret Capture*. St. James Place, London: Collins, 1959.

Rössler, Eberhard. *The U-boat: The evolution and technical history of German submarines*. Ins Englische übersetzt von Harold Erenberg. Annapolis, Md.: Naval Institute Press, 1989.

Shirer, William L. *The Rise and Fall of the Third Reich*. New York: Simon and Schuster, 1960.

Solzhenitsyn, Aleksandr. *The Gulag Archipelago*. New York: Harper & Row, 1974–1975.

Sommerville, Donald. *World War II Day by Day*. New York: Barnes & Noble, 1989.

Sommerville, Donald. *The Story of U-505*. Chicago: Museum of Science and Industry, 1955.

Tarrant, V.E. *The U-Boat Offensive 1914–1945*. Annapolis, Md.: Naval Institute Press, 1989.

Terraine, John. *The U-Boat Wars, 1916–1945*. New York: G.P. Putnam's Sons, 1989.

Thomas, Lowell. *Raiders of the Deep*. Garden City, New York: Garden City Publishing Company, 1928.

Topp, Erich. *The Odyssey of a U-Boat Commander*. Westport, Connecticut: Praeger, 1992.

Weigley, Russell. *F. Eisenhower's Lieutenants: The Campaign of France and Germany 1944–1945*. Bloomington: Indiana University Press, 1981.
Werner, Herbert. *Iron Coffins: A personal account of the German U-boat battles of World War II*. New York: Holt, Rinehart and Winston, 1969.
Wiggins, Melanie. *Torpedoes in the Gulf: Galveston and the U-boats, 1942–1943*. College Station, Texas: Texas A & M University Press, 1995.
Wolpert, Stanley. *A New History of India*. Oxford: Oxford University Press, 1977.

Veröffentlichte Artikel

Clark, Lloyd. »Escape.« *Arizona Highways* (Dezember 1993): 36–41.
Clark, Lloyd. »Denn wir fuhren.« *Kristall* Nr. 5-10 (1956), Hamburg.
Fincher, Jack. »By Convention, the enemy within never did without.« *Smithonian* (Juni 1995): 126–43.
Fincher, Jack. »German Prisoners Recall America's Great Escape.« Associated Press, Herausgeber und Datum nicht genannt.
Heibges, Wolfgang. »U 999 mit Kurs ›Regenbogen‹.« *Schleswig-Holsteinischer Zeitungsverlag* (6. Mai 1945).
Kreis, Hans. »Schweinejagd auf dem Atlantik.« Aus einer deutschen Zeitung, Titel und Datum nicht genant.
Prager, Karsten. »Flight to Freedom.« *Time* (15. Mai 1995): 53-56.
Schriefer, von, Roland. »Der ›Faustball-Tunnel‹ ging in die Geschichte der USA ein.« *Kölner Stadt-Anzeiger* Nr. 194 (22. August 1995).
Sweetman, Jack. »Great Sea Battles of World War II: River Plate; Exercise Rhine.« *Naval History* (Mai–Juni 1995): 10, 11, 18, 19.

Unveröffentlichte Artikel

Högel, Georg. »Kein Tag wie jeder andere, Erlebt auf U-30.«
Porrett, R.E.N. »Blind Bomber.«
Wattenberg, Jürgen. »Amerikanischer Gedenkstein für Deutsche Tunnelflucht.«

Archivquellen

Bundesarchiv, Koblenz
National Archives and Records Administration (NARA), *Guides to the Microfilmed Records of the German Navy, 1850–1945. No. 2: Records Relating to U-boat Warfare, 1939–1945*. Zusammengestellt von Timothy Mulligan. Washington, D. C.: U.S. National Archives, 1985.
Royal Navy Submarine Museum, Portsmouth, England.
U-Boot-Archiv Cuxhaven.

Index

Abel, Ulrich 144
ACHILLES 15
Akustiktorpedos 85, 152, 154
Adams, Bill 141
ADMIRAL GRAF SPEE 15, 16, 17, 202
ADMIRAL SCHEER 202, 203
AJAX 15
Alliierter Kontrollrat 148
Andrews, Frank 62
Angler, Kriegsgefangenenlager in Kanada 70, 71, 222
ARK ROYAL 7, 30
Aruba 7, 9, 62, 63
ATHENIA 7, 9, 24, 25, 33, 35

Baddenberg, Karl 175
Bänsch, U-195 217
Baker-Cresswell, Kommandant BULLDOG 34
Banff, Kriegsgefangenenlager in Schottland 70, 131
Bartels, Robert 213
Bayou Stalags, Kriegsgefangenenlager in Louisiana 110
Behnert, U-845 82
Behrens, Udo 73, 75
Bergwacht 224
Biskaya-Kreuz 211
BISMARCK 112, 114
BLACK WATCH 171
BLAIRLOGIE 24
Böhme, U-845 82
Börner, Hans-Joachim 136, 137
Boost, U-196 214
Bopst, Eberhard 165, 166, 167
Bordeaux 8, 104, 189, 214, 215, 216
Bose, Subhas Chandra 8, 95, 96, 98, 104
Bowmanville, Kriegsgefangenenlager in Kanada 7, 124, 125, 126, 131
Brady, Gilbert 22
BROADWAY 33, 34
Brown 53, 53
Bruskin, Robert 62, 63
BUCK 153
BULLDOG 33, 34, 35
Burck, Hans 5, 9, 10, 57, 48, 59, 60, 61, 62, 63, 64, 65, 226
Burghagen 221
Büsgen 28

CARTER 190
CHARLOTTE SCHLIEMANN 208, 212, 213
CHATELAIN 106
Cherry, Charles 22
CITIES SERVICE EMPIRE 49
Cockfosters, Kriegsgefangenenlager in England 45
CORBIS 99
Creasy, George 41, 45
Curaçao 59, 60, 61, 62, 63

Dachau 224
Deeken 203
Dietrich, Alfred 10, 18, 225
Dietz, Otto 5, 7, 10, 103, 104, 105, 106, 107, 109, 110, 111, 226
DITHMARSCHEN 202
Dommes 212
Dönitz 45, 46, 63, 75, 124, 126, 164, 179, 180, 183, 195, 197, 198, 210, 219, 225, 226, 227, 228, 229
DONAU 199
Druschel, Kurt 144, 145, 147, 148

Eick, Alfred 218
ELLYSON 154, 155, 227
EMDEN 15, 37, 103, 140, 203
Emi, Kommandant I-21 100
Emmermann 53
Engelkes 48
Enigma Schlüsselmaschine 34, 115, 229
Erben, Josef 5, 9, 10, 47, 48, 49, 51, 52, 53, 54, 55, 56, 225
ERNIE PYLE 109
Erzherzog Franz Ferdinand 14
Euler, Paul 215
EUROPA 190, 191
EXETER 15

FANAD HEAD 25, 27, 28, 29, 30, 31
Fischer, Heinz 205
FLORENCE M. DOUGLAS 17
FORESTER 91
FORT FIDLER 154
Frubrich, Hermann 5, 9, 10, 73, 74, 75, 76, 77, 79, 80, 81, 83, 84, 85, 86, 87, 88, 89, 90, 91, 92, 226
Futchi 220

G.D. WALDEN 154
Ghandi, Mohandas 98
Garrett, Jim 141
Gatfield, Tom 143
Gemeiner, Gerth 148
GEORGE ADE 190
Gerlach 32
Göthling, Ernst 5, 10, 66, 67, 68, 69, 70, 71, 72, 226
GOLDEN HORSESHOE, THE 46
GOYA 183
GRAF SPEE 15, 16, 17, 202, 225, 229
Grand Ligne, Kriegsgefangenenlager in Kanada 131
Griffiths, Gus 30, 31
Gruber 155
GUADALCANAL 106
Guggenberger, Friedrich 19
Günther, Horst 19, 22
Gysae 212

Hagemann, Karl-Heinrich 147, 148
Hartford Grange, Kriegsgefangenenlager in England 110
Hanisch 28, 31
Hannes 20, 21
Harstad 171
Hartenstein, Werner 62
Hartmann 212
Hassan, Abid 95, 96, 98, 104
Hearne, Kriegsgefangenenlager in Texas 108
Heger, Ferdinand 78, 82, 83, 91, 226
Heibges, Wolfgang 8, 10, 195, 196, 197, 198, 199, 200, 228, 230
Heinrich, Wilhelm 80, 82
Helfers, Adolf 76,
Hennig, Erhard 79, 80
Herden, Paul 143
Hermann, Herbert 10, 136, 138, 139, 227
Hess, Hans Georg 5, 8, 10, 156, 157, 158, 159, 160, 161, 162, 163, 164, 165, 170, 227, 229
Heyda, Wolfgang 46
Heyse, Ulrich 48, 51, 52, 54
Hinsch 26, 28
Hitler, Adolf 10, 24, 66, 95, 96, 104, 112, 114, 117, 144, 145, 146, 164, 176, 188, 195, 197, 202, 203
Hoffmann, Rudolf 75
Högel, Georg 5, 7, 9, 10, 24, 25, 26, 27, 29, 30, 31, 33, 34, 35, 225, 229, 230
HOOD 114
Hoppe, Joachim 219
HORACE BUSHNELL 161
Horst, Friedrich 19
Hufeisen, Bootswappen 40, 44
Huber, Frau 221, 222
Hurst, John 141

I-29 8, 95, 99, 104
I-30 64, 65
IDEFJORD 161
ILE DE FRANCE 150
Indonesien, Indonesische Republik 220
Irland-Code 126
Island 32, 33

J. N. PEW 61
JENKS 106
Jones, Freddy 141
Jones, Norris 91, 92, 226
JOUETT 56
Joughin, Jock 141
Junker, Ottoheinrich 218, 219

Kanadische Marine 78, 126
Kandeler 218
KARLSRUHE 15
KAURA 162
KELMSCOTT 80
Kentrat, Eitel-Friedrich 211, 212, 213, 214, 228
Kieler Woche 13
KITCHITAI 219, 220
Klaasen, Bootsmaat 201
Klapf, Josef 160
Klein, Hannes 216
Koitschka, Siegfried 5, 10, 150, 151, 152, 153, 154, 155, 227
KÖLN 38, 140, 142, 143, 227
Königlich Preußische Kadettenanstalt 13
KÖNIGSBERG 165
Kozur, Walter 10, 19, 20, 225
Kraus, Hans-Werner 19
Kremer, Johann 10, 19, 20, 225
Kretschmer, Louise-Charlotte 11
Kretschmer, Otto 5, 7, 9, 10, 36, 37, 38, 39, 40, 41, 42, 43, 44, 45, 46, 124, 125, 126, 131, 205, 225
Kuhlmann, Heinz 11, 145, 148, 227
Kusch, Heinz 148

Kusch, Oskar 5, 55, 144, 145, 146, 147, 148, 149, 227

Lamb, James B. 78, 226, 229
Lange, Harald 105
Langsdorff, Hans 15, 16, 17
Legion of Free India 95
Lehmann 170, 171
Lehmann-Willenbrock 207
Leigh-Light System 84
LEIPZIG 47
Lemp, Fritz-Julius 24, 26, 27, 28, 29, 30, 31, 32, 33, 34
Lethbridge, Kriegsgefangenenlager in Kanada 71, 72
Leucht 87
Langobardo 42
Lorient 17, 37, 40, 41, 42, 49, 50, 52, 53, 54, 64, 65, 125, 129, 131, 185, 186, 189, 205, 206, 207, 208, 210
Lüdemann, Heinrich 144
Lüth, Wolfgang 211, 212, 213, 214, 228

McCain, Kriegsgefangenenlager in Mississippi 92
Mai 77, 78
Maliikii Insel 160
Manchester, Kriegsgefangenenlager in England 70
Marl, Peter 5, 8, 10, 201, 202, 203, 204, 205, 207, 209, 210, 211, 212, 213, 214, 215, 217, 219, 221, 223, 224, 228
Matthes, Josef 5, 8, 10, 175, 177, 178, 227
Mittelmeer, U-616 8, 150, 151, 152, 154, 155, 223
Meier, Heinz 138
Meinert, J.A. 148
METEOR, kaiserliche Jacht 13, 14
Metox-Gerät 50, 52, 55, 124
Mexia, Kriegsgefangenenlager in Texas 107, 108
Mexiko, Öl-Raffinerien 63, 64
Meyer, Heinrich 144, 147
»Milchkuh« 49, 51, 167
Millington-Drake, Eugen 15, 225, 229
MISSOURI 220
MOFFETT 56
Moehle 165, 204, 207
MONAGAS 63
Monstrous, Operation 154
Moskau, U-Bahnbau 120
Müller-Stöckheim 59
Musenberg, Werner 93, 95, 98, 103
Müssener, Rudolf 164

NATCHEZ 111
Neufundland 77, 78, 79, 128
Nieke 155
Night Raider of the Atlantic (Robertson) 46, 225, 229
NINA BORTEN 204
NIOBE 15
Noble, Hans 122
Nonn, Victor-Wilhelm 144
Nothdurft, Dr. 144, 146, 148

O. A. KNUDSEN 49
Oesten, Jürgen 218
Öl-Raffinerien 9, 59, 63, 64
Operation »Deadlight« 8, 161, 174
Operation »Paukenschlag« 210
ORANJESTAD 62
Oslo Fjord 47, 227
OST 114
Ottine, Alfred 158, 159
Otto, Paul 144
Ozada, Kriegsgefangenenlager in Kanada 71

Panama-Kanal 63, 109
Panzerschiff ADMIRAL SCHEER 202, 203
Papago Park, Kriegsgefangenenlager in Arizona 18, 22, 56
Paris 115, 117, 214
PARNAHYBA 17
PATHFINDER 18, 225
Paulus, Friedrich 117
PEDERNALES 62
Petersen, Irma (Lutz) 194
Petersen, Karl Heinrich 187
Petersen, Peter 5, 10, 11, 184, 185, 186, 187, 188, 189, 190, 191, 193, 194, 227
PILLSBURY 106
Porrett, R.E.N. 10, 140, 141, 142, 227, 230
Portugal 8, 176, 177, 223
Poser, Friedrich (Fritz) 112, 113, 114
Poser, Hans 115
Poser, Tom 5, 10, 11, 112, 113, 114, 115, 116, 117, 118, 119, 120, 121, 122, 226
Prien, Günther 42, 77, 78, 160, 205

Queen Mary 9, 77, 91
Quentin 18, 225

Rafaela 61, 63
Rasenack, Friedrich-Wilhelm 16
Rigden, Larry 141
Robertson, Terence 46, 225, 229
Rochester 69, 70
Rodman 155, 227
Rommel, Erwin 71, 95
Rosenstiel, Jürgen 62
Royal Dutch Shell Oil Company 59, 63
Royal Oak 78, 160
Rote Armee russische Gefangenenlager 35, 181, 182, 195, 211,
Ruston, Kriegsgefangenenlager in Louisiana 106, 107, 111

Sachse 171
St. Laurent 91
Scharnhorst 203
Schauenburg, Rolf 46, 124, 125, 126, 127, 128, 131
Schepke, Joachim 42, 205
Scheringer 68, 69
Schmidt, Adolph 31, 32
Schneider 87
Schnorchel 133, 134, 135, 136, 161, 163, 171, 195, 215, 217
Schnurzl 24, 26
Schörner, Ferdinand 118
Schott, Matthew 110, 111
Schröder 160
Schütze, Victor 17, 208, 209
Schwedhelm, Richard 159, 164
Scott 190
Shell Oil Company 59, 63
Sloterdijk 223
Snowberry 130, 131
Spanischer Bürgerkrieg 39
Stalin, Josef 121
Standard Oil of New Jersey 62
Star Point 51
Steinert 55
Steinfeldt, Friedrich 214, 216, 218, 219, 220, 221
Steuben 183
Stiebler 51
Stimson, Henry L. 64
Strunk, Otto 76, 78, 79, 84, 85, 86, 87, 88, 89
Suhren, Teddy 53, 164, 170, 210
Sukarno 220, 221
Swamp, Operation 154
Swansea 91, 92

Tacoma 16
Taylor 34
Teesbank 52
Tegtmeier, Walter 5, 8, 10, 165, 166, 167, 168, 169, 171, 172, 173, 174, 227
Thäter, Gerd 11, 156
Theimann 76, 77
Thiemrodt, Günther 5, 8, 10, 179, 181, 182, 183, 227
Thienemann, Sven 134, 135, 136, 142
Thunder Bay Military Museum 35
Thursden 30, 31
Tia Juana 63
Tirpitz 112, 201
Tomonaga 100
Topp, Erich 150, 226, 229
Torelli 42
Torunski, Erich 79

U-6 165
U-23 5, 36, 37, 39, 40, 41, 43, 45, 125
U-26 5, 7, 66, 67, 69, 70, 71
U-28 38
U-30 5, 7, 24, 25, 26, 27, 28, 29, 30, 31, 32, 33, 35, 230
U-35 5, 36, 37, 38, 39, 41, 43, 45
U-38 208
U-47 42, 204
U-67 5, 7, 9, 57, 59, 60, 61, 62, 63, 64, 65, 97
U-96 207, 228
U-99 5, 36, 37, 39, 40, 41, 42, 43, 45, 46, 125, 157, 159, 161, 163, 205
U-100 42, 205
U-103 5, 201, 203, 204, 205, 206, 207, 208, 209, 210, 211, 213, 215, 217, 219, 221, 223, 228
U-110 5, 24, 25, 27, 29, 31, 33, 34, 35
U-123 10, 204, 207, 210, 228
U-124 204
U-128 5, 9, 47, 48, 49, 50, 51, 52, 53, 54, 55, 56, 225
U-154 5, 55, 144, 145, 147, 148, 149
U-156 62, 63
U-161 51, 53

U-162 7, 13, 15, 17, 18, 21, 23
U-172 53
U-174 53
U-178 215
U-180 5, 7, 93, 94, 95, 96, 97, 98, 99, 100, 101, 102, 103, 104, 105, 107, 109, 111, 214, 216, 217, 226
U-195 5, 8, 201, 203, 205, 207, 209, 211, 213, 214, 215, 216, 217, 218, 219, 220, 221, 223
U-196 5, 201, 203, 205, 207, 209, 211, 212, 213, 214, 215, 217, 219, 221, 223
U-197 213, 228
U-222 5, 112, 113, 114, 115, 117, 119, 121, 123
U-259 169
U-262 168
U-346 75
U-362 170
U-425 170
U-461 51, 52, 53, 167
U-462 98
U-463 101
U-466 157
U-476 168
U-502 62, 63
U-505 5, 103, 105, 106, 107, 109, 111, 184, 229
U-508 53
U-510 218
U-518 5, 184, 185, 187, 189, 190, 191, 193
U-530 101
U-532 218, 219
U-536 5, 7, 9, 46, 124, 125, 126, 127, 128, 129, 131
U-552 150, 151
U-564 210
U-597 5, 165, 167, 169, 171, 173
U-616 5, 8, 150, 151, 152, 153, 154, 155
U-682 5, 11, 133, 134, 135, 136, 137, 138, 139, 141, 143, 227
U-718 5, 165, 167, 168, 169, 171, 173, 174
U-735 5, 133, 134, 135, 136, 137, 138, 139, 141, 143, 227
U-845 5, 9, 73, 75, 76, 77, 78, 79, 80, 81, 82, 83, 84, 85, 86, 87, 88, 89, 90, 91, 92, 226
U-861 218
U-903 5, 8, 179, 180, 181, 182, 183
U-963 5, 8, 175, 176, 177, 179
U-965 170
U-995 5, 8, 156, 157, 158, 159, 160, 161, 162, 163, 164, 165, 170
U-997 5, 8, 165, 167, 168, 169, 170, 171, 172, 173, 174
U-999 5, 8, 195, 196, 197, 199
U-1018 136
U-1205 5, 8, 179, 181, 182, 183
Uberschär 87
UDVÄR 142, 143
Unverzagt, Günther 170

VANOC 42, 43
VIMY 18, 225
Voigt, Rudolf 76
Von Bartenwerffer 5, 7, 9, 10, 11, 124, 125, 127, 129, 130, 131, 132, 226
Vorstheim 81, 82, 83

WALKER 42, 43, 45, 46
Wattenberg, Jürgen 5, 7, 10, 13, 14, 15, 16, 17, 18, 19, 20, 21, 22, 23, 225, 230
Weber, Werner 75, 76, 77, 78, 79, 80, 81, 82, 83, 84, 85, 86, 87, 88, 91
Wehlte, Helmut 5, 10, 179, 180, 181, 183, 227
Wentz 175
WESTERWALD 202
Whiteley, John 10, 138, 139, 140, 141, 142, 143
Wieduwilt 168
Wien, Eberhard 101
Wien, Hermann 5, 7, 10, 93, 94, 95, 97, 99, 101, 226
WILHELM GUSTLOFF 183
Wilhelm II 13
Winter, Werner 209, 210
Witte 53
Wodarz, Herbert 11, 133
Wolf, Gruppe 165
Wolff, Heinz 144

Yoichi, Mokuri 104

Zimmermann, Fritz 204